मेरी ख़ाकी
मेरी ज़िंदगी

मेरी ख़ाकी मेरी ज़िंदगी

एक IPS अफसर के साहसिक कारनामे

अमित लोढ़ा

प्रभात प्रकाशन

प्रकाशक
प्रभात प्रकाशन प्रा. लि.
4/19 आसफ अली रोड, नई दिल्ली–110002
फोन : 011–23289777 • हेल्पलाइन नं. : 7827007777
इ–मेल : prabhatbooks@gmail.com ❖ वेब ठिकाना : www.prabhatbooks.com

संस्करण
2024

अनुवाद
कानन बाला शर्मा

पेपरबैक मूल्य
पाँच सौ रुपए

मुद्रक
आर–टेक ऑफसेट प्रिंटर्स, दिल्ली

———— ★ ————

MERI KHAKI, MERI ZINDAGI
by Shri Amit Lodha
(Hindi translation of LIFE IN THE UNIFORM)

Published by **PRABHAT PRAKASHAN PVT. LTD.**
4/19 Asaf Ali Road, New Delhi-110002
by arrangement with Penguin Random House India

ISBN 978-93-5521-096-8

₹ 500.00 (PB)

मेरे परिवार को,

मेरे जीवन की हर खुशी की वजह आप हो!

भूमिका

मेरे जीजाजी स्व. हिमांशु रॉय एक आई.पी.एस. अधिकारी थे। उनके माध्यम से मैं कई आई.पी.एस. अधिकारियों से इन वर्षों में मिला हूँ। मुझे एक भी ऐसा नहीं मिला, जो देशभक्त न हो। यूनिफॉर्मवालों में कुछ तो बात है—देश के प्रति उनकी प्रतिबद्धता बहुत मजबूत है। उनके बहुमुखी कौशल से मैं हमेशा प्रभावित हुआ हूँ—उच्च आई.क्यू. और ई.क्यू., प्रतिबद्धता, उच्च सहज ज्ञान, व्यवहारवाद। पर, शायद ही कभी ऐसा आई.पी.एस. अफसर मिला हो, जो कुशल कहानीकार भी हो। हिमांशुजी ऐसे एक अधिकारी थे और मेरा मित्र अमित लोढ़ा दूसरा।

अब, मैं कई वर्षों से अमित को जानता हूँ। जब भी हम मिलते हैं, उनके पास अपने काम के कई दिलचस्प और रोचक किस्से होते हैं। कभी वह उन किस्सों के बारे में होते हैं, जिनको वो बंद कर पाए, अपने प्रतिभापूर्ण तरीकों या चतुर पूछताछ से; पर मेरे सबसे पसंदीदा वो हैं, जिनमें वह अपने सहज बोध के सहारे चलते हैं, चाहे वो कभी-कभी विपरीत दिशा की ओर इंगित कर रहे हों।

जब भी अमित अपने काम के बारे में बात करते हैं, उसके प्रति उनका जुनून साफ झलकता है। मुझे यह बात प्रभावित करती है कि वो इसे अपना काम, अपनी जॉब समझकर नहीं, बल्कि जीवन-शैली मानते हैं। और यह बात मुझे हर आई.पी.एस. अफसर, जिन्हें मैं जानता हूँ, में दिखाई देती है, मेरे स्व. जीजाजी समेत। ये विशिष्ट लक्षण, ऑफिसर्स में, उनके अकादमी के दिनों में और कॅरियर के प्रारंभिक दिनों में निहित हो जाते हैं। अमित ने अपना कॅरियर बिहार से शुरू किया और मैं जानता हूँ, उस बहु रूप-रंग वाले राज्य में विभिन्न

पोस्टिंग्स पर बिताए समय को वे बहुत स्नेहिल स्मृति से याद करते हैं। उन्होंने 'मेरी ख़ाकी, मेरी ज़िंदगी' में जिन घटनाओं का विवरण दिया है, उनसे राज्य के लोगों की रमणीय संस्कृति उद्भासित होती है और वे हमें दिखाती हैं कि पुलिसिंग में गंभीर परिस्थितियाँ कैसे उत्पन्न हो जाती हैं और कभी-कभी हास्यपूर्ण व उल्लासमय स्थितियाँ भी बन जाती हैं। मुझे प्रसन्नता है कि अब सभी को अमित की कहानियों के अद्‍भुत अहसास का हिस्सा बनने का मौका मिल रहा है। यह पुस्तक जरूर पढ़ें!

—अमिष त्रिपाठी

मेरी बात

पुलिस का काम करना मुश्किल है। पर पुस्तक लिखना! वह तो और भी मुश्किल, कम-से-कम मेरे लिए। मैं हमेशा पुस्तक लिखना चाहता था। यह मेरे मनपसंद कामों में रहता था; पर यह मैंने कभी नहीं सोचा कि मेरी पहली पुस्तक ही पाठकों को इतनी प्रिय होगी! इस बात से मैं विनयशीलता से संतुष्ट हूँ कि 'बिहार डायरीज' ने हमारे देश में पुलिसवालों की ओर देखने का रवैया बदल डाला है आम जनता का। मुझे खुशी है कि मेरी पुस्तक पुलिस बल और उनके कार्यों को सकारात्मक प्रकाश में लाने में सफल रही।

सच कहूँ तो 'बिहार डायरीज' की सफलता के बाद मैं केवल लेखक के रूप में जाना जाने से खुश था। दूसरी पुस्तक, लिखने का खयाल कभी जेहन में नहीं आया। पर मुझे ढेर सारी इ-मेल्स और संदेश पाठकों द्वारा भेजे गए, मिलते रहे, पुलिस पर दूसरी पुस्तक का लेखन करने के लिए। मुझे यह अपना सौभाग्य लगा कि वे पुलिस मैन की मेरी ज़िंदगी की और कहानियाँ पढ़ना चाहते थे।

यह पुस्तक भारतीय पुलिस अधिकारी के रूप में मेरी जीवन-यात्रा के बारे में है। मैंने ईमानदारी से उन सारे अनुभवों को साझा किया है, जिनसे मैं बेहतर पुलिसवाला और बेहतर मानव बन सका। सारी ज़िंदगी, चलते-चलते, मैंने काफी जोखिमवाले काम किए और किस्मत से, उनसे काफी कुछ सीखने को भी मिला है। मैं उन प्रसिद्ध हस्तियों के निकट भी नहीं हूँ; जिन पर आई.पी. एस. को गर्व है, न ही मैं आत्मकथा लिखने की उम्र में हूँ; पर मुझे उम्मीद है कि ये कुछ संस्मरण पाठकों को एक आई.पी.एस. अधिकारी के जीवन का दर्शन करवा देंगे। युवा सिविल सेवकों, विशेषकर आई.पी.एस., को कुछ सीख

इन अध्यायों में मिलेगी। मैंने विचारपूर्वक, सावधानी से संवेदनशील केस या एनकाउंटर, अपराधियों के साथ की घटनाओं के विषय में नहीं लिखा है, न ही मैंने पुलिसिंग की विशेष तकनीकों की चर्चा की है। किस्मत ने मेरी सफलताओं में बड़ी भूमिका निभाई है; पर फिर, जितना कठोर परिश्रम करोगे, उतने ही किस्मतवाले बनोगे।

इस पुस्तक में काफी बेअदब हास्य है, क्योंकि अपनी नौकरी के विपरीत मैं अपने आप को बहुत गंभीरता से नहीं लेता।

ज्यादातर इस कथानक में मेरा पुलिस अधीक्षक के कार्यकाल, वह पद, जिसको हर युवा पुलिस अफसर ग्रहण करना चाहता है, के दौरान हुई वारदातों का विवरण है। मेरे पहले जिला नालंदा की विस्तृत व्याख्या है। पहली पोस्टिंग पहले प्यार की तरह होती है—हमें हमेशा याद रहती है, चाहे सफल हो या विफल।

मेरे एक डी.आई.जी. हमेशा कहते थे, "पता है, अमित, अगर जिले का एस.पी. अच्छा हो तो डी.आई.जी. के पास कुछ करने को नहीं होता है। और अगर एस.पी. खराब हो तो डी.आई.जी. कुछ नहीं कर सकता है।"

मुझे आशा है, यह पुस्तक चाहे कितनी भी छोटी हो, हर पुलिस अफसर में सर्वश्रेष्ठ बाहर लाने में भूमिका निभाएगी।

हर रोज पुलिस की वरदी पहनने में मुझे गर्व महसूस होता है। आज मैं जो कुछ हूँ, इसी की बदौलत हूँ।

जय हिंद!

आभार

सबसे पहले तो मैं सभी पाठकों का धन्यवाद देना चाहता हूँ, जिनको मेरी पहली पुस्तक 'बिहार डायरीज' बहुत पसंद आई। मैं बहुत भाग्यशाली हूँ कि दुनिया भर के पुस्तक-प्रेमियों ने इतनी विविध जगहों से, जैसे वैंकूवर और ढाका से, मुझे प्रेरक संदेश भेजकर प्रोत्साहित किया।

इसके बाद, बेशक मैं अपने परिवार का आभारी हूँ, जो हमेशा मेरे लिए एक मजबूत स्तंभ की तरह रहते हैं। आदित्य, मेरे बेटे ने अनेक बार मेरी पांडुलिपि को पढ़ा। वह स्वयं भी जबरदस्त पढ़नेवाला लड़का है। उसके धैर्य से मैं प्रभावित हूँ। मेरे जीवन की दो सुंदर लेडीज—मेरी पत्नी तनु और बेटी ऐश्वर्या को बहुत सारा प्यार। दोनों में से किसी ने भी हस्तलिपि पढ़ने की जहमत नहीं उठाई, पर उनको जरूरत भी नहीं थी। उन्होंने तो इस पुस्तक का प्रत्येक क्षण जिया है।

मैं अपने माता-पिता डॉ. नरेंद्र लोढ़ा एवं आशा लोढ़ा और मेरे ससुर अरुण दुग्गड़ का धन्यवाद करना चाहता हूँ, जिन्होंने मुझे हमेशा नई चीजों की कोशिश करने के लिए प्रोत्साहित किया। मेरा भाई नमित, जो अमेरिका में रहता है, पर उसका दिल हमारे लिए इंडिया में धड़कता है।

मेरे मित्र, जो हमेशा मेरे साथ खड़े रहते हैं। मुझे पता है कि मैं उन पर हर समय भरोसा कर सकता हूँ।

सुपर स्टार और सुपर मानव अक्षय कुमार, अतुलनीय इमरान हाशमी, अविश्वसनीय रूप से प्रतिभाशाली वीरेंद्र सहवाग और मेधावी नीरज पांडे ने मेरे हर प्रयास में मुझे प्रोत्साहित किया, साहस बढ़ाया। भारत के सुप्रसिद्ध अपराध लेखक हुसैन जैदी ने लेखन की दुनिया से मेरा परिचय करवाया। और इस

पुस्तक का बेहतरीन प्राक्कथन लिखने के लिए भारतीय लेखन के रॉक स्टार अमिष त्रिपाठी को मेरा विशेष धन्यवाद।

मैं विशेष उल्लेख करना चाहता हूँ रोशनी डडलानी और उज्जैनी दासगुप्ता का, जिन्होंने कड़ी मेहनत व लगन से हस्तलिपि को देखा और प्रत्येक बार उसे अधिक सुधारा। मुझे मुख्य आवरण के चित्रण में इतना अच्छा दिखाने के लिए सार्थक सिन्हा के प्रति मैं कृतज्ञ हूँ। हस्तलिखित नोट्स की टाइपिंग करने के लिए एच.सी. भवानी सिंह राठौर तथा इस पुस्तक की अनुवादिका श्रीमती कानन बाला शर्माजी का आभार।

मेरे पुलिस के सहकर्मियों के असाधारण कार्यों के बिना मेरी यह पुस्तक अस्तित्व में ही नहीं आ सकती थी। पुलिसकर्मियों के समर्पण, कड़ी मेहनत और बलिदान पर सामान्य तौर पर किसी का ध्यान आकर्षित नहीं होता; पर फिर भी, वे हमेशा निस्स्वार्थ भाव से कार्यरत रहते हैं। भारतीय पुलिस और अर्धसैनिक बल की इकाइयों को मेरा सैल्यूट!

अनुक्रम

बिहार में आपका स्वागत है

'मैं नौकरी छोड़ दूँगा मेरा अपमान किया तो।' मैं सोचता जा रहा था, जब एक पूर्व मंत्री से मुलाकात करने बुद्धा मार्ग पर चल रहा था। बिहार के लिए मैं नया था और काफी अफसरों से इन राजनेताओं द्वारा तिरस्कृत होने की घटनाओं के बारे में सुन चुका था। कैसे उन्हें घर के बाहर घंटों खड़े रहना पड़ा। कुछ को तो खैनी भी तैयार करनी पड़ी थी।

"साहब बगीचे में हैं। उन्होंने सुना है, आपने सहायक पुलिस अधीक्षक, पटना का पदभार ग्रहण किया है। वे आपसे मिलना चाहते हैं।" राजनेता के निजी सहायक महेश बाबू ने मुझे बँगले में ले जाते हुए कहा।

'मुझसे अच्छा बरताव नहीं किया तो मैं चुपचाप नहीं सहूँगा, तुरंत छोड़ दूँगा।' फैले हुए विशाल लॉन पर जाते हुए मैं अपने दिमाग में दोहराता रहा। तबेले में कुछ गायें रँभा रही थीं। मैं यह सोच कर अचंभित था कि बगीचे के साथ गायों का यह तबेला बनाने का विचार किसका था? गोशाला के पास एक बास्केट बॉल का कोर्ट था, जहाँ 'छोटे साहब' अभ्यास करते थे। जाहिर तौर पर, राजनेताजी का बेटा काफी अच्छा बास्केट बॉल का खिलाड़ी था। क्या उसकी परवरिश खिलाड़ी बनने के लिए की जा रही थी, या पिताजी के राजनीतिक दल की कमान भविष्य में सँभालने के लिए?

लॉन के अंतिम छोर पर लकड़ी के डंठलों की बुनी हुई कुर्सी पर, सामने रखी मेज पर पैर टिकाए हुए पूर्व मंत्रीजी बैठे दिखाई दिए। उन्होंने लुंगी व बनियान पहनी हुई थी, जिसमें से करोड़ों बाल उनकी पीठ एवं कंधों पर प्रदर्शित हो रहे थे।

मैं हर तरह के उपहास के लिए अपने आपको तैयार कर रहा था; पर झटका लगा मुझे।

"आइए, आइए, लोढ़ा साहब। बिहार में आपका स्वागत है। मैंने सुना है, आप आई.आई.टी.यन हैं और आपके ससुर राजस्थान में अतिरिक्त महानिदेशक हैं, हैं न?" मीठी-सी भोजपुरी भाषा के लहजे में राजनेताजी ने कहा।

लग रहा था, मेरी पूरी छानबीन कर चुके थे।

"नीबू-पानी लेंगे?" कुर्सी से उठते हुए उन्होंने पूछा।

मैंने सिर हिला दिया।

मैं उनकी सभ्यता से अचंभित था। जैसा मैंने उन खौफनाक खबरों में सुना था, वैसा उनके आचरण में कुछ नहीं दिखा। 'काफी शिष्ट लग रहे हैं।' मैं सोच रहा था।

उन्होंने लंबी जँभाई ली और फिर झटके से अपनी लूँगी खोल डाली। नीचे लाल लँगोट दिखाई दी। फिर लुंगी से उन्होंने अपनी पीठ रगड़ी और फिर से उसे अविचलित हुए पहन ली! मैंने हैरानी से अपनी आँखें कस कर बंद कर लीं। लुंगी के साथ जो करतब उन्होंने किया, उससे सारे शिष्टता के जो विचार आ रहे थे, वे काफूर हो गए।

मुझे अभी भी नहीं पता कि वह वास्तव में खुजला रहे थे या ऐसा उन्होंने मुझे हतोत्साहित करने के लिए किया था?

"आप मैडम से मिले हैं? आजकल मैडम ही मंत्री हैं।" गोशाला में उकड़ूँ बैठी महिला की ओर इशारा करते हुए पूर्व मंत्रीजी ने कहा। वह उठीं और गाय दुहना बंद कर अपनी साड़ी ठीक-ठाक करने लगीं।

"नमस्ते, एस.पी. साहब।" वह नरमी से बोलीं।

"जय हिंद, मैडम! मैं अभी ए.एस.पी. ही हूँ।" मैंने धीरे से सैल्यूट करते हुए कहा। मैडम को मेरे पद में गफलत करने की कोई परेशानी नहीं थी। बिना आगे बात किए वह वापस दूध दुहने में व्यस्त हो गईं।

आनेवाले साल में पता चला कि कितनी शक्तिशाली वह असल में थीं। पूरे रोब के साथ वह वरिष्ठ पुलिस अधिकारियों को आदेश देती थीं, 'अरे, देखिए, एस.पी. साहब···इस मामले में कड़ी कार्रवाई करिए।'

सच है, कुर्सी सब सिखा देती है।

बिहार निवास ने मुझे काफी सिखाया, केवल पूर्व मंत्री, जो कि वास्तव में अच्छे व्यक्ति थे, के बारे में ही नहीं, वरन् लोगों को सँभालने के बारे में भी पता चला। वे सारी कहानियाँ, जो नेताजी के अफसरों के साथ बुरे व्यवहार की थीं—सब मन-गढ़ंत थीं। उन यादों को सोचकर अब तो हँसी आती है। मैंने सिर्फ अपमान के डर से भारतीय पुलिस सेवा को छोड़ने का विचार कैसे किया! एक ऐसा कॅरियर, जिसका सपना मैंने शुरू से सँजोया था।

बँगले को छोड़ते हुए कुछ हलकापन लगा। लग रहा था, जैसे शुरुआत कर रहा हूँ, किसी साहसिक कार्य का सूत्रपात। भारतीय पुलिस सेवा में मैं कैसे आया, सोच रहा था। अब तक का सफर कितना उठा-पटक का था।

□

1

ज़िंदगी में तुम्हें वही मिलता है, जो तुम चाहते हो

"लोढ़ा, तेरा क्या होगा?" मेरे मित्र तरुण त्यागी ने पूछा।

"हाँ, यार, मुझे भी लगता है, तेरा लाइफ में सही कटेगा!" जगदीप पाहवा ने जोड़ा।

"यार अमित, थोड़ा तो सीरियस हो जा। तेरा सी.जी.पी.ए. इतना बुरा है, ग्रेड्स भी इतने कम हैं। कोई भी कंपनी तुझे नौकरी नहीं देगी।" गुलाटी बोला।

"और तू आई.पी.एस. अफसर बनने की सोच रहा है! तुझे पता नहीं, लाखों लोग यू.पी.एस.सी. परीक्षा में बैठते हैं और मात्र कुछ सौ लोग ही चयनित होते हैं। विशेषकर आई.ए.एस. और आई.पी.एस. में! मुझे नहीं लगता कि तू बिना परिश्रम किए सफलता प्राप्त करेगा!" तरुण बोला।

"सुन भाई, हम तेरे दोस्त हैं। हम वास्तव में चाहते हैं, तू आई.पी.एस. अफसर बने। हमें पता है, यह तेरा सपना है। पर तुझे अपने कॅरियर को गंभीरता से लेना चाहिए। इस तरह तू आई.पी.एस. नहीं बन सकता।" गुलाटी बोला।

"जो भी हो, कुछ भी हो, हम सब तेरे लिए हमेशा रहेंगे। तुझे यह पता है न, दोस्त?" मेरे सारे मित्रों ने एक स्वर में कहा।

सबके जाने के बाद मैं अपने कमरे में चुपचाप बैठा रहा। जिंदगी कैसे झमेले में पड़ गई थी! आई.आई.टी. पूरा हो चुका था और मेरे सारे दोस्तों को या तो किसी बहुराष्ट्रीय कंपनी में नौकरी मिल गई थी या फिर कुछ ने प्रिंस्टन व हार्वर्ड जैसे प्रसिद्ध विश्वविद्यालयों में प्रवेश ले लिया था।

मैं अकेला ही ऐसा था पूरे ग्रुप में, जिसके पास कोई नौकरी नहीं थी। पिछले चार वर्ष में मुझे सभी पाठ्यक्रमों में C या D ग्रेड मिला था। मैं आई.आई.टी. में अपने स्कूल का टॉपर गया था; पर यहाँ तो पूरे देश के सर्वश्रेष्ठ लोग थे। मेरा सी.जी.पी.ए. तो 10 में से 6.2 था। मैंने विद्यालय जीवन में हमेशा गणित में अच्छा प्रदर्शन किया था और इसीलिए इंजीनियरिंग प्रवेश परीक्षा में बैठा था। परंतु बाद में अहसास हुआ कि गणित में अच्छा होना और इंजीनियरिंग में दिलचस्पी होना—दोनों एकदम अलग बातें हैं।

न केवल मेरी शैक्षिक उपलब्धियाँ निराशाजनक थीं, मेरा मानसिक मनोबल भी क्षीण हो चुका था। मैं हर प्रकार से परास्त महसूस कर रहा था। मेरे पास घर जाकर यू.पी.एस.सी. की तैयारी करने के सिवा कोई विकल्प नहीं था। मेरे माता-पिता को, सब रिश्तेदारों व पड़ोसियों को मेरा घर पर बैठना, समझाना बहुत मुश्किल हो रहा था।

"अमित अभी सिविल सर्विसेज की तैयारी कर रहा है।" वे मेरे नौकरी न करने की बात को अनसुनी करते हुए कह देते थे।

□

"अमित, कितना पतला हो गया है! बेटा, पराँठे पर घी और लगा ले, दिमाग भी तेज चलेगा।" मेरी मौसियाँ दुलार से कहतीं। यह प्यार व दुलार कुछ ही दिनों में मेरे शरीर पर दिखने लगा। मैं नियमित तौर पर स्क्वैश खेलता था, जब आई.आई.टी. में था और चूँकि हॉस्टल का खाना बिल्कुल खाने लायक नहीं होता था, इसलिए मैं एकदम दुरुस्त था। पर यहाँ जयपुर में स्क्वैश तो नहीं थी, पर लजीज खाना जरूर था। मैं दुबले-पतले 63 किलो वजन से 79 किलो फूल गया।

मैं अपनी पढ़ाई पर भी ध्यान केंद्रित नहीं कर पा रहा था। आधा घंटे भी नहीं। हर 30 मिनट में मेरा ध्यान खाने की तरफ बढ़ जाता और भुजिया का पैकेट खोलकर चम्मच भर के खाने से अच्छा क्या विकल्प हो सकता है!

अपनी पढ़ाई से जी चुराने के लिए मैं कुछ भी करता था। टी.वी. पर स्पोर्ट्स चैनल पर पुराना मैच भी आ रहा हो तो मैं तुरंत चला लेता था। मैं सचिन तेंदुलकर का विशेष प्रशंसक था। अगर उसकी बल्लेबाजी चल रही हो तो मैं

अपने आप से वादा करता था कि कुछ ओवर देखकर टी.वी. बंद कर दूँगा। वे कुछ ओवर कई बार 20 या 30 ओवर हो जाते थे।

पढ़ते वक्त पुराने उदासी भरे गाने टेप रिकॉर्डर पर चलाया करता था। आप कल्पना कर सकते हैं कि संविधान और अर्थशास्त्र की समझ पर किशोर कुमार की 'ज़िंदगी का सफर…' की भावपूर्ण प्रस्तुति के बादल कैसे छा गए होंगे!

जब भी कोई प्रश्न करने की कोशिश करता और नाकामयाब रहता तो तुरंत एक दोस्त का नंबर मिलाता। थोड़ी देर इधर-उधर की बात करके पूछता, "यार, तेरे को यह सवाल आता है क्या? तेरे घर आ रहा हूँ, तू मुझे बता देना।"

फिर चल पड़ता। दुनिया भर की बातें करता, सिवाय उस सवाल के, जिसे पूछने चला था।

"नवीन, तूने 'हम आपके हैं कौन' देखी है? माधुरी दीक्षित जबरदस्त लग रही है।"

कुछ घंटों बैठकर घर वापस चला जाता, बिना प्रश्न का उत्तर लिये।

आईने में देखकर बाल ठीक करने की मेरी प्रवृत्ति भी थी। वह दूसरी बात थी कि इन प्रयासों से भी मेरा विपरीत सेक्स पर प्रभाव नहीं पड़ता था।

कुल मिलाकर, मेरा सिविल सर्विस परीक्षा में अनुत्तीर्ण होना निश्चित कर रहा था। मैंने अपने आप को असफलता के लिए क्रमबद्ध कर लिया था। ऐसा प्रतीत होता था, जैसे मैं सफलता से दूर भागना चाह रहा हूँ।

प्रवेशिका आसपास ही थी—कुछ महीने दूर। अपनी आसन्न आपदा की संवेदना से मैं और भी चिड़चिड़ा हो गया था।

"आप लोगों की वजह से मैं पढ़ नहीं पा रहा हूँ। आप सब मुझे इतना डिस्टर्ब करते हो।" मैं अपने परिवार से शिकायत करता।

"हम क्या कर रहे हैं? तू खुद ही तो 20 मिनट पढ़ाई करके टी.वी. देखने बैठ जाता है। और घंटों फोन पर बात करता है।" मेरे आचरण से वे भी परेशान होकर कहते।

मैं हस्तरेखावाले ज्योतिषियों से अपने भविष्य के बारे में पूछने लगा। आई.आई.टी. के भयानक चार वर्षों के दौरान मैं अपने आपको दुनिया का सबसे दुर्भाग्यशाली व्यक्ति समझने लगा था। काफी बड़ा हवन करवाना पड़ेगा। सारे

ग्रहों में दोष है। पंडित तक भी मेरी प्रशासनिक सेवाओं में आने के लिए आशंकित था, वह भी भारी-भरकम रकम इतनी घटिया भविष्यवाणी करने के लिए लेकर! कम-से-कम वह तो मुझे खुश करने के लिए झूठ बोल सकता था!

□

जैसे-जैसे परीक्षा निकट आई, मैं दिशाहीन बहता रहा।

करीब-करीब सबने ही मेरी सफलता की उम्मीद छोड़ दी थी। सिवाय मेरे भाई निक्की के।

"तुम स्कूल में इतने अच्छे थे, सच में इतने तेजस्वी छात्र थे। तो क्या हुआ, अगर आई.आई.टी. में अच्छा नहीं कर पाए? इंजीनियरिंग में तुम्हारी रुचि ही नहीं थी। प्रशासनिक सेवा ही तुम्हारी नियति है। तुम परीक्षा जरूर उत्तीर्ण कर लोगे। मुझे पूरा विश्वास है, तुम यह कर सकते हो। बस, तुम्हें आवेशित होना है।" उसने मुझे बताया।

फिर एक दिन मेरे आई.आई.टी. का मित्र याशीष दहिया मिला। आगे जाकर उसने Policybazar.com की स्थापना की। वह जयपुर आया हुआ था।

मैं उन सब बातों का बखान करता रहा, जो मेरी ज़िंदगी में गड़बड़ कर रही थीं। अपने भाग्य को कोसता रहा।

"याशीष, लाइफ में हम जो चाहते हैं, वो कहाँ मिलता है!" अपने ठेठ निराशाजनक अंदाज में बोला।

बिना हिचके याशीष ने उत्तर दिया, "नहीं अमित, वही मिलता है, जो हम चाहते हैं।"

बाकी की मुलाकात में मैं याशीष की इसी बात को सोचता रहा। पूरे दिन मेरे दिमाग में यही बात चलती रही और मेरी ज़िंदगी पर गहराई से घर कर गई। मैंने पिछले वर्षों की घटनाओं पर नजर डाली—आई.आई.टी. के समय और उसके बाद, जब से मैंने छोड़ा था और परीक्षा की तैयारी में जुटा था।

'क्या बकवास है! मैं कर क्या रहा हूँ अपनी ज़िंदगी के साथ? और मैं इतना नकारात्मक कैसे हो रहा हूँ? अगर मैं अपने आप को हारा हुआ मानूँगा तो हार ही जाऊँगा।' यह विचार मेरे मस्तिष्क में बैठ गया। अब मुझे दिख रहा था कि इतने महीनों, बल्कि सालों से मैं किससे भाग रहा हूँ? मेरी लड़ाई एक

अंतर्द्वंद्व थी। मैं खुद अपना सबसे बड़ा दुश्मन बन गया था। मुझे अपने ही डर पर विजय पानी थी, संदेह मिटाने होंगे और अपने आप पर विश्वास करना होगा।

निक्की और याशीष की उत्साहजनक बातों ने मुझे संबल दिया। कभी-कभी एक छोटी सी बात भी सारा खेल बदलकर रख देती है। अहसास के एक क्षण को बस, छोटा सा उत्प्रेरक चाहिए। हमेशा किसी गुरु की या स्वावलंबन की पुस्तकों की आवश्यकता नहीं होती है, और किसी ज्योतिष के पास जाने की जरूरत तो बिल्कुल नहीं। सारे जवाब और मुश्किलों के हल अपने अंदर ही होते हैं।

'आज से मैं सकारात्मक सोचूँगा। मैं आई.पी.एस. अफसर बनना चाहता हूँ तो मैं आई.पी.एस. अफसर बनूँगा।' अपने आप से मैंने वादा किया।

यहीं से सब बातों की शुरुआत हुई। विकर्षण से बचने के लिए मैं अपने नाना के घर चला गया। मेरे नाना-नानी अकेले रहते थे। नाना स्वयं भी अधिकारी रह चुके थे और उनकी हमेशा मुझे प्रशासनिक अधिकारी बनाने की इच्छा थी। नानी बेहद धर्मनिष्ठ थीं।

"मन लगाकर पढ़ना, जरूर सफल होएगा।" नाना ने प्रेम से मुझसे कहा। बेशक, मैं अपने दिल से पढ़ना चाहता था, पर दिमाग काम में लेना ज्यादा जरूरी था—प्रभावी रूप से और दक्षतापूर्वक।

यू.पी.एस.सी. का पाठ्यक्रम सागर-सा विशाल है। सभी पहलुओं में दक्ष होना असंभव होता है। मैंने पिछले दस वर्षों के प्रश्न-पत्रों को देखा। सामान्य प्रश्नों का डेटा तैयार किया और फिर व्यवस्थित ढंग से पढ़ाई आरंभ की।

अपनी ज़िंदगी भी अनुशासित की। रात को 11 बजे सोना और सवेरे 7 बजे उठना। शुरू में शरीर ने साथ नहीं दिया, क्योंकि मैं 2 बजे सोने और 11 बजे सुबह उठने का आदी था। नाश्ते के समय के बहुत देर बाद, पर फिर मुझे बिना अलार्म के जल्दी उठने में कोई दिक्कत नहीं हुई। मुझे महसूस हुआ कि दिन में जल्दी शुरुआत करने से एकाग्रता बढ़ती है।

मैं हलका भोजन करने लगा; बस, दो चपातियाँ और कुछ सब्जी। जंक फूड बिल्कुल बंद कर दिया। कोई भुजिया नहीं, न कोई पकौड़ियाँ। दो दिनों में पेट ने गुर्राना बंद कर दिया।

शाम को दो घंटे तैरने जाता था। छह महीनों में पंद्रह किलो वजन घट गया।

रात को, सोने से पहले, मैं अपने आप को आई.पी.एस. अफसर की वरदी में दृष्टिगोचर करता और फिर, हर सुबह अपने सपने को साकार बनाने में जुट जाता।

मन की शक्ति को देखकर मैं दंग रह गया। मैं जीवन-शैली के बदलाव के अनुकूल हो गया था—शारीरिक और मानसिक दोनों तौर पर।

अपने दोस्तों को कॉल करना बंद कर दिया और अपने आप पर भरोसा करने लगा। 'यदि वह प्रश्न हल कर सकते हैं तो मैं भी कर सकता हूँ।'

आई.आई.टी. में मैं गणित में फेल हो गया था; पर अब प्रशासनिक सेवा परीक्षा में मैंने गणित विषय का चयन किया था। मैं अपने आप को यह सिद्ध करना चाहता था कि मैं अपनी विफलताओं पर विजय पा सकता हूँ।

आरंभ में, एक प्रश्न को हल करने में छह या सात प्रयास करने पड़ते थे, पर धीरे-धीरे एक या दो बार अभ्यास करने से ही हल होने लगा। समय के साथ मेरा आत्मविश्वास बढ़ता गया।

बालों को बनाने में समय की बरबादी से बचने के लिए मैंने उस समस्या से ही छुटकारा ले लिया। मैंने बाल मुँड़वा लिये और दाढ़ी बनाना छोड़ दिया। कुछ ही महीनों में मैं उस संन्यासी की तरह दिखने लगा, जिसके पास कोई फरारी बेचने को तो नहीं थी, पर हाँ, अंतर्द्वंद्व से मुक्त और शांत था। अब मैं दोस्तों एवं अन्य लोगों द्वारा बाह्य मान्यकरण की आशा नहीं करता था। मेरा पूरा ध्यान पढ़ाई और आत्म-सुधार पर केंद्रित था। जल्द ही मेरे चेहरे पर आंतरिक शांति झलकने लगी।

साल भर की तैयारी का सबसे अच्छा अंश वह नितांत शांति थी, जो मैं बाहर एवं अपने अंदर महसूस कर रहा था; क्योंकि घर में केवल नाना व नानी थे, जो आपस में एक-दूसरे की संगत में खुश रहते थे। मैं शांत और बहुत शांत होता गया। मुझे महसूस हुआ कि शांत रहने से मेरी करीब-करीब सारी समस्याओं का हल मिल जाता था। कभी-कभी मेरे परिवार वाले नाना के घर

मिलने आते थे। अब उनसे भी कोई बहस नहीं होती थी। मेरे रवैए में बदलाव देखकर सब अचंभित थे।

जब परीक्षा देने का समय आया, मैंने पूरे आत्मविश्वास से सारे प्रश्न-पत्र किए। मैंने अपना सर्वश्रेष्ठ प्रयास किया था, परिणाम के लिए आश्वस्त था।

□

"अमित, यू.पी.एस.सी. का रिजल्ट आया है पेपर में। देख जरा।" नाना ने कहा। उनके चेहरे पर तनाव साफ दिख रहा था; पर मैं तो उल्लेखनीय रूप से उत्तेजनाहीन था। मैंने देखा और अपना रोल नंबर सफल अभ्यर्थियों की सूची में पाया। हालाँकि, मेरी रैंक ठीक-ठाक आई थी, परंतु मुझे पता था कि आई.पी. एस. तक नहीं पहुँच पाऊँगा। पर मुझे मेरी दूसरी पसंद सी.बी.आई. जरूर मिल जाएगी। मैंने यू.पी.एस.सी. का जो फॉर्म भरा था, उसमें अग्रिम विकल्पों में सी.बी.आई. जोड़ा था, क्योंकि सी.बी.आई. का कार्य, काम की प्रकृति के संदर्भ में, आई.पी.एस. जैसा ही था।

मैं आई.पी.एस. में नहीं आने से निराश नहीं था इस प्रयास में। मेरी आदतों में बदलाव की वजह से मेरे आचरण में भी बदलाव आ गया था। मैं स्वयं में शांति से था। प्रशासनिक सेवा में चयन अपने आप में एक महत्त्वपूर्ण उपलब्धि थी। मैं बेरोजगार था और आई.आई.टी. में अच्छा प्रदर्शन नहीं कर पाया था। कम-से-कम अब मेरे माता-पिता पड़ोस की आंटियों को कह सकेंगे कि मेरी सरकारी नौकरी है।

बाद में पता चला कि मैंने सब विषयों में उल्लेखनीय अंक प्राप्त किए थे, विशेषतः गणित व पर्सनैलिटी टेस्ट में। आई.आई.टी. में गणित में फेल होने के बाद यहाँ इतना अच्छा करके मैं बहुत प्रसन्न था। काश, मैंने इतनी ही मेहनत आई.आई.टी. में भी की होती! निबंध लेखन ने मुझे नीचा दिखाया, मैं आश्चर्यचकित था। मुझे अपने लेखन कौशल पर बहुत भरोसा था, पर वस्तुतः परीक्षक को नहीं था। मुझे समझ आया कि कुछ ही अंकों के फर्क से परिणाम पर बहुत फर्क पड़ जाता है और आपकी पसंदीदा सर्विस मिलने का मौका हाथ से जा सकता है।

सी.बी.आई. एकेडमी, गाजियाबाद में ट्रेनिंग के दौरान मैंने फिर से परीक्षा

दी। कठोर कार्यक्रम के चलते ढंग से पढ़ाई करने का समय नहीं मिल पाता था। सच कहूँ तो, मैं स्वयं भी नौकरी शुरू करने से ढीला हो गया था। प्रशासनिक सेवा के पहले प्रयास ने मुझे पूरा थका दिया था। दुर्भाग्य से, मेरा व्यक्तित्व फिर से पुराने ढर्रे पर जा रहा था शायद, क्योंकि अब मैं नौकरी में कार्यरत था। मेरा समय-प्रबंधन अभी भी ठीक था, पर फिर से कठोर परिश्रम करके पढ़ना रुचिकर नहीं रहा था।

□

"इंटरव्यू के परिणाम आने वाले हैं।" प्रशांत ने कहा। प्रशांत एवं सी.बी. आई. के कुछ और साथियों ने भी सिविल सेवा परीक्षा फिर से दी थी।

"अरे यार, मेरा तो चांस कम ही है।" मैंने उत्तर दिया।

इस बार मैंने मेहनत नहीं की थी। इंटरव्यू की कॉल की कोई उम्मीद नहीं थी। मैं गलत था, इंटरव्यू का बुलावा कुछ समय बाद मेरे पास आया। लेकिन इंटरव्यू के लिए मैंने सिवाय अखबार पढ़ने के और कुछ भी तैयारी नहीं की थी, क्योंकि मुझे अपने चयन पर भरोसा बिल्कुल नहीं था।

□

साक्षात्कार बोर्ड में तीन कठोर-से महानुभाव बैठे थे; पर बोर्ड के अध्यक्ष नागालैंड के एक मिलनसार व्यक्ति थे। उनके मैत्रीपूर्ण व्यवहार से मैं सहज हो गया था।

बोर्ड के एक सदस्य ने पूछा, "तो आप मुझे Exim Policy के विषय में कुछ बता सकते हैं क्या?"

मैंने कुछ बौखलाहट में जवाब दिया, "सर···सॉरी, सर। मैं अर्थशास्त्र के बारे में ज्यादा नहीं जानता।"

अगला प्रश्न भारत-चीन के संबंधों के विषय में था। मैं फिर गड़बड़ा गया।

"क्या भारत में भी अमेरिका जैसी राष्ट्रपति चुनाव प्रणाली होनी चाहिए?" बड़ी सी मुसकराहट के साथ अध्यक्ष ने पूछा। सोचा होगा, इतना आसान प्रश्न मुझे मेरे आत्मविश्वास को दिलाने में सहायता करेगा। पता नहीं मुझे उस दिन क्या हुआ, पर मेरा दिमाग उस दिन सुन्न हो गया था। मैं कोई भी प्रश्न ढंग से

नहीं सँभाल पा रहा था। कम-से-कम मुझे नौ प्रश्नों में 'सॉरी' कहना पड़ा। अपने आप से मैं मायूस हो गया था। मैंने पर्सनैलिटी टेस्ट का पूरा कचरा कर दिया था। जबकि एक साल पहले ही इतना अच्छा व शानदार प्रदर्शन किया था। जाने से पहले मैं अध्यक्ष के समीप गया और फुसफुसाया, "सर, क्षमा चाहता हूँ। मैंने इंटरव्यू की तैयारी अच्छी तरह नहीं की। शायद सी.बी.आई. के व्यस्त कार्यों की वजह से समय कम मिला।"

सामान्यत: इस प्रकार का व्यवहार अपेक्षित नहीं होता, पर अध्यक्ष ने विनयपूर्वक मुसकराते हुए कहा, "ठीक है। बेस्ट ऑफ लक!"

□

कुछ दिनों बाद सी.बी.आई. के मेरे बैचमेट्स प्रशांत व मनीष मेरे कमरे में फिर से आए।

"आज सिविल सर्विसेज का परिणाम घोषित हो रहा है। हम दिल्ली में यू.पी.एस.सी. ऑफिस जा रहे हैं चेक करने। तुम आ रहे हो क्या?"

"नहीं दोस्तो, मेरा तो कोई सीन नहीं है। तुम लोग जाओ।" मैंने उदास स्वर में कहा।

मैं सी.बी.आई. एकेडमी में अकेला रह गया था। अपने मित्रों की वापसी का इंतजार करता रहा। मुझे यकीन था, मेरा चयन तो नहीं होना, लेकिन फिर भी, और सब का परिणाम पूछने के लिए मैंने कुछ दोस्तों को कॉल की। अजय चौहान का नंबर मिलाया। उसके भाई ने फोन उठाया और वह काफी खुश लग रहा था।

"अजय तो नहीं है। वह मंदिर गया है भगवान् का शुक्रिया करने। आखिर ग्यारहवीं रैंक आई है उसकी।" उसने कहा।

मैंने फोन बंद कर दिया। अजय की सफलता से कुछ जलन-सी हो रही थी।

मैं अपने आप को कोस रहा था, 'मुझे गंभीरता से पढ़ाई करनी चाहिए थी।'

फिर दूसरे दोस्त साजिद को फोन किया।

"मेरी 135 रैंक आई है। उम्मीद है कि आई.पी.एस. मिल जाएगा।" काफी प्रसन्नता से वह बोला।

अब मैं बिल्कुल निराश हो गया।

मैंने सोचा, मेरे सारे दोस्त उत्कृष्ट आई.ए.एस. और आई.पी.एस. सेवाओं में जा रहे हैं।

"तू इतना दु:खी क्यों है ?" साजिद ने पूछा। मैं चुप रहा।

"आई.पी.एस. तो तुझे जरूर मिल जाएगा। मेरे से अच्छी तेरी रैंक है।" उसकी आवाज में आश्चर्य था।

"क्या ? सही कह रहा है क्या ? मेरा सिलेक्शन हो गया है क्या ?" मैंने पूरे सदमे में आकर पूछा।

साजिद बोला, "मैं क्यों मजाक करूँगा तुमसे ? और वह भी कॅरियर को लेकर ?"

मैंने तुरंत घर फोन किया, दिल जोर-जोर से धड़क रहा था।

मेरी प्रफुल्लित माँ ने कहा, "बेटा, बधाई हो ! तुझ पर हम सबको गर्व है।"

"तुम्हारे आई.आई.टी. के दोस्त तरुण और अनुज ने परिणाम देखा था। तुम्हारा सी.बी.आई. एकेडमी का नंबर नहीं था, इसलिए मुझे फोन किया।" आगे उन्होंने बताया।

मैं तो आशातीत रोमांचित था। मुझे समझ नहीं आ रहा था कि इस खबर पर क्या प्रतिक्रिया दूँ ? मैं कूदने, इधर-उधर नाचने लगा, फिर एकेडमी में भागने लगा; किसी को बताने के लिए ढूँढ़ता रहा, पर सिवाय कुछ गार्ड्स के कोई नहीं था। इसलिए मैंने उन्हीं से हाथ मिलाया और सबको गले लगाया। वे सब हक्के-बक्के रह गए।

मेरे सी.बी.आई. के साथी शाम को लौटे। मनीष और भारती का चयन हो गया था आई.पी.एस. के लिए। वे काफी प्रसन्न थे, परंतु प्रशांत मुझसे परेशान था। वह बोला, "यार, तू कितना बड़ा एक्टर है। तुमने पहले कहा कि इंटरव्यू का कॉल भी नहीं आएगा और अब तुम आई.पी.एस. में आ गए हो। दोस्तों से ऐसे मजाक करना अच्छी बात नहीं है।" दुर्भाग्य से उसका चयन नहीं हुआ था।

मैं बस, मुसकराया और उसे गले लगा लिया। बाद में मैंने अपने अंक देखे तो पता चला कि मैंने मुख्य परीक्षा में फिर से बहुत अच्छा किया था। इस बार निबंध लेखन में भी बहुत अच्छे अंक मिले थे। शायद पहली बार का परिश्रम

इस बार के प्रदर्शन में प्रतिबिंबित हो रहा था।

इंटरव्यू में तो औसत अंक ही थे, जिससे मेरी रैंक नीचे गिर गई। पर फिर भी, मैं अध्यक्षजी का शुक्रगुजार था कि मेरी विनाशी प्रस्तुति के बावजूद उन्होंने उदारता दिखाई। शायद अध्यक्ष को मेरी ईमानदारी अच्छी लगी।

मेरा सपना पूरा हुआ। मैं आई.पी.एस. अफसर की वरदी पहनूँगा। मैं सच में भाग्यशाली हूँ।

□

2

तीसरा सबसे हैंडसम लड़का!

लाल बहादुर शास्त्री राष्ट्रीय प्रशासन अकादमी में कदम रखना एक शानदार अहसास था। अकादमी मसूरी की पहाड़ियों की मनोरम गोद में, बादलों से आच्छादित थी। यह सब और भी सुंदर लग रहा था, क्योंकि भारतीय प्रशासनिक सेवा के अभिजात वर्ग का सदस्य बनकर मुझे बेहद खुशी और असीमित गर्व था। मेरा दोस्त मनीष खारबिकर और मैं सबसे पहले पहुँचनेवालों में से थे। हमने वहाँ टेनिस का सुंदर कोर्ट देखा और तत्काल खेलना शुरू कर दिया। शाम तक हमारे अन्य सर्विसेज के बैचमेट, जैसे आई.ए.एस., आई.एफ.एस., आई.आर.एस. और आई.आर.टी.एस. भी कैंपस में पहुँच गए थे। हम पहली बार मिले थे, फिर भी ऐसे बातें कर रहे थे, जैसे सदियों से बिछड़े दोस्त हों। स्पष्टत: सभी मिलनसार थे और सबके चेहरों पर हँसी थी। पर मनीष मेरे पास दु:खी-सा आया।

"दोस्त, मुझसे गलती हो गई।" उसने कहा।

मैंने आश्चर्य से पूछा, "क्या हो गया?"

"कोर्स के निदेशक तरुण श्रीधर ने सभी परिवीक्षाधीन अधिकारियों को कोर्स के विषय में बताने के लिए एकत्रित होने के लिए कहा था। केवल हम दोनों ही अनुपस्थित थे। उन्होंने मुझे टेनिस कोर्ट से आते हुए देखा और ब्रीफिंग के लिए नहीं आने पर डाँटा। उन्होंने मेरे टेनिस पार्टनर का नाम पूछा तो मैं घबरा गया और गफलत में तुम्हारा नाम बोल दिया। माफ करना।" मनीष ने समझाया। वह मुझे धोखा देने का कसूरवार महसूस कर रहा था। एक घंटे बाद श्रीधर सर द्वारा एक गंभीर मीमो मुझे मेरे लॉकर में मिला। ज्ञापन में मुझसे मेरी ब्रीफिंग में

अनुपस्थिति का कारण पूछा गया था। फैकल्टी से प्रेम-पत्र प्राप्त करनेवाला मैं 1998 बैच का पहला ही प्रोबेशनर था। कोई बहाना नहीं था मेरे पास और मैंने तुरंत ही अपनी लापरवाही के लिए क्षमा माँगी। मैंने अपने पूरे कॅरियर में यह आदत बनाकर रखी। अगर कभी भी कार्यक्षेत्र में मुझसे कोई गलती होती है तो मैं समभाव से उसे स्वीकार कर लेता हूँ, जिससे उससे कुछ सीख पाऊँ और आगे बढ़ जाऊँ।

बाकी के तीन महीने मसूरी में मस्ती भरे निकले। प्रख्यात व्यक्तियों के दिलचस्प व्याख्यान हुए और कई गतिविधियाँ हुईं—फोटोग्राफी से लेकर हिमालय में दुर्गम ट्रैकिंग तक। अपने बैचमेट्स से दोस्ती करना मेरा सौभाग्य था, जो विभिन्न क्षेत्रों से आए थे और हरेक अपने आप में प्रतिभाशाली था। परंतु भविष्य के इन ब्यूरोक्रेट्स में से कुछ की कटु हास्य वृत्ति थी।

एक रात पंकज ठाकुर तथा कुछ और बैचमेट्स मेरे कमरे में आए। पंकज या PKT, जैसा कि हम उसे बुलाते थे, बड़े ही शरारती मूड में था।

"अमित, यार, अपने बैच की महिलाओं में तो तुम काफी लोकप्रिय हो, शायद अपनी गुड लुक्स की वजह से।" उसने कहा।

"PKT, ये मजाक मुझ पर मत चलाओ।" हँसते हुए मैंने कहा। एकाएक हमारा बैचमेट वरुण संधू अंदर आया। वह अपना काडर बदलने के लिए उतावला था। सरकारी नियमों के अनुसार, यदि पति-पत्नी दोनों एक ही अखिल भारतीय सेवा में हों तो वे या तो समान काडर में आने का विकल्प दे सकते हैं या किसी तीसरे विकल्प को चुन सकते हैं। इसलिए वरुण भी उपयुक्त मैच खोज रहा था और उसे अपनी खूबसूरती पर काफी घमंड भी था। वह हमारी बैच की लड़कियों को प्रभावित करने की कोशिश भी करता था; पर अभी तक कोई सफलता नहीं मिली।

मुझे शरारत का मौका मिला। मैंने फौरन कहा, "अरे वरुण, हमारी फीमेल बैचमेट्स ने सबसे हैंडसम लड़कों का सर्वेक्षण किया है। तुम्हें मालूम है? तुम तीसरे नंबर पर हो लिस्ट में। मैं तो बड़ा निराश हूँ। मेरा तो लिस्ट में कहीं भी नंबर नहीं है।" मैंने अफसोस जताते हुए कहा। पंकज और बाकी सबको मैंने आँख मारी।

"रियली! सच कह रहे हो?" वरुण की आँखें चमक रही थीं।

"हाँ-हाँ, अमिताभ सबसे सुंदर करार दिया गया है। विक्रम का नंबर दूसरा और तुम्हारा तीसरा नंबर है।" पंकज ने मेरी तरफ सिर हिलाते हुए स्वर जोड़ा। सभी लड़के वरुण की नई-नई लड़कियों में लोकप्रियता पर बधाइयाँ देने लगे।

बेहद प्रसन्न होकर वरुण ने कहा, "मुझे तो पहले ही लगता था कि मैं गुड लुकिंग हूँ। मुझे आश्चर्य था कि लड़कियों का ध्यान मुझ पर क्यों नहीं जा रहा! पर आज दिल खुश हो गया।"

"यार, अब तो सेलिब्रेशन होना चाहिए। चलो, सब गंगा ढाबा चलते हैं, पराँठे खाएँगे।" मैंने उद्घोष कर दिया।

"हाँ-हाँ, पार्टी तो बनती है।" वरुण बोला। फिर हम सब गंगा ढाबा गए और ठूँस-ठूँसकर स्वादिष्ट पराँठे खाए। भुगतान वरुण ने किया।

अगली बार जब बैच की कुछ महिला साथी मिलीं तो मैंने उनसे वरुण के साथ की गई शरारत के बारे में बताया।

"अच्छा, अकेले ही पार्टी ले ली।" मनीषा ने शिकायत की।

"तुम को कल तुम्हारा हिस्सा मिल जाएगा। बस, शरारत को चालू रखो।" मैंने उससे कहा।

अगले दिन लड़कियों का एक झुंड वरुण को उसके गुड लुक्स के लिए बधाई दे रहा था।

"वरुण, हमने तुम्हें बैच के सबसे हैंडसम लड़के के लिए वोट दिया। एक ट्रीट तो बनती है। हम सबको ट्रीट तो मिलनी ही चाहिए।" उन सबने कहा।

"तुम्हें पता है, काफी लड़कियाँ तुम में रुचि रखती हैं।" नताशा ने सुर में सुर मिलाया, "तुम्हारी काफी माँग है, विशेषकर उन लड़कियों में, जो अपना काडर बदलवाना चाहती हैं।"

फिर तो वरुण के गाल गुलाबी हो गए। लंबी सी मुसकान उसके चेहरे पर बिछ गई।

"हाँ, जरूर, आप सबके लिए कुछ भी।" खुशी से उसने कहा।

अगले तीन दिनों तक करीब-करीब पूरे बैच ने वरुण द्वारा दी गई पार्टी का आनंद लिया। और मैं भी दो-तीन ग्रुप में और पराँठे खाने गया।

□

मुझे पता था, वरुण को कभी-न-कभी सच्चाई का पता चल ही जाएगा। अंततः यह हुआ भी। एक रात वह दहाड़ता हुआ मेरे कमरे में आया।

"अमित, धोखेबाज! तुमने मुझसे झूठ बोला! बेवकूफ बनाया मुझे! पंकज ठाकुर ने मुझे सब बता दिया है।"

मुझे पता था कि मैं पकड़ा गया था, पर मैंने जल्दी से अपने आप को सँभाला।

"यार, वरुण, मेरे साथ आ।" मैंने उसका हाथ पकड़कर बाथरूम तक ले जाते हुए कहा और शीशे के सामने खड़ा कर दिया।

"अपने आपको देख जरा। हैंडसम है कि नहीं? बता, मैं झूठ बोल रहा हूँ क्या?" नाराजगी दिखाते हुए मैंने पूछा।

"यार, हूँ तो मैं हैंडसम।" वरुण प्यार से अपने आप को निहारते हुए बोला।

"पंकज ठाकुर तुमसे जलता है। तुमको सच में तीसरा सबसे हैंडसम चुना गया है। वैसे, मुझे तो आश्चर्य है कि तुम्हें हमारे बैच का सबसे हैंडसम क्यों नहीं चुना गया? तेरा सच्चा दोस्त हूँ मैं। चल, फिर गंगा ढाबा चलते हैं पराँठे खाने। और आज मैं मैगी भी खाऊँगा।"

"हाँ दोस्त। बचना ऐ हसीनो, लो मैं आ गया।" मेरे कंधे पर हाथ रखते हुए वह बोला।

□

3

कोई भुगतान नहीं, कोई छुट्टी नहीं

सरदार वल्लभभाई पटेल राष्ट्रीय पुलिस अकादमी, हैदराबाद जाने से पहले मुझे एक सप्ताह की छुट्टी मिली। मेरी माँ ने मुझसे गंभीर बातचीत करने के लिए वही सप्ताह चुना।

"बेटा, अब तुम्हारी नौकरी लग गई है। तुम सैटल हो जाओ।" मेरी माँ ने कहा, जैसा कि '90 के दशक में लाखों माताएँ कहती थीं।

उनको पहले से ही एक लड़की मुझे सेटल डाउन करने के लिए मिल गई थी। प्यारी तनु से पहली बार मिलकर ही उसकी सादगी पर मैं फिदा हो गया। मैं, जिसने कॉलेज के पहले किसी लड़की से बात भी नहीं की थी, शादी करने वाला था। ट्रेनिंग पर जाने के पहले ही मेरी सगाई हो गई।

□

हमारे बैच के आई.पी.एस. प्रोबेशनर्स दिसंबर 1999 के अंत में हैदराबाद पहुँचे। राष्ट्रीय पुलिस अकादमी के कुछ अफसरों एवं हवलदारों ने हमें कतार में किया और पुलिस बसों में अकादमी ले गए। अनुशासन की भावना, जो हमारे जीवन में सदा रहने वाली थी, अभी से साफ दिखाई दे रही थी।

सरदार वल्लभभाई पटेल राष्ट्रीय पुलिस अकादमी के विशाल द्वार जैसे ही दृष्टिगोचर हुए, मेरे हृदय की धड़कनें और तेज हो गईं। तो यह वो जगह है, जहाँ मैं अफसर और एक भद्र पुरुष के रूप में रूपांतरित होने वाला हूँ!

विशाल प्रांगण में बस धीरे-धीरे आगे बढ़ी और हमें बहुत बड़े जिम्नेजियम, राइडिंग ग्राउंड, फुटबॉल मैदान और परेड स्थल की झलक दिखाई दी। मैं शानदार आधारभूत संरचना और मनोरम प्रांगण को देखकर हतप्रभ रह गया। जैसे

ही हम बस से बाहर उतरे, मुख्य ड्रिल प्रशिक्षक (सी.डी.आई.) ने हमें मेस के बाहर एकत्र होने के लिए कहा। वह सी.डी.आई. शारीरिक रूप से बेहद योग्य, बलवान् और गठे हुए दिखाई दे रहे थे। वर्षों तक आई.पी.एस. अफसरों को ट्रेनिंग देने के अनुभव से उनका अलग ही प्रभामंडल दिखता था।

"कल सुबह 6.15 बजे सब फाल-इन होंगे। सब पुरुष अच्छी तरह शेव करेंगे और महिलाएँ बाल बाँधकर रखेंगी। एटेंडेंस यहाँ ली जाएगी। यदि कोई भी अनुपस्थित पाया गया तो उसको एक अतिरिक्त पीरियड लेना होगा और उसके खिलाफ कठोर अनुशासनात्मक कार्रवाई की जाएगी।" उन्होंने घोषणा की।

हम में से ज्यादातर को जल्दी उठने में काफी परेशानी हुई। मसूरी में भी पी.टी. होती थी, पर हम हमेशा गोता मारते थे। कोई-न-कोई बैचमेट हमारी, कम-से-कम दस जनों की प्रोक्सी देता था। पर यहाँ एन.पी.ए. में अगर नहीं गए तो अतिरिक्त पीरियड लेना पड़ेगा।

बाद में प्रशिक्षण के दौरान, भयंकर दर्द में भी, ankylosing spondylitis की वजह से—जिससे मैं ग्रस्त था—मैं सारे पीरियड लेने की कोशिश करता था, बशर्ते उस कष्टदायी पीड़ा के कारण मैं हिल भी न पा रहा हूँ। उस दर्द में भी ड्रिल करने से कई मुश्किल परिस्थितियों से निकलने में मुझे मेरे कार्यकाल में बहुत सहायता मिली। पुलिसिंग कार्य में आपके पास ऑनलाइन काम करने की विलासिता नहीं होती है। आप दर्द में हैं तो भी आपको मैदान में उपस्थित होना पड़ेगा—आप अपने ऑफिस से न तो उग्र भीड़ को, न ही आतंकवादियों को सँभाल सकते हैं।

□

मैंने अपनी वरदी पहनी और गर्व के साथ दर्पण में खुद को देखा। दिव्य अनुभव था। मैं वास्तव में पुलिस यूनिफॉर्म में था, जिसके कंधे पर आई.पी.एस. अंकित था! मैंने अपनी नेमप्लेट व बैज छुए। हाँ, मैं अपने स्वप्न को जी रहा था। अगले दिन हम सब अपनी यूनिफॉर्म में चुस्ती से मेस के सामने एकत्र हुए, जहाँ सी.डी.आई. हमारा इंतजार कर रहे थे। उन्होंने हमें विभिन्न टोलियों में बाँटा, जैसे 'पूमा', 'टाइगर', 'चीता' आदि। यह अलग बात थी कि हम एन.पी.ए. में कभी गुर्रा नहीं सकते थे, केवल 'म्याऊँ' कर सकते थे।

"हम हलकी पी.टी. व्यायाम करेंगे और फिर ड्रिल अभ्यास। उसके बाद निहत्थे मुकाबले की क्लास होगी।" सी.डी.आई. ने बताया।

"इनडोर क्लासेज के बाद शाम को फिर इकट्ठे होंगे—घुड़सवारी और शस्त्र प्रशिक्षण के लिए। और फिर खेल होंगे। कोई शक?" उन्होंने हम सब की ओर देखते हुए पूछा।

हम सबको जोरदार झटका लगा। यह तो सरासर यातना मिलने वाली थी।

"सर, नहाने-धोने का टाइम कब होगा?" मेरी टोली के दयाल गंगवार ने पूछा।

"टाइम निकालना सीखो, तुमको कॅरियर में सहायता मिलेगी।" हमारे असिस्टेंट डायरेक्टर, आउटडोर अतुल करवाल, आई.पी.एस. ऑफिसर, जो अपनी फिटनेस के लिए मशहूर थे, गरजे। वर्ष 2008 में वो माउंट एवरेस्ट पर चढ़े थे।

"मैं आपकी आउटडोर गतिविधियों का प्रभारी हूँ। मूल प्रशिक्षण जैसे पी.टी., परेड, शूटिंग के अलावा आप कुछ और भी सीखेंगे; जैसे—पहाड़ चढ़ना, जंगल में युद्धकला, घुड़सवारी आदि। आपको भारतीय पुलिस सेवा अधिकारी के रूप में पूर्णत: फिट होने की जरूरत है।"

एन.पी.ए. में जुड़ने के पहले हम सभी ने जो शरीर का अंग इस्तेमाल किया था, वह था हमारा मस्तिष्क, केवल प्रशासनिक परीक्षा की तैयारी के दौरान। जल्द ही करवाल ने हमारे शरीर के वे सभी अंग ढुँढ़वा दिए, जिनका हमें होने का पता भी नहीं था। प्रतिदिन की दिनचर्या से हम रोज सुन्न और जख्मी हो जाते थे। मगर जल्दी ही हमारे मन व शरीर दोनों एन.पी.ए. की जीवन-शैली में रम गए। हमें पता चला कि ड्रिल और व्यायाम में मीठे दर्द को हम आनंदपूर्वक लेने लगे थे।

□

रात्रि गश्त का साक्षात् अनुभव लेने के लिए हम सभी को हैदराबाद के अलग-अलग हिस्सों में भेजा जाता। मुझे जो कांस्टेबल मिला, वह ठेठ पुलिसवाला था—मोटी-सी तोंद और थका हुआ चेहरा। हम दोनों हैदराबाद की सड़कों पर रात को भ्रमण करते, सतर्कता से, कहीं कोई गड़बड़ न हो उस क्षेत्र

में। एक रात, छह घंटे लगातार चलने के बाद, मेरे घुटनों में असहनीय दर्द होने लगा। मैं पूरी तरह क्षीण हो चुका था; पर आई.पी.एस. ऑफिसर होने के नाते मुझे तो उदाहरण बनना था, यानी जब तक पहले वह कांस्टेबल न बैठे, मैं नहीं बैठ सकता था।

"तुम खड़े-खड़े थक गए होगे। बैठ क्यों नहीं जाते?" मैंने सिपाही से कहा, इस उम्मीद में कि शायद वह मेरे उदार प्रस्ताव को स्वीकार कर ले।

"मैं तो पिछले तीस साल से खड़ा हूँ, साहब। आप बैठ जाओ, आप थक गए होगे।" कांस्टेबल ने प्रेमपूर्वक उत्तर दिया। मैं मुसकराया। सब कांस्टेबल और कनिष्ठ ऑफिसर अपने वरिष्ठ अफसरों का विशेष ध्यान रखते हैं। मैंने अपने आप से वादा किया, मैं हमेशा उनके साथ खड़ा रहूँगा।

ये अनेक बार में से पहली बार था, जब मैंने महसूस किया था कि हमारे पुलिसकर्मी, विशेषकर कांस्टेबल, कैसे सारी रात जागते हैं, जिससे हम सब शांति से सो सकें।

□

कुछ दिनों बाद केजरीवाल सर, हमारे एक प्रशिक्षक, हमें 14 कि.मी. लंबे रूट मार्च पर ले गए सुबह-सुबह। रास्ते में स्कूल के कई बच्चों ने हमारी ओर हाथ हिलाया और सैल्यूट किया। हम सब गौरवान्वित हुए, यह सोचकर कि लोग पुलिस को आदर की दृष्टि से देखते हैं।

मार्च करने के पश्चात् हम डी.जी.पी., आंध्र प्रदेश के कार्यालय गए। कुछ औपचारिकताओं के बाद डी.जी.पी. ने अपना भाषण शुरू किया, जो हम सब को लोरी जैसा लग रहा था। बहुत ही मुश्किल से हम जागते रहे। फिर, एकदम से, हमारी बैचमेट कल्पना नायक ने आगे की पंक्ति की ओर इशारा किया। केजरीवाल सर तो स्वयं ही सो गए थे—गहरी नींद में, अपने आसपास से बिल्कुल बेखबर। बीच-बीच में केजरीवाल सर हलकी सी आँख खोलते और फिर से सो जाते। अंतत: रेड्डी सर ए.डी. (आई.डी.) को केजरीवाल सर को हिलाना पड़ा, जो झटके से अपनी अचेतन अवस्था से बाहर आए। वह खुद भी बहुत शर्मिंदा हो रहे थे।

स्थिति को बचाने के प्रयास में वह जल्दी से कागज पर कुछ लिखने लगे

और फिर बिल्कुल बेमतलब का सवाल डी.जी. से पूछने लगे। बेचारे डी.जी. के पास कोई उत्तर नहीं था। उन्होंने इतने वरिष्ठ अधिकारी से इतने व्यर्थ प्रश्न की उम्मीद नहीं की होगी। अपनी चेतना का परिचय सबको देकर केजरीवाल सर तुरंत वापस सो गए। हम सबके लिए यह हरी झंडी थी। बिना एक क्षण भी बरबाद किए हम सब भी अमन व चैन से गहरी नींद सो गए। पूरा ऑडिटोरियम एकदम सन्नाटे में समा गया, सिवाय हलके खर्राटों के। डी.जी. को अपनी स्पीच समय से पूर्व ही खत्म करनी पड़ी।

□

कुछ दिनों बाद निशानेबाजी में निपुणता के लिए प्रशिक्षण देने के लिए एक विशेषज्ञ दल आया, जिसका नेतृत्व के. विजय कुमार, आई.पी.एस. कर रहे थे, जिन्होंने बाद में कुख्यात लुटेरे वीरप्पन का साम्राज्य समाप्त किया था। हम में से सभी ने हाथों में आग्नेयास्त्र पहली बार उठाया था। बंदूक की चिकनी सतह पर हमने हाथ फेरा, वजन अनुभव किया और 'जेम्स बॉण्ड' की मूवी के जैसे अलग-अलग पोज बनाते रहे।

विजय कुमार सर ने समझाया, पिस्टल या कोई भी बंदूक तुम्हारी दोस्त और रक्षक रहेगी, जब तुम गिर रहे होगे। इसलिए इसका मान-सम्मान करना सीखो। इसको अपने हाथों का विस्तार समझो।

टीम ने हमें विभिन्न प्रकार की पकड़—कैसे बंदूक को जोड़ना होता है और चलाते वक्त कैसे अपनी साँस को रोककर रखना होता है। हमें जल्द ही यह समझ आ गया कि केवल सुपर स्टार रजनीकांत ही हैं, जो मूवीज में एक गोली से दस लोगों को मार सकते हैं। असली जीवन में तो हम काफी शॉट्स गलत लगा रहे थे।

केवल हमारा प्रिय मित्र दिनेश यादव ही लगातार दृढ़ता से लक्ष्य भेद रहा था। प्रशिक्षक उससे काफी प्रभावित थे।

"देखिए, इन साहब जैसे फायर करते हैं।" प्रशिक्षक ने हमें बताया। एकाएक यादव प्रशिक्षक की ओर मुड़ा, उसकी ओर बंदूक को तानकर और उँगली ट्रिगर पर रखकर बड़ी मासूमियत से बोला, "सर, मेरी पिस्टल काम नहीं कर रही है। कुछ गड़बड़ है क्या?"

मैंने कभी किसी को भी इतना भयभीत नहीं देखा, जितना उस क्षण हमारे प्रशिक्षक थे। उनका चेहरा डर से विकृत हो गया था। वह मुँह खोलकर कुछ बोल भी नहीं पा रहे थे। पसीने से लथपथ हो गए। किस्मत से बंदूक चली नहीं और कोई भी दुर्घटना नहीं हुई।

□

पिनाकी बोस, हमारे स्क्वैड का, सच्चे मायने में गँवारू था। वह बेहद बेढंगा, बेतरतीब और अनुशासनहीन व्यक्ति था। एक निर्णायक क्षण में जब हम सब स्थिर खड़े थे और अपने लक्ष्य पर पूरी एकाग्रता से ध्यान केंद्रित कर रहे थे तो पिनाकी अजीब तरह से हिलने-डुलने लगा।

"साहब, यह क्या भरतनाट्यम कर रहे हो ?" प्रशिक्षक ने डाँट लगाई।

"सर, मुझे लैट्रीन जाना है। सुबह नहीं किया था। अब मैं रोक नहीं पा रहा हूँ।" पिनाकी ने शरमाते हुए कहा।

प्रशिक्षक ने उसे सुबह नहीं निबटने के लिए जोरदार झाड़ लगाई।

"सर, मैं लैट्रीन में था, पर बीच में ही फाल-इन करने की सीटी बज गई, इसलिए मैंने वापस अपनी नेकर चढ़ाई और नीचे भागा।" झट से जवाब आया। प्रशिक्षक आगे कुछ नहीं बोल पाए।

□

आई.टी.बी.पी. के विशेषज्ञों ने पर्वतारोहण का मॉड्यूल जब आयोजित किया तो सभी साथियों को जीवन का मूल्य समझ आया। एन.पी.ए. की चट्टानों से ऊँचाई पर लटकते हुए हम सभी भयभीत हो रहे थे। पर हमारा साथी अमृत राज सबसे मुश्किल पेट पर सरकने के करतब आसानी से कर रहा था। उसको देखकर सब आश्चर्यचकित थे। जल्दी ही पता चला कि उसका रहस्य यह था कि वह आँखें बंद करके जल्दी से नीचे पहुँच जाता था। बेस के समीप आते ही कूद जाता था अपनी जान बचाने के लिए। हर रैपलिंग सेशन के बाद भगवान् का शुक्रिया करता था, कम-से-कम कुछ घंटे तो और जीवित रहूँगा।

हमें पीठ पर लादकर चलना भी सीखना पड़ा, जिसमें हमें अपने साथी को अपनी पीठ पर चट्टान से नीचे उतारना था। हमें जोड़ी में विभाजित कर दिया गया।

जयराम मीणा, सबसे दुबला बैचमेट—कुल मिलाकर शायद 56 किलो का—आई.टी.बी.पी. ट्रेनर के पास जाकर बोला, "सर, मैं नौकरी छोड़ रहा हूँ। मैं आई.पी.एस. से इस्तीफा दे रहा हूँ।"

ट्रेनर ने हैरानी से पूछा, "क्यों?"

"सर, आपने राजुल शुक्ला को मेरा जोड़ीदार बनाया है। मैं कभी भी उसे नहीं उठा सकता। जरा देखिए उसको।"

ट्रेनर ने मुड़कर राजुल की ओर देखा—पूरा 110 किलो का, पहाड़ी पर बैठा हुआ केले खा रहा था। जयराम को फौरन मानवीय आधार पर पिगीबैक ड्रिल से छूट दे दी गई।

□

कुछ दिनों बाद हम सबको मेस की इमारत पर निकास ड्रेन के सहारे चढ़ाई करनी पड़ी। राजुल किसी तरह दूसरी मंजिल की रेलिंग तक प्रशिक्षक के निर्देशों के सहारे पहुँच गया, पर फिर बेचारा बीच में फँस गया—न तो नीचे आ सकता था, न ऊपर जा सकता था। वह अपने शरीर को किसी भी तरह उठा नहीं पा रहा था। झेंपते हुए उसने आई.टी.बी.पी. प्रशिक्षक से पूछा, "सर, अब मैं क्या करूँ?"

प्रशिक्षक ने उदासीनतापूर्वक कहा, "चाय पियो, साहब, अभी मँगाते हैं।" पूरा स्क्वैड राजुल को जीवन के लिए लटकता हुआ देखकर हँसने लगा। आखिर हम में से छह लोगों को उसे खींचना पड़ा। उसे रेलिंग के ऊपर लाने में हमें जबरदस्त प्रयास करना पड़ा।

□

अमृत हर समय ऐसा दिखता था, जैसे पूरी दुनिया की समस्याएँ उसी के ऊपर हैं। एक दिन, एक चिंतित दोस्त की तरह, मैंने उससे पूछा कि "क्यों हमेशा विषादपूर्ण रहता है?"

वह बिफर पड़ा, "यार, सारी टेंशन की वजह रागिनी है।" वह बोला। हालाँकि, मेरा विपरीत लिंगवालों के मामलों में अनुभव शून्य था, फिर भी मैंने वह किया, जिसमें हरेक भारतीय को आनंद आता है—मुफ्त की सलाह देना। मैंने उसे सारे फंडे दे डाले—कैसे लड़कियों के साथ व्यवहार करना चाहिए? दिल टूटने पर क्या होता है?

"यार, रागिनी लड़की नहीं है—वो घोड़ा है, जिसकी मैं सवारी करना चाह रहा हूँ। दो बार गिरा दिया गया हूँ और अब मैं उसकी सवारी करने से डर रहा हूँ।" अमृत बोला।

मेरी तो बोलती बंद हो गई।

घोड़ों को एकदम पता लग जाता है कि सवार चढ़ सकता है या नहीं। अनुभवहीन सवार को वह कई चालों से फेंक देता है। भयभीत सवारों को घोड़े की गरदन पर बाँहें डाले अपनी जान की रक्षा करते हुए देखना भी एक अलग ही नजारा होता है। हमने घुड़सवारी उस्ताद से पूछा, "सर, घुड़सवारी सीखने का क्या फायदा है ?"

"घोड़े पर सवार होना और उसे चलाना आपको आत्मविश्वास देता है, जिससे आप किसी भी परिस्थिति को सँभाल सकते हैं, चाहे वह कितनी भी नियंत्रण से बाहर लग रही हो। इससे पुलिसकर्मी बनने में मदद मिलेगी।" उसने जवाब दिया।

"और हाँ, आपको घुड़सवारी आ जाती है, और क्या!" उसने बात पूरी की।

□

हम सी.एस.डब्ल्यू.टी. (Central School of Weapon and Tactics) इंदौर गए, उन्नत हथियार प्रशिक्षण के लिए। एक उस्ताद ने हमें ग्रेनेड्स और उनकी विस्फोटक शक्ति के बारे में बताया। प्रशिक्षक ने प्रदर्शन के लिए दो-तीन ग्रेनेड्स को 25 गज दूर फेंका। वे भयानक बल से विस्फोटित हुए।

"ग्रेनेड बड़ा खतरनाक होता है। एक बार पिन खोलकर फेंका जाए तो करीब चार सेकंड में विस्फोट होता हैं।" एक उठाते हुए वह बोला।

"मैं आपको ग्रेनेड फेंकने का तरीका बताता हूँ। कपिल देव की तरह आपको बाँह घुमानी होगी।" आगे वह बोला।

बाँह उठाकर उस्ताद ने ग्रेनेड को फेंकने के लिए घुमाया, पर वह फिसलकर जमीन पर गिर गया।

हम सब दहशत में आ गए। ग्रेनेड चार सेकंड में विस्फोटित हो जाएगा, ऐसा बताया गया था। हम सब मर जाएँगे। हम सब जीवन के लिए भागे। पूरी

भगदड़ मच गई। एक-दूसरे से टकराए, कहीं पेड़ों से टकराए, कँटीली झाड़ियों में गिर गए कुछ लोग। कृष्ण प्रकाश, जो अच्छा धावक था, 400 मीटर भागा—बिना रुके, खतरनाक गति से। अगर कोई रिकॉर्ड करता तो शायद वह भागने में विश्व रिकॉर्ड तोड़ देता। मेरे जैसे कुछ लोग मैदान में लेट गए, अंत आने के इंतजार में। किसी भी समय ग्रेनेड फट सकता था। अचानक जोरदार हँसी की आवाज आई। उस्ताद हँस-हँसकर दोहरा हुआ जा रहा था।

"ये तो डेड ग्रेनेड था, अभ्यास के लिए। ये नहीं फटेगा। हा-हा-हा!"

उस्ताद ने हम सबको उल्लू बना दिया था। पहले तो सब शर्मिंदा हुए, फिर भय-मुक्ति के कारण जोर से हँसने लगे। हममें से हरेक को जीवन का वह क्षण याद है, मरने के इंतजार का अहसास। ऐसा अहसास कॅरियर में अनेक बार होगा।

□

घुड़सवारी के अलावा तैराकी भी एक दूसरा परीक्षण का विषय था, जिसकी हम में से कुछ को बहुत घबराहट थी। परीक्षा उत्तीर्ण करने के लिए हमें 50 मीटर तैरना था और 3 मीटर ऊँचे डाइविंग बोर्ड से छलाँग लगानी थी।

हमारे बैच का विनीत माथुर अपने भड़कीलेपन एवं बनावटी अमेरिकन लहजे के लिए जाना जाता था। बड़े स्टाइल से वह टेस्ट के लिए आया। वह चटकीली हरे रंग की कॉस्ट्यूम, समान गोगल्स और तैराकी कैप पहनकर आया। समस्या केवल इतनी थी कि उसे बस तैरना नहीं आता था। उसने एक नई तरकीब लगाई। उसने जितनी गहरी साँस ले सकता था, ली, फिर आँखें मूँद लीं और पूल में कूद गया। उसने तैरना शुरू ही किया था और साँस टूटने लगी। बेचारा बुरी तरह घबरा गया। उसका शरीर शिथिल होने लगा और फिर अपना अमेरिकन लहजा भूलकर वह शुद्ध हिंदी में सहायता के लिए पुकारने लगा।

"बचाओ, बचाओ! मैं डूब रहा हूँ!" विनीत भयाक्रांत स्वर में चिल्लाया।

विनीत घिसटने लगा और मुँह भर के पानी गटकने लगा। मुझे पक्का लगता है कि उसे नहीं समझ आया होगा कि कोई भी उस्ताद कूदकर उसे बचाने क्यों नहीं आया! पर फिर उसके पाँव पूल के फर्श पर टिके और पता चला कि वह पानी में खड़ा हो सकता है। उसने पूल का उथला छोर भी पार नहीं किया था।

हम सब जी भर के हँसे। पर यह मूड कुछ ही देर बाद मलिन हो गया। हमारे ए.डी., ओ.डी. करवाल सर ने हमारे लिए हैदराबाद के बाहरी क्षेत्र में, जंगल में, अस्तित्व बचाने के मॉड्यूल को आयोजित किया—रविवार को तड़के सुबह सी.आर.पी.एफ. कमांडो के साथ।

"क्या यार! एक ही संडे मिलता है। करवाल सर एक दिन भी आराम नहीं करने देंगे क्या?" हमारे बैच के लोकप्रिय सरदार हरमीत सिंह ने शिकायत भरे लहजे में कहा।

"और वो भी जंगल में!" अमिष ने जोड़ा, "हम भूखे-प्यासे हो रहे हैं। हालत खराब हो रही है।"

"क्या रविवार सरकार की ओर से छुट्टी घोषित नहीं है? हमें आज काम नहीं करना चाहिए। मैं नियमों को देखता हूँ और कोर्ट जाऊँगा, अगर जरूरत पड़ी तो।" 'बाबा' बोला, जिसको यह उपाधि बैचमेट्स से बेवजह की सलाह या ज्ञान बाँटने के लिए मिली थी।

हम सबने स्वर मिलाया, "केवल एक संडे ही दिया जाता है और उसे भी ले लिया जा रहा था।" यह एक ही तो दिन था, जिसकी हम सभी राह देखते थे। यही दिन था, जब हम मेस के खाने से छुटकारा पाकर बाहर खाने जाते थे या फिर पिक्चर देखते थे। कुछ लोग तो इस दिन अपनी नींद ही पूरी करते थे। हम सबके लिए रविवार छीनना सबसे कष्टदायी था।

अभ्यास का एक हिस्सा एक नाला पार करके पूरा किया था, जब मैंने एक पेड़ के पास एक वायरलेस सेट पड़ा हुआ देखा। शायद उस्ताद प्रकृति की पुकार से निबटने गए थे और वे सेट वहाँ छोड़ गए। मैं शरारती तो हमेशा से था, मैंने सेट उठाया और कड़कती आवाज में करवाल सर के जैसे बोला, "आज का अभ्यास यहीं खत्म है। सभी ट्रेनी ऑफिसर एकत्रित हों।" बाकी सभी उस्तादों ने कमांड सुना और इस तरह एकाएक अभ्यास बंद होने पर अचंभित हो गए। पर यह करवाल सर थे और उनको आदेश की पालना करनी थी।

मेरे बैचमेट्स ने सारी बसों को हमारे लिए तैयार खड़े देखा और जल्दी उनकी ओर बढ़े; पर वहाँ जंगल के प्रवेश बिंदु पर करवाल सर हमें घूरते हुए खड़े थे।

"बहुत शर्मनाक है कि तुम सब छोटे बच्चों के जैसे व्यवहार कर रहे हो। जरा सोचो, सी.आर.पी.एफ. कमांडो पर क्या असर पड़ा होगा? तुम भविष्य में उनका नेतृत्व करने लायक हो?" करवाल सर ने पूछा।

"सर, रविवार था…" विशाल ने नरमी से कहा। हम सब में से सर्वश्रेष्ठ प्रोबेशनर था वह।

"विशाल, तुमने आई.पी.एस. में प्रवेश लिया है। ये कोई सामान्य दफ्तर नहीं है। पुलिसकर्मी के लिए कोई रविवार नहीं, कोई छुट्टियाँ नहीं होती हैं। याद रखना, तुम तुम्हारी होली भी मनाओगे, पर एक दिन बाद, जब पूरे शहर के लोग रंगों से सुरक्षित और शांति से खेल चुकेंगे।" भावनाओं से भरे स्वर में वे आगे बोले।

हमें दिखाई दे रहा था कि पुलिस की नौकरी नहीं है, यह एक जुनून है। हमें अपनी गलती समझ आ गई। हम क्षमाप्रार्थी हो रहे थे। विशेषत: मैं स्वयं अपनी बेवकूफी भरी शरारत पर शर्मिंदा था। जैसे ही मैं मुड़ने लगा, करवाल सर मुझ पर चिल्लाए, "और अमित लोढ़ा, और कभी भी अपने सीनियर की नकल मत उतारना, न मजाक बनाना। कल्पना करो, यदि तुम्हारे अधीनस्थ भी तुम्हारे साथ ऐसा करें!"

मेरी करवाल सर से आँख मिलाने की जुर्रत नहीं हुई और मैं फिर नई उमंग से, नए जोश से अपने अभ्यास में जुट गया।

□

जब हम ढेरों शारीरिक गतिविधियों से जूझ रहे थे, हमारे प्रशिक्षकों ने हमें और ज्यादा तनावग्रस्त कर दिया। आई.पी.एस. आफिसर की हैसियत से हमें कानून के क्षेत्र में प्रवीण होना और फोरेंसिक विज्ञान में भी निपुण होना था। यह अलग बात है कि क्लासेज के दौरान सचेत रहने में हमें बेहद परेशानी होती थी। सबको जाग्रत् रखने के लिए हमारे डायरेक्टर नए-नए विचार करते रहते थे। हमारे व्याख्यान कक्षों के सारे ए.सी. हटवा दिए गए। एक मार्शल को भी नियुक्त कर दिया, जो उन सबका नाम नोट करता था, जो सोए हुए पकड़े जाते। मार्शल ने भी फिर नाम लिखने छोड़ दिए, क्योंकि हम सभी किसी-न-किसी कक्षा में सोते पाए जाते।

जल्द ही हमारी पहली परीक्षा आ गई। शायद ही कोई तैयार था, क्योंकि हमें इतने व्यस्त कार्यक्रम के चलते कभी पढ़ने का समय ही नहीं मिलता था। हम सबने हमारे पढ़ाकू बैचमेट्स को पकड़ लिया था—ट्रीट का वादा, कभी बहला-फुसलाकर और कभी डरा-धमकाकर, जिससे वह पढ़ाई में सहायता करे। आखिरकार, हमको परीक्षा उत्तीर्ण तो करनी थी। दुर्भाग्य से, सर्वश्रेष्ठ टॉपर को भी कुछ नहीं पता था। पहले पेपर से ही उत्तर पूछने के इशारे शुरू हो गए। असल में, कानून की परीक्षा में बिल्कुल अराजकता थी। फोरेंसिक साइंस के टेस्ट में कई अभ्यर्थी तो 'राव ऐंठन' वाली स्थिति में चले गए।

कुछ ऐसी परीक्षाएँ भी थीं, जैसे पुलिस टेलिकॉम, कंप्यूटर एवं मोटर मेकैनिज्म, जहाँ अंकों की जरूरत नहीं थी, केवल उत्तीर्ण होना था। कोई भी इन्हें गंभीरता से नहीं लेता था। इन विषयों का एक शब्द भी समझ नहीं आता था। इन सबके लिए भी हमने रास्ता निकाला। हमने कंप्यूटर प्रयोगशाला सहायक को प्रश्न-पत्र लीक करने के लिए पटाना शुरू कर दिया। बहुत दबाव बनाने के बाद भी उसने प्रश्न-पत्र नहीं निकाला; परंतु उसने एक प्रश्न बैंक हमें दिया। परीक्षा में प्रश्न उस प्रश्न बैंक में से आने थे। अब उन प्रश्नों के उत्तर ढूँढ़ना भी समस्या थी। हम फिर से प्रयोगशाला सहायक के कमरे में घुसे। उसने राज खोल दिया—सारे बहुविकल्पी प्रश्नों का उत्तर D था। अगले दिन जैसे ही प्रश्न-पत्र मिला, बिना सोचे-समझे हमने सारे प्रश्नों का उत्तर D चिह्नित कर दिया। पाँच मिनट में हम सब परीक्षा केंद्र से बाहर निकल गए।

परिणाम भी उतनी ही जल्दी निकला—हम सब फेल थे।

हमें ज्ञान प्राप्त हुआ कि पुलिसिया कार्यों में कोई भी शॉर्ट कट नहीं था। हमें हमेशा समय कम रहता था या मिलता ही नहीं था; पर हमें हमेशा ही परिणाम दिखाना पड़ता था, चाहे कैसी भी परिस्थिति हो! बड़ी महत्त्वपूर्ण सीख मिली थी। अंततः हम फिर सभी कक्षाओं में ज्यादा सतर्क हो गए। गंभीरता से पढ़ाई की और बाकी परीक्षाओं में अच्छी सफलता प्राप्त की।

हमें अहसास हुआ कि मसूरी के बुनियादी पाठ्यक्रम और एन.पी.ए. का प्रशिक्षण दो अलग-अलग दुनियाँ थीं। मसूरी में नई चीजें सीखने और प्रतिभाशाली व्यक्तियों से संवाद करने का वातावरण था। एन.पी.ए. में प्रशिक्षण

के दौरान पुलिस के कार्य में काम आनेवाले विषयों का अध्ययन था और भीषण शारीरिक अभ्यास था। मसूरी में तो करीब-करीब सवैतनिक छुट्टी थी।

एन.पी.ए. में तो खर्चों के बाद कोई तनख्वाह नहीं बचती थी। और हाँ, छुट्टियाँ तो थीं ही नहीं।

एन.पी.ए. की कठोर दिनचर्या के बीच हमारी बेसिर-पैर की बातों पर प्रशिक्षण के दौरान हमें अपने आप पर हँसी आती थी। यह आगे आनेवाले समय के लिए अच्छा अभ्यास था, जब हमें पगला देनेवाले समय में भी मानसिक संतुलन बनाकर अच्छे पुलिसमैन और पुलिसवुमैन बने रहना था।

□

4
वोल्टेज

"अरे, अपना सामान चेक कर लो, बिहार आने वाला है।" एक सहयात्री ने अपने सामान पर बँधी चेन को चेक करते हुए ऐलान किया। मैं डिब्बे में एकाएक इतनी हलचल देखकर हैरान रह गया था।

"भइया, सतर्क रहना ज्यादा अच्छा। यहाँ चोरी और डकैती के बहुत किस्से होते रहते हैं। बदमाश सीमा पर इंतजार करते रहते हैं। जैसे ही ट्रेन धीमी होती है, वे चढ़ जाते हैं, यह सोचकर कि कोई सामान उठाकर भागने को मिल जाएगा।" दूसरे यात्री ने कहा।

मेरे पास मेरे और तनु के सामान को बाँधने के लिए कोई चेन तो नहीं थी, इसलिए मैंने उसे बाहर निकाला और उस पर बैठ गया। अपने दिमाग में एन.पी.ए. में जो निहत्थे मुकाबला करने की युक्तियाँ सीखी थीं, वे दोहराने लगा। मैं उम्मीद कर रहा था कि अपनी पत्नी के सामने मेरा तमाशा नहीं बने। शादी को केवल हफ्ता भर ही हुआ था।

"चिंता मत करो, कुछ नहीं होगा। और वैसे भी, हमारे पास कुछ कीमती सामान नहीं है।" तनु ने मेरी चिंता को देखकर कहा।

कुछ घंटों में ट्रेन झुमरी तलैया, बिना किसी घटना के, पहुँच गई। मैंने राहत की साँस ली! हम आखिरकार बिहार पहुँच गए, मेरी कर्मभूमि पर! तनु और मैं वहाँ किसी को भी नहीं जानते थे। न हमारे कोई मित्र, न कोई रिश्तेदार थे, फिर भी हमें चैन का अहसास था। हमें जरा भी नहीं मालूम था कि यह हमारी ज़िंदगी के सबसे सुंदर वर्षों की शुरुआत थी।

□

आई.पी.एस. प्रोबेशनर्स की हैसियत से हमें पुलिस प्रशिक्षण कॉलेज, हजारीबाग में बिहार में पुलिसिंग का तरीका सीखना था। हम पाँच बैचमेट्स साथ-साथ बिहार में पुलिस प्रशिक्षण केंद्र (PTC) से जीवन शुरू कर रहे थे। जब तनु और मैं वहाँ पहुँचे तो हमारा स्वागत एक स्थूल से कांस्टेबल, जो लुंगी-बनियान पहने था, ने किया।

उसने हमें एक थोड़े से सामान से सुसज्जित कमरे में पहुँचाया और कुछ मोमबत्तियाँ, माचिस एवं मच्छर भगाने की बत्तियाँ दीं।

"ये सब क्या दे रहे हो?" मैंने नाराजगी से पूछा।

"हुजूर, लाइट का कोई पता नहीं है। बिजली कभी भी चली जाती है। इसलिए रात में मोमबत्ती की जरूरत पड़ेगी। और इस बत्ती से मच्छर भाग जाएँगे।" कांस्टेबल ने उत्तर दिया। मैंने तनु की ओर देखा, कहीं वह भागना तो नहीं चाह रही थी वहाँ से! "सुनो, मैंने तुमसे जीवन भर के लिए शादी की है। जो हो सो हो, मैं हमेशा तुम्हारे साथ रहूँगी।" वह बोली।

पी.टी.सी. तो एन.पी.ए. का बिल्कुल विपरीत था; हालाँकि, राजगीर का नया बिहार पुलिस अकादमी बिल्कुल विश्व-स्तरीय है। हमारा ट्रेनिंग स्टाफ स्वयं ठीक से प्रशिक्षित नहीं था, ऊपर से कॉलेज के पास सीमित साधन थे और बुनियादी ढाँचा भी चरमराया हुआ था।

□

काफी ठंड थी हजारीबाग में, इसलिए मैं कमरे के लिए ब्लोअर खरीद लाया। छोटा सा ब्लोअर था और अगर वोल्टेज बराबर मिलता तो ठीक से काम देता।

"चुन, इसकी लाल बत्ती तो जल रही है, पर मुझे गरमाहट नहीं लग रही है। ये काम तो कर रहा है ना?" तनु ब्लोअर के सामने हाथ रखते हुए बोली।

"हुजूर, एस.पी. साहब के वहाँ टेस्ट करने के लिए ले जाइए। उनके यहाँ वोल्टेज अच्छा मिलेगा।" हमारे ढीलम-ढाले सिपाही ने कहा।

"पर इसे चलाना तो हमें यहाँ है, वहाँ एस.पी. साहब के ले जाकर क्या करेंगे?"

"तनु, कम-से-कम पता तो चलेगा कि यह चल भी रहा है या नहीं। वैसे

भी, एस.पी. साहब से मिलने तो जाना ही है।" मैंने कहा।

एस.पी. और उनकी पत्नी ने हमारा आत्मीयता से स्वागत किया। कुछ देर बात करने के बाद मैंने धीरे से ब्लोअर टेस्ट करने की बात उठाई। मैडम आराम से मान गईं। ब्लोअर वहाँ भी काम नहीं कर रहा था।

"क्या करें, वोल्टेज बहुत कम है।" मैडम ने कहा।

"तो जेनरेटर चला लेते हैं।" एस.पी. बोले। जेनरेटर चलते ही ब्लोअर में जान आ गई।

तनु मुसकराई। "चलो, ब्लोअर तो ठीक है।" मेरी ओर देखते हुए वह बोली।

मैं बड़ा निराश हुआ, क्योंकि पी.टी.सी. में जेनरेटर नहीं था। हम ब्लोअर को इस्तेमाल नहीं कर सकते थे। पर हाँ, बिजली विभागवाले सबके साथ समान व्यवहार कर रहे थे। वोल्टेज सब जगह बराबर था—एस.पी. के घर भी और प्रोबेशनर के भी।

"तुम उसे राँची में काम में ले सकते हो, डिस्ट्रिक्ट ट्रेनिंग के दौरान। वहाँ वोल्टेज ज्यादा अच्छा है।" एस.पी. बोले।

□

कुछ दिनों बाद एस.पी. ने सारे आई.पी.एस. प्रोबेशनर्स को पुलिस थाने भेजा, जिससे पूछताछ की तकनीक को नजदीक से देख पाएँ।

"आप अपराध की जाँच करना सीख पाएँगे। एस.एच.ओ. ने चोरी के मामले में एक संदिग्ध को पकड़ा है। आप सबके लिए यह एक नया अनुभव होगा।" एस.पी. ने कहा।

पुलिस थाने में मंद रोशनी जल रही थी। हमें सीधे एस.एच.ओ. के चेंबर में ले जाया गया। एस.एच.ओ. या 'बड़ा बाबू', जैसा बिहार में बोला जाता है, हमें अपना परिचय देने के बाद गर्व से लॉकअप के पास ले गया।

"सर, यह संदिग्ध है, जिसे मैंने अपने सूत्र की इत्तिला पर पकड़ा है। यह काफी डिस्पैरेट है, पर मैं सच्चाई उगलवा लूँगा।" वह बोला। उसका इशारा लॉकअप के कोने में पड़े व्यक्ति की ओर था।

"डिस्पैरेट? इसका क्या मतलब है?" एक साथी प्रोबेशनर रतन ने पूछा।

"अरे, एस.एच.ओ. का मतलब डेस्परेट से है, डिस्पैरेट से नहीं। यहाँ बिहार में ऐसा ही उच्चारण है। यहाँ 'वेटेरन' को 'व्हेटेरन' भी बोला जाता है। यहाँ का उच्चारण कुछ महीनों में समझ आने लगेगा।" हमारे बैचमेट प्रवीण ने समझाया। वह स्वयं भी बिहारी था।

बड़े बाबू ने अपनी लाठी उठाई और लॉकअप की ग्रिल पर खटखटाई।

"बता, तूने ही चोरी की है ना?" एस.एच.ओ. ने धमकाते हुए पूछा।

"नहीं सर!" उस लाचार व्यक्ति ने कहा।

एस.एच.ओ. ने कुछ और बार पूछा, पर हरेक बार उस आदमी ने वारदात में कोई भी हाथ होने से इनकार कर दिया। एस.एच.ओ. हताश हो रहा था और कुछ शर्मिंदा भी। आखिर वह आई.पी.एस. प्रोबेशनर्स के सामने नीचा बन रहा था, जो आगे जाकर उसके अधिकारी बनेंगे।

आगे समय खराब करने की बजाय एस.एच.ओ. ने उसका उपचार शुरू कर दिया। दस मिनट की पूछताछ के बाद उस व्यक्ति ने अपराध स्वीकार कर लिया। एस.एच.ओ. ने हमारी ओर उल्लसित होकर देखा।

"देखा साहब, मान गया!" एस.एच.ओ. बोला।

"इस तरह की पूछताछ के बाद तो कोई भी किसी भी अपराध को स्वीकार कर लेगा।" हम पाँच बैचमेट्स में से एक रामुलु बोला।

इस जीवन में पहली बार मैं पुलिस थाने गया था और पूछताछ देखी थी। मैंने अपने आप से वादा किया कि मैं अपराध की जाँच ढंग से करने की कोशिश करूँगा और अपराधियों के प्रति मानवीय रुख अपनाऊँगा।

□

5
सात खून माफ

अविभाजित बिहार में राँची दूसरा सबसे बड़ा शहर था। वह काफी कॉस्मोपॉलिटन था, ज्यादातर कई बड़ी खनन एवं स्टील कंपनियों की वजह से।

हजारीबाग की शुरुआती ट्रेनिंग के बाद मुझे राँची में प्रोबेशन करना था। अपने पुलिस कार्यकाल को प्रारंभ करने में मैं समान रूप से तनाव में और उत्तेजित भी था। मैंने अपना अँगरखा व क्रॉसबेल्ट पहनी और अपने ट्रेनर जयशंकर प्रसाद, एस.एस.पी. राँची से मिलने गया। उनके कमरे में मैंने बड़ी घबराहट के साथ प्रवेश किया। हमारे जमाने में सीनियर एवं जूनियर आपस में घुलते नहीं थे और सीनियर ज्यादातर ऐसी मुलाकात में मित्रवत् नहीं होते थे।

छोटे से परिचय के बाद मैं बुदबुदाया, "सर, मुझे पुलिस कार्यशैली का बिल्कुल अनुभव नहीं है। आपसे बहुत कुछ सीखने की उम्मीद है।"

"इसमें सिखाने का क्या है? आपको केवल सामान्य ज्ञान होना चाहिए और तार्किक रहना है। और हाँ, आपकी नीयत सही होनी चाहिए। बाकी सब अपने आप ठीक हो जाता है।" सर ने अपना काम निरंतर करते हुए बताया।

"प्रोबेशनर को सात खून माफ है, तो तुमको स्वतंत्र होकर काम करने की छूट है। यदि आप कोई वास्तविक गलती करते हैं तो हम आपकी पीठ थपथपाएँगे।" उन्होंने बातचीत पूरी करते हुए मीटिंग खत्म कर दी।

मैंने पूरी निष्ठा से उम्मीद की कि मुझे एक भी खून के लिए माफी मिलने की नौबत न आए।

मैंने सैल्यूट किया और बाहर आ गया। एस.एस.पी. के ऑफिस के बाहर

सब मुझे ऐसे देख रहे थे, जैसे मैं दूसरी दुनिया का प्राणी हूँ। मुझे समझ आ गया कि बिहार एक अनौपचारिक संवर्ग था, जहाँ पुराने औपनिवेशिक रिवाज, जैसे मिलने के लिए औपचारिक पोशाक पहनना, का पालन नहीं किया जाता था।

□

"सर, मुझे एक सवारी मिल सकती है क्या?" मैंने एस.पी. ग्रामीण, राँची पुलिस से पूछा, जो मोटर ट्रांसपोर्ट या एम.टी. भी देख रहे थे।

"अरे, पहले तो उस जमाने में केवल एस.पी. के पास जीप होती थी। कुछ लोग तो साइकिल पर भी जाते थे और तुम प्रशिक्षण में सवारी माँग रहे हो!" एस.पी. ग्रामीण दहाड़े।

मैं सोच रहा था कि प्रशिक्षण में आवागमन कैसे करूँगा? हर बार जब भी जाना हो, किसी अपराध-स्थल पर या अन्यत्र, तो क्या ऑटो पकड़कर जाना होगा?

किस्मत से एम.टी. सारजेंट ने नया समाधान निकाला मेरे लिए।

"सर, हमारे पास अभी कोई अतिरिक्त गाड़ी नहीं है। पर आप डॉग स्क्वाड की जीप ले लो।"

पुलिस का कुत्ता कुछ दिन पहले ही मर गया था और दूसरा मिलने में कुछ समय लगेगा। इसलिए जब तक मिलता नहीं है, मैं उसे इस्तेमाल कर सकता था। चलो, अब मेरे पास गाड़ी तो थी, मैं खुश हो गया।

डॉग स्क्वाड जीप में ड्राइवर की सीट के बगल में कुत्ते का एक अलग कंपार्टमेंट था। मैं अपनी तेजस्वी पोशाक में उसके बगल में बैठता था। पर मुझे बुरा नहीं लगा। एक पुलिसकर्मी को सीमित संसाधनों में सर्वोत्तम प्रदर्शन करना होता है।

□

6
इंडियन स्टाइल

"सर, मैं अमित लोढ़ा हूँ, आई.पी.एस. प्रोबेशनर। मैं आपसे भेंट करने आया हूँ।" मैंने डी.आई.जी. को सैल्यूट करते हुए कहा।

"आह! यंग ऑफिसर! देखकर अच्छा लगा।" नेगी सर ने अपने अंग्रेजी लहजे में कहा।

वे अपने अर्दली पर चिल्लाए, "अरे, मैंने नए सैनिटाइजर के लिए कहा था तुम्हें। और ये पेन रंगों के अनुसार क्यों नहीं जमाए?" छोटी-छोटी चीजों के लिए लगता था, काफी विशेष महत्त्व देते थे। बाद में मालूम हुआ कि उन्हें Obsessive-Compulsive Disorder या OCD है।

"तुम मेरे पूर्वाधिकारी डी.आई.जी. चोपड़ा को जानते थे क्या?" उन्होंने पूछा।

"नहीं, सर। मेरा चोपड़ा सर से मिलना नहीं हुआ, क्योंकि मेरे राँची आने से पहले ही उनका तबादला हो गया था।" मैंने उत्तर दिया।

"तुम भाग्यशाली हो। तुम्हें नहीं पता कि उसने अपने छोटे से कार्यकाल में क्या बकवास काम किया! आओ, कार में बैठो। मैं तुम्हें दिखाता हूँ कि डी.आई.जी. पोस्ट पर क्या आफत दे गया है वो।"

मैं कार में चुपचाप बैठा सोचता रहा कि चोपड़ा सर ने क्या चूक की, क्या अनर्थ किया होगा? मैंने सोचा कि शायद किसी मौका-ए-वारदात पर हम जा रहे हैं; पर तभी हमारी गाड़ी डी.आई.जी. के विशाल फैले हुए बँगले में प्रवेश कर गई।

"आओ, आओ मेरे साथ।" नेगी सर बोले और मेरी कलाई को पकड़कर, बिल्कुल खींचते हुए ले गए।

हम घर में घुसे और अनेक कमरों में से होते हुए औपनिवेशिक बँगले के

अंदर चलते गए, जब तक उन्होंने बाथरूम का दरवाजा नहीं खोला। वे मुझे सीधे बाथरूम में क्यों ले जा रहे थे? मैं अपनी सुरक्षा के प्रति चिंतित हो उठा।

"देखा, तुम्हारे चोपड़ा ने क्या किया? उसने वेस्टर्न स्टाइल कमोड की जगह इंडियन स्टाइल लगवा दिया। तुम जानते हो, कितनी परेशानी की बात है? पी.डब्ल्यू.डी. अब समय लेगा बदलने के लिए; क्योंकि जैसा कमोड मुझे चाहिए, उनके पास नहीं है।" पॉट की ओर दिखाते हुए नेगी सर भुनभुनाए।

मैं हतप्रभ रह गया। मैंने दो बैचमेट्स के बीच ईर्ष्या व प्रतिद्वंद्विता के बारे में सुना था, पर यह तो असंतोष का अलग ही स्तर था।

"तुम्हें पता है, मि. राजीव मोहन बिहार डी.जी.पी. बनने में सफल नहीं हुए तो उन्हें डी.जी., स्पोर्ट्स या डी.जी., खेल कूद बना दिया गया। किसी दिन हमें भी डी.जी. खेल और डी.जी. कूद बना दिया जाएगा। सर्वोच्च शिखर पर यह हाल है।" नेगी सर शिकायतें करते रहे।

काफी लोग ऐसे होते हैं, जो वरिष्ठता क्रम में अपना स्थान ढूँढ़ते रहते हैं और सर्विसेज की उच्चतम श्रृंखला में अपने स्थान का स्वप्न पालते हैं, भविष्य के लिए। वे अपनी स्वयं की भलाई के लिए दूसरों को नीचे लाने के नायाब तरीके निकालते हैं। जब भी किसी साथी अफसर का नाम किसी प्रतिष्ठित पद के लिए विचाराधीन होता है, वे गड़े मुरदे खोदने लगते हैं। यह समस्या पुलिस सेवा में अधिक है, क्योंकि यहाँ पिरामिड पदानुक्रम चलता है। प्रत्येक व्यक्ति कुछ ही इच्छित पदों के लिए होड़ करता है। परंतु अंततोगत्वा केवल अपने कठोर परिश्रम और नियति के सिवा कुछ काम नहीं आता। एकाध पद इधर-उधर कभी-कभार पा सकते हैं; पर आगे जाकर आपका अस्तित्व, आपकी पहचान चरित्र की शक्ति, सत्य-निष्ठा और नेतृत्व करने की क्षमता से ही होती है।

मैंने अपने सीनियर की शिकायतों को अविचलित चेहरा बनाए हुए सुना और फिर वहाँ से कुछ देर बाद निकल गया। वापसी में मैं कार में पीछे बैठा चुपचाप रहा; परंतु फिर एकाएक मुझे सब साफ दिखाई देने लगा और मैं जोर-जोर से हँसने लगा। मेरे ड्राइवर ने मेरी अनदेखी की और भाव-शून्य मुखाकृति से गाड़ी चलाता रहा।

□

7

बिहार बंद

"कल बिहार बंद है। हमें किसी भी परिस्थिति के लिए तैयार रहना है।" हमारे एस.एस.पी. ने कहा। उन्होंने बंद के दौरान होनेवाली कानून-व्यवस्था की संभावित समस्याओं से निपटने के लिए आपात बैठक बुलाई।

"मेरा दफ्तर सभी की पाबंदी सूची जारी कर देगा। आप सभी चिह्नित क्षेत्र में समय पर पहुँच जाएँ।" उन्होंने जारी रखा।

मैंने ध्यानपूर्वक सब सुना। बंद! यह तो कुछ सीखने का अनुभव रहेगा।

मैं खूकरी गेस्ट हाउस पहुँचा। वहाँ तनु मेरा इंतजार कर रही थी।

"हरि ने फिर आलू-परवल बना दिए हैं। तुम्हें पता है, मुझे नफरत है उनसे। किसी रेस्टोरेंट में चलते हैं।" वह बोली।

"तनु, मेरा घर के खाने का बड़ा मन कर रहा है; पर ये आलू-परवल नहीं और न ही चने की दाल। ये सरकारी गेस्ट हाउस रोज एक-सा ही खाना क्यों बनाते हैं—रोज आलू-परवल और चने की दाल?"

"तो क्या करें अब?" तनु ने पूछा।

एकाएक उसने चुटकी बजाई।

"चलो, डी.एम. सर के घर चलते हैं। कुछ स्नैक्स तो खिला ही देंगे।" वह कहने लगी।

उसके चेहरे पर बड़ी सी मुसकान थी। हम जल्दी से डॉग स्क्वाड जीप में बैठे और डी.एम. सुलखान सिंह के घर गए।

एक अर्दली हमें अंदर ले गया। आलीशान ड्राइंग रूम देखकर हम दोनों

अवाक् रह गए। अंग्रेजों को सही मायने में राजसी तौर-तरीके आते थे। पर आह, हमारे देश के पैसे पर!

सुलखान सर और मिनी मैम बड़े अनुग्रही मेजबान थे।

"कुछ लेंगे आप?" मैम ने पूछा।

"नहीं, नहीं मैम।" तनु ने औपचारिकतावश कहा। मैंने सोचा, मैम अपना प्रस्ताव वापस न ले लें, इसलिए तनु को धीरे से चुटकी काटी।

उसने मेरी ओर देखा और उसे इशारा समझ आ गया।

"ठीक है मैम, आप जैसा कहें।" दोनों एक स्वर में बोले।

हमें जो भी परोसा गया था, हम सब चट कर गए। सर और मैम समझ गए थे कि हमें घर की बहुत याद आ रही थी।

"अमित, तनु! जब भी मन हो, आ जाया करो। यह तुम्हारा भी घर है।" मैम ने हमें जाते वक्त कहा।

उनके प्रस्ताव को हमने माना और अगले कई महीनों में उनके घर अकसर जाते रहे। मिनी मैम और सर हमेशा हमारी बहुत स्नेहपूर्वक खातिरदारी करते थे।

जब हम गेस्ट हाउस पहुँचे तो एक ठेठ सरकारी लिफाफा दरवाजे के नीचे से सरकाया हुआ हमें मिला।

"ये क्या है?" तनु ने उत्सुकता से पूछा।

"बिहार बंद में तैनाती का एस.एस.पी. का आदेश है। मुझे कल सुबह 6 बजे लाल बाग चौक पहुँचना है।" पत्र पढ़ते हुए मैंने बताया।

"धत्! 11.30 तो बज भी चुके। मुझे थोड़ी नींद लेनी पड़ेगी।" मैं कुड़कुड़ाया, "5.15 बजे का अलार्म लगा लेता हूँ। काश, पहले मालूम होता!"

"पुलिस की नौकरी में ऐसा खूब होगा।" तनु ने मुझे देखते हुए कहा।

चूँकि ड्राइवर बसंत को सूचित करने का समय नहीं था, मैंने लाल बाग पहुँचने के लिए जीप खुद ही चलाई समय पर पहुँचने के लिए। सुबह की सर्दी, एकदम गलन-सी हो रही थी। मेरे दाँत तनाव के कारण किटकिटा रहे थे। मैंने बंद के बारे में आम जनता के जैसे अखबारों में पढ़ा था, उतना ही केवल असर था; पर इस बार पुलिसकर्मी की हैसियत में पास से देखना था।

मैं अपनी ड्यूटी के स्थान पर सिपाहियों के जमघट की उम्मीद कर रहा था; पर मैं अकेला वहाँ पर था, और कोई भी नहीं।

6.30 बजे तक भी एक भी आदमी नहीं था। मैं घबराने लगा। मैंने आदेश गलत पढ़ लिया था क्या? मैंने फिर से एस.एस.पी. का आदेश निकाला और पढ़ा। मैं सही समय तथा सही स्थान पर था। मैंने नजदीकी पुलिस चौकी पर जाने की सोची।

मैं काफी परेशान था। हालाँकि, अब मैं आई.पी.एस. अफसर था, परंतु अभी भी सिपाहियों से ठीक से बात करना नहीं आता था। शायद अंदरूनी पुलिस का खौफ था मन में। मुझे हजारीबाग के एस.पी. की बात याद आई। उन्होंने एक बार कहा था कि पुलिसकर्मी होने की सबसे अच्छी बात यह है कि पुलिस से डर नहीं लगता।

मैंने कुछ आत्मविश्वास जुटाया और चौकी के छोटे से कमरे में घुस गया। एक अकेला सिपाही हलकी-सी लालटेन के पास बैठा था। उसे मेरा रैंक समझने में कुछ समय लगा, फिर उठकर उसने मुझे सैल्यूट किया।

"कोई फोर्स नहीं आई क्या? मुझे बिहार बंद के दौरान नजर रखने के लिए निर्देश मिला है।" मैंने अपनी आवाज को जान-बूझकर गंभीर बनाते हुए कहा, जिससे सिपाही पर प्रभाव पड़े।

"साहब, इतना सुबह थोड़े ही कोई आएगा! जो लोग बंद आयोजित करते हैं, वे एकत्र होने में अपना ही समय लेते हैं।" हवलदार ने कहा।

"वो सब भी चाय-नाश्ता लेकर आते हैं। वो भी अपना चाय-नाश्ता करके आते हैं। और, उनको पब्लिक को भी तो दिखाना है न कि बंद में क्या हो रहा है! अभी यहाँ देखने कौन आएगा?"

मैंने अपने कंधे झटके।

"फिर मैं वापस कब आऊँ?"

"सर, आप 10 बजे से पहले मत आइएगा। दुकानें तभी खुलती हैं। दुकान खुलेगी तो बंद करेंगे। तभी तो बंद सफल होगा।" हवलदार ने अपने शब्दों के मोती बिखेरे।

मैं गेस्ट हाउस वापस गया और तनु की बगल में लेट गया।

"क्या हुआ ? बिहार बंद कैंसिल हो गया ?" मुझे इतनी जल्दी वापस आया देखकर वह पूछने लगी।

"अगली बार मैं बंद के आयोजकों के साथ समन्वय करके जाऊँगा अपनी ड्यूटी के स्थान पर।" मैंने उत्तर दिया।

बाद में, कुछ अनुभव के बाद, मुझे समझ आया कि कुछ घटनाओं व समारोहों में तभी पहुँचना चाहिए, जब सब सामान्य हो जाए और संबंधित लोग उस स्थल पर पहुँच जाएँ। विशेषकर तब, जब आप मुख्य अतिथि के रूप में आमंत्रित हों। मैं ऐसे सभागार में भी पहुँचा हूँ, जो बिल्कुल खाली थे। आयोजक भी वहाँ नियत समय पर नहीं पहुँचे थे।

चाहे मुख्य अतिथि हो या आयोजक, भारत में सभी को देर से आने का फैशन पसंद है।

□

8

हाय, मैं सचिन हूँ

"अमित, मैं एस.पी. जमशेदपुर हूँ। भारत और दक्षिण अफ्रीका का मैच यहाँ शुक्रवार को आयोजित होना है। मैंने डी.जी. से अनुरोध किया है कि तुम्हें और कुछ अन्य प्रोबेशनर्स को जमशेदपुर भेज दें।" सुनीत सर ने कहा।

"ऐसी भीड़वाली स्थिती को सँभालने का तजुर्बा होगा तुम्हें। अपनी पत्नी को भी ले जाओ, अगर वह यहीं हैं। उन्हें जमशेदपुर पसंद आएगा, सुंदर शहर है।" फोन बंद करने से पहले उन्होंने जोड़ा।

मैं बहुत उत्तेजित था। यह एक अनूठा अनुभव होगा और अगर किस्मत अच्छी हुई तो मैं भारतीय टीम के कुछ सदस्यों से मिल भी पाऊँगा। मुझे तब ही पता चला कि उच्च अधिकारियों, खासतौर पर एस.पी. व डी.एम. को प्रसिद्ध हस्तियों, फिल्म स्टार एवं खिलाड़ियों से मिलने के बहुत मौके मिलते हैं, लेकिन वे मिलने से बचते हैं। वो इसलिए, क्योंकि वे अपने प्रशासनिक कार्यों और पुलिस कार्यों में व्यस्त रहते हैं। इसके अलावा, ज्यादातर अधिकारी सार्वजनिक जगहों पर इन हस्तियों के साथ नहीं दिखना चाहते, आपत्तिजनक टिप्पणियों से बचने के लिए। मुझे याद है, जब शिल्पा शेट्टी पटना किसी कार्यक्रम में शिरकत करने आई थीं, एस.एस.पी. पटना आयोजकों के अनगिनत अनुग्रह के बावजूद बड़े अनमने-से गए थे। सबकुछ ठीक चल रहा था, जब तक शिल्पा ने अपने मशहूर गाने 'मैं आई हूँ यू.पी.-बिहार लूटने…' पर नाचना शुरू किया। जैसे ही गाना शुरू हुआ, एस.एस.पी. को एक थाने से फोन आया—

"सर, बहुत बड़ी गड़बड़ हो गई है। एक बड़ा हादसा हुआ है। बारातियों

की पूरी बस को लूट लिया गया है।" एस.एच.ओ. ने कहा। गाली देते हुए एस.एस.पी. ने तुरंत स्थल छोड़ दिया। अगले दिन हर अखबार की हेडलाइंस में लिखा था—'पटना में लूट हो रही है, एस.एस.पी. देख रहे हैं यू.पी.-बिहार लूटने का तमाशा'। यह दूसरी बात थी कि एस.एस.पी. और उनकी टीम ने उसी रात छह घंटे की मशक्कत के बाद सभी डकैतों को धर दबोचा था। अखबारों में इस बात को बड़ी सुविधा से लिखना छोड़ दिया।

□

जमशेदपुर पहुँचकर मैं सुरक्षा-व्यवस्था की जाँच करने स्टेडियम पहुँचा। मैंने अपने क्षेत्र का दायित्व समझा और कुछ हिदायतें दीं।

कोई समस्या नहीं होनी चाहिए वैसे तो। आखिरकार, एक क्रिकेट मैच ही तो है, मैंने सोचा।

अगले दिन परिदृश्य बिल्कुल अलग था। स्टेडियम में अफरा-तफरी मची हुई थी, खचाखच भरा था। रोज-रोज थोड़े ही भारतीय टीम जमशेदपुर जैसी छोटी जगहों पर आती है। सबकुछ नियंत्रण में था, हालाँकि भीड़ उल्लसित थी।

फिर एकाएक मैच में भारतीय टीम की बैटिंग बैठ गई और हमें पता था कि हम हारेंगे। मैच के बाद जनता बहुत उत्तेजित हो गई। लोगों ने स्टेडियम में तोड़-फोड़ शुरू कर दी और अभागे पुलिसकर्मियों के ऊपर पानी की बोतलें, ईंटें तथा प्लास्टिक कुर्सियाँ फेंकनी शुरू कर दीं।

मुझे समझ नहीं आ रहा था कि कैसी प्रतिक्रिया दूँ? भीड़ ऊँचाई पर थी और हम मैदान में थे।

मैंने कुछ दंगाइयों को देखा और उनको बाहर भगाने का निर्णय किया। पर उनमें से एक हवलदार ने मुझसे कहा, "सर, जाने दीजिए। जनता को गुस्सा आ रहा है कि इंडिया हार गई। थोड़ी देर में शांत हो जाएँगे।"

वह ठीक कह रहा था। थोड़ी देर में जनता निकल गई और सबकुछ सामान्य हो गया। कभी-कभी कानून व व्यवस्था की स्थिति में धैर्य से काम लेना चाहिए।

बाद में, तनु और मैं दोनों टीमों के सम्मान में आयोजित रात्रिभोज में आमंत्रित थे। हम सारे खिलाड़ियों और खेलकूद के स्टार्स से मिले, जिनसे अभी तक हम केवल टी.वी. पर ही मिले थे। राहुल द्रविड़ और अनिल कुंबले, जो

असल में इंजीनियर्स थे, से काफी लंबी बातचीत हुई। और सबसे अच्छा क्षण तब आया, जब हम एकाएक मास्टर ब्लास्टर से टकराए।

"हाय, मेरा नाम सचिन है। आपका क्या परिचय है?" सचिन तेंदुलकर ने हाथ बढ़ाते हुए कहा। मैं उनकी सादगी से प्रभावित हो गया। महान् व्यक्तियों को कोई भाव दिखाने की आवश्यकता नहीं होती।

"हाँ-हाँ, मैं आपको जानता हूँ। पूरा विश्व आपको जानता है।" बच्चों की तरह उत्साहित होकर मैंने कहा। सचिन एवं मैं क्रिकेट के बारे में तथा कुछ और चीजों के विषय में उत्साहपूर्वक बात करते रहे।

"सचिन, आप करोड़ों हिंदुस्तानियों की आकांक्षाओं का भार कैसे उठाते हो? मेरा मतलब है, आप इतनी छोटी सी उम्र में..." मैंने पूछा।

"ईमानदारी से कहूँ तो मुझे अच्छा लगता है। यह एक जिम्मेदारी है, जो मैंने खुद अपने आप के लिए चुनी है। ऐसा नहीं है कि किसी और ने मुझे देश के लिए खेलने पर मजबूर किया हो।" उन्होंने दिल खोलकर कहा।

सचिन करीब-करीब मेरी ही उम्र के थे और काफी परिपक्व थे, शायद इसलिए, क्योंकि काफी समय से वे देशवासियों की उम्मीदों पर खरा उतरने का प्रयास और टीम में भी अहम भूमिका निभा रहे थे।

मेरे लिए यह मुलाकात महत्त्वपूर्ण सबक छोड़ गई। एक आई.पी.एस. अधिकारी के रूप में मुझसे भी अपेक्षाएँ थीं। मुझे भी यही करना है—छोटी उम्र में बड़ी जिम्मेदारी का वहन, अपने साथियों के साथ खड़े रहना और अग्रिम पंक्ति में खड़े रहकर नेतृत्व करना है। आखिर, आई.पी.एस. मेरी चुनिंदा सर्विस थी। मुझे इसके उच्च मानदंडों का उदाहरणात्मक चरित्र प्रदर्शित करके पालन करना था और आई.पी.एस. के लोकाचार को आत्मसात् करके लोगों की उम्मीदों पर खरा उतरना था।

हम दक्षिण अफ्रीका की टीम से भी मिले; हालाँकि हम उनसे ज्यादा खुश नहीं थे, क्योंकि उन्होंने हमारी टीम को हराया था।

दक्षिण अफ्रीका के खिलाड़ी बड़े मस्त लोग थे। उन्हें अपनी जीत का जश्न मनाना आता था। वे सबके साथ खूब हँसी-मजाक कर रहे थे और एकदम प्रसन्नचित्त दिख रहे थे।

"काश, हमारे देश में हमें भी देवताओं जैसा सम्मान मिलता!" मेरी पत्नी के साथ हँसी क्रोन्ये ने मजाक किया।

किंतु दो दिन बाद ही उनका नाम एक सट्टेबाजी कांड में लिप्त पाया गया था, जिससे सारी क्रिकेट की दुनिया हैरान रह गई थी। जमशेदपुर आखिरी मैच था, जो उन्होंने खेला।

□

9

गुप्त सूचना

"वो तुम्हारी समस्या है। शादी थोड़ा लेट करना था।" एस.एस.पी. जयशंकर बिना पलक झपकाए बोले।

"पर सर, उस थाने में रहने की कोई जगह नहीं है। आप मुझे देश के किसी भी दूर-दराज के थाने में ट्रेनिंग के लिए भेज दीजिए; पर आपका आभारी रहूँगा, अगर मुझे थाने के प्रांगण में मेरी पत्नी और मेरे लिए एक उचित सी जगह मिल जाए।" मैंने झेंपते हुए थोड़ी शर्मिंदगी के साथ अनुरोध किया।

"अमित, तुमको कठिन परिस्थितियों में रहना सीखना चाहिए। पुलिस अधिकारी का जीवन आरामदायक नहीं होता है। यह तुम्हारे प्रशिक्षण का समय है। तुम्हें पता होना चाहिए कि तुम्हारे पुलिसकर्मी, तुम्हारे जवान कैसे प्रतिकूल स्थिति और सीमित संसाधनों के साथ जीवित रहते हैं। यदि तुम अभी कठोर अभ्यास नहीं करोगे तो आगे कठिन समय झेलना मुश्किल हो जाएगा।" एस.एस. पी. ने प्रत्युत्तर दिया।

"और उस डॉग स्क्वाड जीप में घूमना बंद करो। मैं तुमको एक जिप्सी दे देता हूँ और एक अंगरक्षक भी, क्योंकि तुम सक्रिय फील्ड ड्यूटी पर जा रहे हो।" वह बोले।

बिना आगे कुछ कहे मैं कमरे से बाहर निकल गया। थोड़ा उदास था। मुझे तीन महीने की ट्रेनिंग ग्रामीण थाने में करनी थी और वहाँ बेरो पुलिस थाने के प्रभारी अधिकारी के कार्य को सीखना था। यह मेरे प्रोबेशन का एक महत्त्वपूर्ण हिस्सा था।

"तनु, मैं जाकर पुलिस स्टेशन को देखता हूँ। अगर रहने की व्यवस्था ठीक

हुई तो तुम भी आ सकती हो, नहीं तो तुम जयपुर चली जाना। तीन महीने यहाँ राँची में अकेले रहने का कोई मतलब नहीं है।" गेस्ट हाउस पहुँचकर मैंने तनु से कहा।

"अरे बाबा, हम हर जगह साथ ही रहेंगे। वहाँ भी स्विट्ज़रलैंड की तरह रहेंगे।" मुझे प्यार से देखते हुए वह बोली।

मैंने उसे गले लगाया और बेरो के लिए रवाना हो गया, जिस गाँव में मेरी तैनाती थी। वह राँची से करीब 90 किलोमीटर दूर था।

दो घंटे की दुर्गम यात्रा करके बेरो पुलिस थाने पहुँचा। ये एक बियाबान-सी जगह थी। उसकी फूस की छत जैसे-तैसे टिकी हुई थी। मुंशी को और बाकी सारे कर्मचारियों को पेड़ के नीचे काम करता हुआ देख मैं अचंभित रह गया। सारी डाक बाहर मेज पर ही रखी थी। एक पेड़ से एक आदमी को बाँधा हुआ था।

पूरा स्टाफ सावधान खड़ा था।

अपनी टोपी ढूँढ़ते हुए मुंशी बोले, "सर, प्रणाम! बेरो पुलिस स्टेशन में आपका स्वागत है।"

"बाहर क्यों बैठे हैं? यह आदमी कौन है? इसे पेड़ से क्यों बाँध रखा है?"

मैंने अपना प्रभाव डालने के लिए प्रश्नों की बौछार कर दी।

"हुजूर, छत न जाने कब ढह जाए! अपनी जान के साथ अपराधियों को भी नुकसान से बचाने की कोशिश कर रहे हैं। हिरासत में मौत का केस कौन चाहता है! इसलिए इस अपराधी को भी बाहर बाँध रखा है।" मुंशी ने उदासीनतापूर्ण उत्तर दिया।

"प्रणाम, सर!" बेचारा अपराधी खड़े होते हुए बोला, मुझे नमस्ते किया और अपनी खैनी से रचे दाँत दिखाते हुए मुसकराया।

मैं भी इस सभ्य स्वागत को देखकर मुसकरा ही दिया।

कुछ देर बाद थाना प्रभारी अपनी जीर्ण-शीर्ण जीप में वहाँ पहुँचा।

"सर, पास में एक दुर्घटना हो गई थी तो मैं घायलों को प्राथमिक चिकित्सा केंद्र पहुँचाने गया था। सब लोग जल्दी ही ठीक हो जाएँगे।" एस.आई. हरिशंकर बोला।

"चलो, कैंपस देखकर आते हैं।" मैंने कहा। असल में, मैं उस कमरे के

बारे में चिंतित था, जहाँ मुझे अगले तीन महीने बैठना था।

"हम रहेंगे कहाँ, बड़े बाबू?" मैंने पूछा।

"सर, थाने में तो कोई जगह नहीं है। पर भाग्य से, 200 मीटर दूर पी.डब्ल्यू. डी. का एक निरीक्षण कक्ष है, जो खाली पड़ा है। आप देख लीजिए।" हरिशंकर ने गंभीर स्वर में कहा।

इंस्पेक्शन रूम जैसा टूटा-फूटा ढाँचा मैंने कभी नहीं देखा था। दीवारों में से सीलन और रिसाव की वजह से तीखी गंध आ रही थी। पेंट जगह-जगह से तड़क रहा था। तेज बारिश के कारण पानी का रिसाव हो गया था। बाथरूम अपने आप में एक पारिस्थितिकी तंत्र था। मेढक और छिपकलियों की मौज हो रही थी। वे तरह-तरह के कीड़ों का नाश्ता कर रहे थे। कोने में डालडा के दो बड़े पीपे पड़े थे।

"सर, यहाँ पानी की सप्लाई नहीं है। इसलिए चापाकल से पानी भरवा लेंगे।" मुंशी बोले।

उन डालडा के डिब्बों में स्विट्जरलैंड जैसे निवास में रहने की योजनाएँ डूब गईं।

मैंने कुछ कागजों पर दस्तखत किए और औपचारिक रूप से बेरो पुलिस थाना के प्रभारी अधिकारी का दायित्व सँभाला। फिर ऑफिस के फोन से तनु से बात की।

"तनु, अच्छा रहेगा, यदि तुम कुछ दिनों के लिए जयपुर चली जाओ। मैं काम में व्यस्त रहूँगा। इस बार मुझे गंभीरता से काम करना है और पुलिस की कार्यशैली के बारे में सीखना है।" मैंने जान-बूझकर हमारे हनीमून सुइट की दर्दनाक हालत छिपाते हुए उससे कहा।

बड़ी अनिच्छा से वह जयपुर चली गई।

□

मैं पुलिस बल में अपना विशिष्ट स्थान बनाना चाहता था।

मैं थाने में बैठा फाइलों को छानता रहा। निरंतर छत के गिरने का भय सिर पर था। मैं भी पेड़ के नीचे बैठने की सोचता रहता; पर शायद एक आई.पी.एस. अफसर को यह शोभा नहीं देगा।

"साहब, खाना ठंडा हो रहा है।" मेरे अंगरक्षक श्रीपाल ने कहा।

मैं पी.डब्ल्यू.डी. इंस्पेक्शन रूम में गया, जो मेरा नया निवास-स्थान था। एक हवलदार ने पीपे में से हाथ धुलाने के लिए पानी डाला।

मैं पंखे के नीचे बैठा। वह इतना धीरे चल रहा था कि हरेक पंखुड़ी अलग चलती हुई दिख रही थी।

"पंखे की स्पीड क्यों नहीं बढ़ा देते?" मैंने हवलदार से पूछा।

"सर, ये मैक्सीमम स्पीड है। जब कभी लाइट आती हो, भोलटेज ही कम आता है यहाँ।" उसने थाली मेरी मेज पर रखते हुए उत्तर दिया।

थाली में दाल व परवल थे और तीन मोटी रोटियाँ।

"इतनी मोटी रोटी!" मैंने चकित होकर कहा।

"अरे साहब, पुलिस की नौकरी में कब अगला खाना मिलेगा, किसको पता? आम लोगों की तरह लंच और डिनर का समय तय नहीं है न!" भोलानाथ, थुलथुल-सा हवलदार बोला।

"इसीलिए सर, हम एक बार ही भरपेट खा लेते हैं।" दूसरा हवलदार खालिद बोला।

उसकी ओर देखकर मैं मुसकराया। लगभग सारे पुलिसकर्मियों का जीवन अनियमित होता है। सोने, खाने और व्यायाम करने का कोई नियत समय नहीं होता। कोई आश्चर्य नहीं कि यह जीवन-शैली उनके स्वास्थ्य से खिलवाड़ करती है और कई पुलिसकर्मी थुलथुल आकार के हो जाते हैं।

अब मैं भी पुलिसवाला था। ऐसी ही समय-सारणी मेरी भी रहेगी।

खा ले, नहीं तो बाद में भूख लगेगी। मैं जितना खा सकता था, खाने की कोशिश की। मोटी रोटी का ग्रास खाना मुश्किल था और परवल से तो नफरत-सी हो गई थी।

□

मैं रात्रि गश्त के लिए अपनी जिप्सी में निकला। सड़कें एकदम खाली थीं। अँधेरा फैला हुआ था।

"सर, यहीं से लौट चलते हैं। आगे नक्सल का खतरा है।" ड्राइवर खालिद बोला।

"नक्सलियों से क्यों डरना है? हमें हमारी सीमा तक तो गश्त करनी चाहिए।" मैंने कहा।

"सर, इसमें कोई बहादुरी नहीं है। नक्सली इन सुनसान जगहों पर बारूदी सुरंगें बिछा देते हैं और फिर घात लगाकर हमला करते हैं। और अब मैं आपको दूसरी समस्या बताता हूँ, जो पुलिस ट्रेनिंग नहीं बता सकती।" खालिद ने बात जारी रखी।

"रात को यहाँ हाथियों का पूरा झुंड घूमता है।" वह बोला।

मैंने और जिरह नहीं की। एन.पी.ए. ने निश्चित ही मुझे जंगली हाथियों से भिड़ना नहीं सिखाया था। खालिद ने जिप्सी वापस मोड़ ली।

हमने कुछ दुकानें चेक कीं और स्थानीय पेट्रोल पंप देखा, फिर रात को 2 बजे थाने वापस आ गए।

जीवन की गति काफी धीमी थी बेरो में। आरंभ में तो मैं बहुत झुँझलाता रहा। राँची जाने के लिए कुछ भी बहाना बना लेता था। पर फिर लगा कि मुझे इससे कुछ सीखने का मौका मिल रहा है। मुझे पता था, चाहे कितना भी छोटा क्षेत्राधिकार हो, मुझे एक कर्मनिष्ठ अधिकारी की तरह अपना कर्तव्य वहन करना है। फिर मैंने अपनी इच्छा रोकी राँची जाने की और बेरो में अपना सर्वश्रेष्ठ देना शुरू किया।

□

एक दिन, मैंने डाक खोली और ऊपर 'गुप्त सूचना' अंकित देखकर असमंजस में पड़ गया।

उस पत्र में एक पता बताया गया था, जहाँ लूट के बाद नक्सलियों की हथियारों की खेप रखी गई थी।

'हुजूर, आपसे बहुत उम्मीदें हैं।' आखिरी लाइन थी।

मैंने हरिशंकर को बुलाकर पत्र के बारे में बताया।

"सर, यह गाँव काफी दूर है। पक्की सड़क भी नहीं है गाँव तक की। बहुत नदी-नाले हैं। यह झूठी खबर होगी। लोगों को पता है, आई.पी.एस. अधिकारी ने कार्य-भार सँभाला है, इसलिए इस तरह की चिट्ठियाँ भेज रहे हैं।" वह बोला।

"आप सबको वहाँ जाने के लिए तैयार करें।" मैंने आदेश दिया।

'ये हरिशंकर बच रहा है। काम नहीं करना चाहता। क्या पता, मुझे सच में नक्सलियों का गढ़ मिल जाए और कुछ लूटे हुए हथियार मिल जाएँ।' मैंने मन में सोचा।

गाँव तक की यात्रा बहुत थकाऊ थी। हरिशंकर ठीक कह रहा था। करीब तीन घंटे लगे पहुँचने में। मेरी वरदी और जूते नालों की मिट्टी से मलिन हो गए थे। हम उस गाँव में पहुँचकर पते को ढूँढ़ने लगे।

"सर, यही घर है।" बाहर चारपाई पर बैठी बूढ़ी औरत ने कहा।

मैं आश्चर्य में पड़ गया। इसे कैसे पता, हम क्या ढूँढ़ रहे हैं?

"इसी घर में नक्सली हथियार छुपाते हैं। घर के मालिक रामधारी औरान को गिरफ्तार कर लो।" वह बोली।

मैंने अपने आदमियों को इशारा किया कि अपने हथियार तान लें और एक-दूसरे को कवर करें। मैंने ठेठ बॉलीवुड की शैली में दरवाजे पर लात मारी। अंदर एक परिवार भोजन कर रहा था।

सारे सदस्य उठकर खड़े हो गए—पूर्णतः भयभीत।

"साहब, हम क्या किए हैं?" हाथ जोड़े एक चिंतित व्यक्ति ने पूछा।

"हरिशंकर, कोना-कोना छान मारो।" मैंने आदेश दिया।

पुलिस टीम और मैंने उस छोटे से घर को आधा घंटे तक खँगाला, पर कुछ हाथ नहीं लगा।

आखिर, घर के मालिक रामधारी ने नम्रता से कहा, "हमको फँसाने की कोशिश है।"

मुझे पता था, वह सही कह रहा था। मेरा शक उस बुढ़िया पर गया। वह पास के मकान में रहती थी।

"माँजी, यहाँ तो कुछ नहीं मिला! क्या आपने वह पत्र पुलिस को भेजा था?" मैंने पूछा।

"हाँ, मैंने भेजा था। ये जो नारियल के पेड़ देख रहे हो, वे नारियल मेरे ऊपर कभी भी गिर सकते हैं। मैंने रामधारी को पेड़ काटने के लिए कई बार कहा है, पर वो सुनता ही नहीं है। मैं मर गई तो!" उसने क्रोधित होकर जवाब दिया।

मेरी इच्छा हुई, अपने बाल नोंच डालूँ।

"तो तुमने पुलिस को इतनी दूर केवल रामधारी को गिरफ्तार करने के लिए बुलाया, क्योंकि वह नारियल के पेड़ नहीं काट रहा था? यह तुम्हारा तरीका था उससे बदला लेने का?" मैंने गुस्से में पूछा।

"तो और क्या करती? लोग पुलिस से ही तो डरते हैं!" मुसकराते हुए वह बोली।

मैंने अपने साथियों को वापसी का इशारा किया। मैं उनसे नजर नहीं मिला पा रहा था। बहुत ही शर्मिंदा था।

"सर, कोई बात नहीं। आगे से किसी भी गुप्त सूचना पर प्रतिक्रिया करने से पहले सावधान रहिएगा।" हरिशंकर ने व्यंग्य भरे लहजे में कहा।

मैंने कुछ नहीं कहा, पर आइंदा किसी भी सूचना पर कार्रवाई पूरी जाँच के बाद ही करूँगा। 'यदि दस ऐसे पत्रों में से एक भी सत्य हो तो क्या होगा?' मैंने सोचा।

मैं इसी सिद्धांत पर चलता रहा और इसने बाद में मुझे कई बार अपने कॅरियर में सफलता दिलाई।

□

10

द मसाज

"साहब कैसे हैं?" तनु ने पूछा। वह जयपुर अपने घर से बेरो पुलिस थाने फोन कर रही थी।

"मेम साहब, सर ठीक नहीं हैं। बिना बिजली के गाँव में रहना आसान थोड़ी न है। ठीक से खाते भी नहीं हैं। बहुत वेट लॉस हो गया है। और सबसे बुरी बात तो यह है कि कोई संगत नहीं है।" मेरे बॉडीगार्ड श्रीपाल ने उसे बताया।

"अच्छा? तुम ध्यान रखना सर का।" चिंतित तनु ने कहा।

तीन दिन बाद तनु बेरो पुलिस स्टेशन आ गई। उसे देखकर मैं दंग रह गया।

"तनु, तुम यहाँ कैसे आ गईं? तुमने मुझे बताया भी नहीं!" उसे गले लगाते हुए मैंने कहा।

मैंने कुछ कर्मियों को मुझे घूरते हुए देखा। काफी झेंपते हुए मैंने उसे छोड़ा।

"आपके बिना कैसे रह सकती हूँ? यह हमारी ज़िंदगी है। हम हमेशा साथ रहेंगे।" वह हजार वॉट की मुसकराहट लेकर बोली।

बिना किसी बतंगड़ के उसने अपना सामान हमारे हनीमून सुइट में रखा। बाथरूम की जैव-विविधता से उसे कोई परेशानी नहीं थी।

मैंने सोचा कि वह बिना ढंग के पंखे, केबल टी.वी. और फोन के कैसे रह पाएगी?

□

मैं पुलिस स्टेशन से वापस लौटा तो देखा, तनु पसीने से तर-बतर स्टोव पर रोटियाँ बनाने की कोशिश कर रही थी।

"आपके लिए प्याज की सब्जी बनाई है।" बड़ी सी मुसकराहट के साथ वह बोली।

जली हुई रोटियाँ और प्याज की सब्जी देखकर मुझे हमारे जमाने की रोमांटिक फिल्म 'कयामत से कयामत तक' का सीन याद आ गया। हीरोइन जूही चावला आमिर खान के लिए खाना बनाने की कोशिश करती है; पर सबकुछ जला हुआ बनता है। तनु की रोटियाँ तो उससे कहीं बेहतर थीं।

बेरो में बिजली की आपूर्ति काफी अनियमित थी। एक बार तो ग्यारह दिन बिजली गायब थी। हम डिनर मोमबत्तियों की रोशनी में करते—कीट-मच्छरों की भिनभिनाहट के बीच, या सूर्यास्त के पहले।

रात को मैं तनु को अपने साथ गश्त पर ले जाने लगा। हम बेरो के एकमात्र पी.सी.ओ. पर रुककर अपने घर जयपुर फोन कई बार करते थे। रात 11 बजे तक कॉल दर कम होने का इंतजार करते थे, फिर कॉल करते थे। उस वक्त भी कॉल मुश्किल से ही मिलती थी। अनेक बार कॉल मिलाने के बाद भी रिकॉर्ड किया मैसेज मिलता था—'इस रूट की सारी लाइनें व्यस्त हैं, कृपया थोड़ी देर बाद डायल करें।' तनु व मैं इधर-उधर की बातें करते और अपने हालात पर हँसते। हम दोनों साथ में खूब मजे करते थे।

□

एक रात पेट्रोलिंग से लौटने के काफी देर बाद, जब हम सो गए थे, मुझे हमारे दरवाजे पर जोर की दस्तक सुनाई पड़ी। समय देखा तो सुबह के 4.30 बजे थे।

"सर, नक्सलियों ने नारकोपी गाँव पर हमला कर दिया है। आधा दर्जन घर जला दिए हैं और दो लोगों की मार-पिटाई कर दी है।" हरिशंकर ने घबराहट के साथ कहा।

मैं स्थिति की गंभीरता को समझ गया और तुरंत तैयार हो गया। नक्सली हमेशा राज्य अधिकारियों को चुनौती देते थे। वे बड़ी संख्या में परिष्कृत हथियारों से लैस होकर हमला करते थे और बेरो के जंगलों से भली प्रकार परिचित थे।

मैं पुलिस थाने पहुँचा और तत्परता से सभी वरिष्ठ अधिकारियों को फोन मिलाने लगा।

मेरे एक सीनियर ने कहा, "ओह! ठीक है, हम कुछ फोर्स भेजते हैं।"

मुझे नक्सल हमलों का कोई अनुभव नहीं था। मेरा पहला विचार उस स्थान पर जाने का था, जहाँ हमला हुआ था।

"हरिशंकर, नारकोपी की ओर बढ़ते हैं।" मैंने कहा।

"सर, फोर्स आ जाने दीजिए। अब तो जो होना था, हो गया।" उसने उत्तर दिया।

मैंने 7.30 बजे तक इंतजार किया, पर कोई फोर्स नहीं आई। मैं बेचैन होने लगा।

"हरिशंकर, कब तक इंतजार करेंगे? मेरी देख-रेख में यह पहला बड़ा मामला आया है। एस.एस.पी. और डी.आई.जी. तो मेरी प्रतिबद्धता पर प्रश्नचिह्न उठाएँगे। चलो, अब चलते हैं।" मेरे स्वर में मेरा क्षोभ झलक रहा था।

"सर, आपकी दुविधा मैं समझ रहा हूँ। पर ज्यादा अनुभवी होने के नाते यह बताना मेरी ड्यूटी बनती है कि इतने कम बल के साथ नक्सलियों के गढ़ में हमें नहीं जाना चाहिए। कम-से-कम हमारे सर्किल इंस्पेक्टर को आ जाने दीजिए। वह हमारे सबसे निकट हैं।" हरिशंकर ने मुझे समझाया।

उसी क्षण मैंने इंस्पेक्टर दिवाकर प्रसाद की जीप प्रांगण में आते देखी। राहत की साँस लेते हुए मैंने तुरंत जितने आदमी मौजूद थे, सबको जिप्सी में चढ़ने को कहा और नारकोपी की ओर चल पड़े।

मैं वायरलेस से बराबर फोर्स माँगता रहा, पर केवल यही कहा गया कि पहुँच रहे हैं।

मेरे पास कोई सेलफोन नहीं था और वैसे भी, वहाँ नेटवर्क तक टूटा-फूटा-सा था। मैं बस, यह उम्मीद कर रहा था कि नक्सल मेरी आवृत्ति न पकड़ लें मेरे संदेश सुनने के लिए।

लगभग ढाई घंटे में हम नारकोपी पहुँचे। हमें दूर से कुछ जले हुए घर और काफी सारे नाराज ग्रामीण दिखे। उत्तेजित ग्रामीण लोग प्रशासन के खिलाफ नारे लगा रहे थे। उन्होंने पटरी पर 'हटिया एक्सप्रेस' को भी रोक रखा था।

मैं ट्रैक के साथ चल रहा था, इसलिए कुछ यात्रियों ने खिड़की से बाहर अपना सिर निकाला और पूछा, "सर, और कितनी देर लगेगी?"

"सर, हमको कुछ होगा तो नहीं? हम सुरक्षित हैं क्या?" दूसरे ने पूछा।

"भइया, प्लीज जल्दी ट्रेन चलवाओ, गरमी में बुरा हाल है।" पसीने में तर-बतर एक महिला पल्लू से अपने बच्चे को हवा करते हुए बोली।

सैकड़ों सवारियाँ परेशान हो रही थीं। मुझे ट्रेन को जल्दी चलवाना था।

मैंने ट्रैक पर बैठी हुई खतरनाक भीड़ को देखा। पता नहीं कहाँ से मैंने शक्ति इकट्ठी की और उनसे बात की। इंस्पेक्टर दिवाकर प्रसाद और हरिशंकर ने मुझे रुकने का इशारा किया, पर मैं आगे बढ़ चुका था।

"मेरी आपसे विनती है, कृपया ट्रेन को जाने दें। बच्चे भूखे रो रहे हैं। इसमें बड़े-बुजुर्ग भी हैं। उनकी क्या गलती है?" मैं भीड़ से अनुरोध करता रहा।

उग्र भीड़ स्तब्ध रह गई। उन लोगों ने ऐसा नहीं सोचा था कि कोई उनकी ओर बढ़ सकता है। भाग्यवश, किसी कारणवश लोग कुछ शांत हुए।

"भइया, मेरी बात सुनो, प्लीज। ट्रेन को जाने दो।" मैंने सामने खड़े हुए व्यक्ति की ओर देखते हुए कहा।

इंस्पेक्टर प्रसाद और हरिशंकर अपनी पिस्टल पर हाथ रखे तैयार थे। अगर उग्र भीड़ मुझ पर हमला करती है तो क्या उन्हें शूट करना चाहिए? या फिर अपनी सुरक्षा की चिंता करनी चाहिए? पुलिसकर्मी होते हुए कई बार यह दुविधा होती है। एक गलत चाल और सारी परिस्थिति सेकंडों में बिगड़ सकती है। उनके पास तैयारी का कोई समय नहीं होता है। बस, हम यही कर सकते हैं कि स्थिति को देखें, परखें, अपनी हिम्मत पर एतबार रखें और हमेशा वही करें, जो सही हो।

"जब तक मुख्यमंत्री नहीं आएँगे, हम पटरी से नहीं उठेंगे।" उन सैकड़ों आदमियों में से किसी ने कहा।

बाकी सबने स्वर मिलाया, "हाँ-हाँ, हम तभी उठेंगे, जब मुख्यमंत्री हमसे मिलेंगे।"

भीड़ ज्यादातर उन बेनामी अनजान लोगों की आवाज बन जाती है, जिसने अपनी दिनचर्या में कभी कुछ न बोला हो। उसको भी समूह में बोलने की शक्ति मिल जाती है।

मुझे पता था, मुख्यमंत्री भीड़ से मिलने नहीं आ सकते। राँची की दूरी पटना से काफी अधिक थी।

"सी.एम. साहब तो नहीं आ सकते।" मैंने कहा।

"तो फिर एस.एस.पी. या डी.एम. को बुलाओ!" लोग चिल्लाए।

कुछ तो राहत लगी, पर मैंने दिखाई नहीं। लोगों को पता तो था ही कि सी.एम. नहीं आएँगे। मुझे समझ आ गया कि एस.एस.पी. और डी.एम. इनके लिए महत्त्वपूर्ण हैं, वे भी सरकार के ही अंग थे।

"मैंने एस.एस.पी. और डी.एम. को सूचित कर दिया है। वे रास्ते में ही हैं।"

हरिशंकर मेरे उत्तर से खुश नहीं दिख रहा था।

"ट्रेन तो नहीं चलेगी। हम एस.एस.पी. और डी.एम. का इंतजार करेंगे।" भीड़ बिल्कुल नहीं हिली।

"ऐसा करिए, मुझे बंधक बना लीजिए।" बिना सोचे मैं बोला। जैसे ही मैंने कहा, भाँप लिया कि यह एकदम बेवकूफी-सी लगी है। हम केवल दस पुलिसकर्मी थे सैकड़ों की भीड़ के सामने।

"बड़ा बुड़बक ए.एस.पी. है ये।" झुंड में से किसी ने मजाक उड़ाया।

"पर ये ईमानदार है। बिल्कुल बुद्धू है।" दूसरा बोला।

"ये बात तो है। हमको अच्छा लग रहा है।" एक युवक ने कहा। शायद मेरी उम्र का था, इसलिए वह एकमत हो रहा था।

"चलो, ट्रेन जाने दो। जब तक एस.एस.पी. या डी.एम. नहीं आ जाते, तब तक ए.एस.पी. साहब से ही थोड़ा गपशप करते हैं, थोड़ा बतियाते हैं।" एक बुजुर्ग से आदमी बोले। वे शायद झुंड के मुखिया थे।

लोग पटरी से उठने लगे।

"ए.एस.पी. साहब, आप यहीं अपनी जिप्सी में बैठ जाइए। हम ऐसे ही बात कर लेंगे।" उस बुजुर्ग ने कहा।

मैंने राहत की साँस ली। कम-से-कम ट्रेन तो चली जाएगी इतने घंटों बाद!

लोगों की अचानक इतनी गर्मजोशी से हौसला बढ़ गया और मैं जिप्सी के बोनट पर टिक गया। भीड़ मेरे सामने टिक गई। मैं अपने छात्र जीवन के संघर्ष की बातें और आई.पी.एस. की ट्रेनिंग आदि मनोरंजक अनुभव सुनाता रहा। मेरी कहानियों में लोग काफी उलझ गए। युवक खासतौर पर प्रश्न पूछने लगे। मेरे

साथी पुलिसकर्मी भी काफी आनंद ले रहे थे। सारे लोग एकाग्रता से मुझे सुन रहे थे।

फिर कोई चाय लाया। कुछ नाश्ता भी आया।

लोग हमारी खातिर कर रहे थे। इसी बीच ट्रेन नारकोपी गाँव से निकल पड़ी।

जल्दी ही अँधेरा होने लगा। मैं भी बोल-बोलकर थक गया था। लोग भी निढाल हो गए थे, खासतौर पर बुजुर्ग, जो सवेरे से ही प्रतिरोध कर रहे थे।

"सर, अब आप जाइए। लगता है, एस.एस.पी. और डी.एम. साहब अब नहीं आएँगे।" लोगों ने मुझसे कहा।

"ठीक है, आपकी मेहमाननवाजी का धन्यवाद।" मैंने उत्तर दिया।

ग्रामीणों ने अपने हाथ जोड़े। उनकी सादगी देखकर मुझे बड़ा आश्चर्य हुआ। उनके घर जल चुके थे। उनमें से कुछ पीटे भी गए थे, पर उन्होंने सब अपनी नियति मान लिया था।

"कम-से-कम मुझे नुकसान देखने दीजिए, जो नक्सलियों ने किया है। आपके नुकसान की भरपाई की सिफारिश सरकार से करूँगा। और मुझे आपका बयान भी लेना होगा, जिससे एफ.आई.आर. बना सकूँ इस केस की तहकीकात करने के लिए।"

"सर, क्या मुआवजा! हम तो सबकुछ खो चुके हैं। यही भाग्य है हमारा।" एक गाँववाला, जिसका घर जल चुका था, बोला।

मुझे बहुत बुरा लगा। नक्सलियों ने उन्हीं पर हिंसा बरपी, जो लोग किसान थे, मजदूर थे; वही लोग, जिन्हें वे स्वतंत्र करने निकले थे।

"सर, हमने पता कर लिया है।" हरिशंकर बोला, "नक्सल सोचते हैं कि बिंदू पहान और कालू ओरौन पुलिस के खबरी हैं। इसलिए उनके घर जला दिए गए हैं। उन दोनों को नहीं पकड़ सके। दुर्भाग्य से दो मासूम लोग पिट गए।"

मैंने जले हुए घर देखे, जो कुछ बचा था। मैंने प्रण लिया कि अपराधियों को सजा दिलवाऊँगा।

"सर, अब चलना चाहिए। रात हो रही है। यह क्षेत्र असुरक्षित है।" हरिशंकर ने कहा।

"हम बहुत भाग्यशाली रहे कि भीड़ भड़की नहीं और हम पर हमला नहीं किया। माँ भवानी की कृपा है।" इंस्पेक्टर प्रसाद बोले।

मैंने सिर हिलाया। जब भीड़ से जूझना हो तो कोई फॉर्मूला नहीं काम करता। आपको खुले तरीके से आचरण करना चाहिए, उनकी सुननी चाहिए और तत्परता से बुद्धि चलानी चाहिए। और काफी अच्छी तकदीर होनी चाहिए।

□

रात 8 बजे हम पुलिस थाने पहुँचे। जैसे ही मैं जिप्सी से उतरा, मुंशी भागा हुआ मेरे पास आया।

"एक घंटे से बड़े साहब आए हैं। एस.एच.ओ. साहब के क्वार्टर में आराम कर रहे हैं।" वह बोला।

मैं तुरंत बड़े बाबू के घर गया, यह सोचकर कि शायद कोई वरिष्ठ अधिकारी मेरा इंतजार कर रहा होगा सब विवरण जानने के लिए, पर अंदर गया तो मुझे बड़ा सरप्राइज मिला।

वे एक पलंग पर लेटे हुए थे और एक अर्दली उनके पैरों की मालिश कर रहा था।

"अमित, आ गए तुम! मैं थोड़ा थका हुआ था। तुम्हें तो पता है, पुलिसवालों की लाइफ कितनी टफ होती है। इसीलिए ये मसाज ले रहा हूँ।" नक्सल क्षेत्र के बीच में मसाज के उस अनुष्ठान को समझाते हुए वे बोले।

मुझे अजीब लग रहा था। उनके मसाज के दौरान वहाँ खड़े हुए मैंने उस भाग को नजरअंदाज करते हुए सारी घटना को क्रम से उन्हें बताया।

तभी बड़े साहब पैरों पर उछलकर खड़े हुए। मैंने सोचा, कोई बड़ी कार्रवाई करने जा रहे हैं। इसकी बजाय उन्होंने अपने सेलफोन से एक नंबर मिलाया।

"जी सर, नारकोपी गाँव जाकर आ गया हूँ। मेरे पास एक युवा ए.एस.पी. प्रोबेशनर है। उसे काम पर लगाता हूँ। वह ऑपरेशन की अगुवाई करेगा। उसे अच्छा एक्सपीरियंस मिलेगा।"

"हाँ, सर, आप ठीक कह रहे हैं। गाँव में घंटों रहने के बाद मुझे आराम चाहिए। शुभ रात्रि। जय हिंद!" उसने कॉल काट दी।

सफेद झूठ सुनकर मैं स्तब्ध रह गया।

"अमित, कल मैं मुख्यालय से कुछ फोर्स भेजता हूँ।"

"तुम प्लान करके कार्रवाई का नेतृत्व करो। आशा है, कुछ परिणाम मिलेगा।" कार में घुसने के पहले वे बोले और निकल गए।

"हुजूर, आपकी भी देह दबा दूँ?" मालिशवाले ने पूछा। उसके हाथ तेल से चमक रहे थे। मैंने उसे जोर से घूरा।

□

11
डुगडुगी बज रही है!

"दिवाकर, आधे घंटे में चलते हैं। सभी आदमियों को हथियार चेक करने के लिए कहो। और कुछ खा लें।" मैंने इंस्पेक्टर प्रसाद को निर्देश दिए।

मैंने अभी सभी को नक्सलों के खिलाफ कार्रवाई, जो हम करने जा रहे थे, के लिए निर्देश दिए थे। पुलिस मुख्यालय ने हमें उन सभी गाँवों में जाने के लिए कहा था, जो नक्सलियों के छुपने के स्थान थे। ज्यादातर गाँव जनजातीय क्षेत्र में थे, जिसमें निवास करनेवाले सीधे-सादे थे। वे छोटी-छोटी बातों पर क्रुद्ध हो जाते थे, विशेषकर महुवा का सेवन करने के बाद। अपनी टीम से सलाह करने के बाद मैंने मोरू गाँव से शुरुआत करने का निश्चय किया। वह नक्सलियों के लिए सुरक्षित ठिकाना था, अत: काफी खतरनाक था।

मैं तनावग्रस्त था, पर उत्साहित भी था। अपराधियों के खिलाफ यह मेरी पहली रेड थी। सड़क पर चलते हुए, जो नहीं के बराबर थी, मैंने सारे दिशा-निर्देश और कार्रवाई को अपने जेहन में दोहराया। निस्संदेह, नक्सल खराब आधारभूत संरचना और वहाँ की गरीबी का पूरा लाभ उठा रहे थे। वहाँ रहनेवाले लोग बाहरी दुनिया से बिल्कुल बेखबर थे, जैसे कि वे अलग ही भारत देश में रहते हों! कई सालों से सरकार ने निरंतर नक्सलियों के खिलाफ कार्रवाई की है।

जो हालिया सफलता सरकार को नक्सलवाद के खिलाफ मिली है, वह नवीनीकरण एवं विकास कार्यों के कारण मिली, जो सरकार ने अविकसित क्षेत्रों में किए। और हाँ, सुरक्षा बलों द्वारा निरंतर की गई कार्रवाई तो है ही।

जब हम गाँव पहुँचे, कुछ भी असाधारण नहीं दिख रहा था। सभी लोग

अपने काम कर रहे थे, नियमित दिनचर्या की तरह। पर पुलिस टोली को देखकर एकदम सबके चेहरों के भाव बदल गए। साफ नजर आ रहा था कि पुलिस बिल्कुल वांछनीय नहीं थी।

"सर, जल्दी से सारे घर चेक कर लीजिए। यहाँ से निकलना होगा।" राँची के इंस्पेक्टर हामिद खान ने कहा। वह वहाँ के पुलिस बल के साथ आया था।

"ठीक है, इंस्पेक्टर साहब। समस्या क्या है?" इंस्पेक्टर की जल्दबाजी से आश्चर्य में पड़ गया मैं। हमारे पास काफी आदमी थे और हमने गाँव की घेराबंदी कर रखी थी। हम किसी भी परिस्थिति के लिए तैयार थे। पुलिसकर्मी झोंपड़ियों में घुसकर संदिग्ध गतिविधियों की छानबीन करने लगे।

कुछ हवलदार बोले, "सर, कुछ भी नहीं मिला।" एक के बाद एक सिपाही झोंपड़ियों से बाहर आने लगे और यही बताने लगे।

मुझे बड़ी निराशा हुई। स्पेशल ब्रांच की सूचना पर हम इतनी दूर आए थे।

एकाएक एक कांस्टेबल चिल्लाया, "सर, यहाँ आइए। हमको नक्सल साहित्य मिला है इस घर से।"

मैं उत्तेजित हो गया और जल्दी से उस झोंपड़े की ओर भागा। एक कोने में नक्सल विचारधारा की काफी सारी पुस्तकें और परचे पड़े थे।

"यह आदमी, इस घर का मालिक या तो स्वयं नक्सलवादी है या उनका समर्थक है।" मैंने इंस्पेक्टर प्रसाद को कहा।

"इस प्रकार का लिटरेचर यहाँ कई घरों में मिलता है। गाँववासियों के पास कोई विकल्प नहीं होता। वे या तो नक्सलियों के साथी हो जाते हैं या उनका समर्थन करते हैं।" उसने उत्तर दिया।

मुझे पता था, वह सही कह रहा है। फिर भी, मैं घर के मालिक से मिलना चाहता था, उससे इस साहित्य के स्रोत के विषय में पूछने के लिए। हो सकता है, और कुछ नहीं तो कोई सुराग मिले! एक डरा हुआ छोटा बालक कोने में खड़ा था।

हरिशंकर ने पूछा, "बाबू, तुम्हारे बाबा कहाँ हैं?"

"खेत में गए हैं।" वह बोला।

मैंने कुछ सिपाहियों को उस व्यक्ति को लाने के लिए बच्चे के साथ भेजा।

दस मिनट बाद मिट्टी व घास-फूस से सजे-धजे पुलिसकर्मी वापस आए और लुंगी-बनियान पहने एक व्यक्ति को साथ लाए।

"सर, यह आदमी कालू पाहन है। यह पक्का नक्सल है। देखिए, इसके पास ये देसी कट्टा भी है।" सेक्शन कमांडर ने कहा।

"सर, बधाई हो! आपने पहली रेड में ही एक नक्सल पकड़ लिया। आप बहुत भाग्यशाली हैं। पुलिस को आमतौर पर गाँव में नक्सल नहीं मिलते।" इंस्पेक्टर प्रसाद ने कहा।

वह मेरी ज़िंदगी की पहली गिरफ्तारी थी और उसमें मुझे अजीब सी संतुष्टि मिली, जैसी पहले कभी नहीं मिली थी। मैंने पहले कभी पुलिस बल के बाहर किसी को गन के साथ नहीं देखा था। तभी हरिशंकर भागता हुआ आया। तनाव उसके चेहरे पर साफ दिख रहा था।

"सर, जल्दी करिए। यहाँ से भागना पड़ेगा। डुगडुगी बज रही है। हमें यहाँ से अभी निकलना होगा। गाँववाले डुगडुगी बजा रहे हैं।" वह चिल्लाकर मुझे बोला।

मुझे गड़बड़ तो समझ नहीं आई, पर ड्रम की आवाज से मैं भी हक्का-बक्का रह गया था।

"हम गिरफ्तारी मीमो बनाते हैं, और इस व्यक्ति का जब्ती का ज्ञापन भी बना लो। और दो अलग साक्षी भी लाओ हस्ताक्षर के लिए।" मैंने इंस्पेक्टर प्रसाद को निर्देशित किया। यही क्रिमिनल प्रोसीजर कोड (CrPc) के दिशा-निर्देश होते हैं। एन.पी.ए. में यही ट्रेंड किया गया था।

हरिशंकर ने निवेदन किया, "सर, छोड़िए मीमो-शीमो। ये ग्रामीण हमें घेरने आ रहे हैं। हमसे वे अधिक संख्या में हैं। डुगडुगी का मतलब है कि ग्रामीण हम पर आक्रमण करने वाले हैं। आप जिप्सी में बैठिए।"

ड्रमों की आवाज तेज होती जा रही थी। मैं जैसे ही झोंपड़े के बाहर आया, देखा, 200-300 आदिवासी तीर-कमान लिये चले आ रहे थे। वे हमसे करीब 150 मीटर दूर थे। इस तरह के सीन तो केवल, 'टार्जन' फिल्म में ही देखे थे। झाँझ और ढोल की आवाजें तीक्ष्ण हो गई थीं। आदिवासी मंत्र मुझे चिंतित करने लगे थे।

"तुम ठीक कह रहे हो। पर प्लीज, मीमो के लिए गवाह लाओ। इस पाहन को बिना सही कागजों के न्यायिक हिरासत में कैसे भेजेंगे?" मैंने कहा।

"बिठाओ ए.एस.पी. साहब को!" हरिशंकर चिल्लाया।

मेरे बॉडीगार्ड ने मुझे शारीरिक रूप से जिप्सी में धकेला। कालू पाहन को भी इंस्पेक्टर प्रसाद की जीप में डाला गया।

"सर, निकलिए यहाँ से! मैं आपके साक्षी ढूँढ़ लूँगा, चिंता मत करिए।" परेशान हरिशंकर ने कहा।

हरिशंकर ने दो ग्रामीणों को पकड़ा, एक कागज पर उनके नाम नोट किए और अँगूठे के निशान लिये। बहुत तत्परता दिखाई उसने।

"पर तुमको जब्ती का ज्ञापन गवाहों को देना होगा।" मैं जिप्सी में से चिल्लाया।

वे आदिवासी और पास आते जा रहे थे। हरिशंकर ने मेरी ओर देखा और कहा, "सर, ये आदिवासी बहुत गुस्से में हैं। हम इन्हें किसी भी तरह नहीं सँभाल पाएँगे। लालू ओराँव का केस याद है न?" लालू ओराँव की शक्ल मेरे जेहन में भी आई।

कुछ दिनों पहले, बेरो पुलिस थाने में नशे में धुत्त एक आदिवासी हाथ में एक बोरा लिये आया। "मेरा नाम लालू ओराँव है। मैं समर्पण करने आया हूँ।" उसने कहा था।

"किस जुर्म के लिए?" मुंशी ने पूछा।

लालू ओराँव ने बोरे में हाथ डाला और खून से लथपथ एक लोथड़ा बाहर निकाला। एक औरत का कटा हुआ सिर था।

"मैंने अपनी पत्नी को मार डाला, क्योंकि वह मुझे पीने नहीं दे रही थी।" बिना पलक झपकाए उसने कहा। उसे इतना निर्दयी देखकर हम सभी हतप्रभ रह गए। आक्रोशित आदिवासी बहुत खतरनाक होते हैं, और यहाँ तो उनका पूरा हुजूम था। हम बिना तैयारी के क्रोधित आदिवासियों का सामना नहीं करना चाहते थे।

किसी कारणवश वे बहुत क्रोधित थे और उनकी आँखों से दिख रहा था

कि वे किसी वार्त्तालाप की मनोदशा में नहीं थे। हम जवाबी हमला करने के लिए बहुत कम संख्या में थे।

"अगर जान बची तो आपके सारे कानून फॉलो करेंगे।"

तभी एक भाला मेरी जिप्सी के पास से निकला। "ड्राइवर, भगाओ।" मैं चिल्लाया।

मुझे अहसास हुआ कि कभी-कभी बहादुरी से बेहतर विवेक होता है।

□

12

पुलिस ऑफिसरों को क्या-क्या करना पड़ता है!

"सर, मैं एक आई.पी.एस. प्रोबेशनर हूँ, बेरो पुलिस स्टेशन से बोल रहा हूँ। एन.पी.ए. ने सभी प्रोबेशनर्स को धार्मिक जुलूस का प्रत्यक्ष अनुभव लेने के लिए निर्देशित किया है। कल रामनवमी है। आप मुझे इंतजाम देखने अपने साथ जाने की अनुमति दें तो मैं आभारी रहूँगा।" मैंने एक सीनियर पुलिस अधिकारी बी.एस. राय प्रसाद को फोन पर कहा।

एक क्षण रुककर वे बोले, "ठीक है, कल मेरे घर रात 10 बजे आ जाओ।"

अगली रात को मैं उनके विशाल बँगले पर पहुँचा और व्याकुलता से उनका इंतजार करने लगा। दस मिनट में वे बाहर निकले। उन्होंने जोधपुरी ब्रीचेज, घुड़सवारी के बूट और धूप का चश्मा पहन रखा था; हालाँकि, उस समय रात हो रही थी। उनकी हैंडलबार मूँछें उनकी मुखाकृति में जुड़ रही थीं। मैंने मुश्किल से अपनी हँसी रोकी।

"चलो, यंग मैन, चलते हैं!" रायप्रसाद अविचलित ढंग से बोले।

लाल बत्ती युक्त एंबेसडर कार में बैठना मेरे लिए नया अनुभव था। जैसे ही गाड़ी राँची की सड़कों पर चली, कई सिपाहियों ने हमें सैल्यूट किया।

जब हम उस स्थान पर पहुँचे, जहाँ रामनवमी के जुलूस का समापन होना था, इतने वरिष्ठ पुलिस अधिकारी को देखकर जनता बहुत उत्साहित हुई। रायप्रसाद सर नीचे उतरते ही मालाओं से लाद दिए गए।

"अरे, इनके कंधे पर भी 'आई.पी.एस.' लिखा है। इनको भी कुछ मालाएँ पहनाओ।" कोई बोला।

मैं झेंप गया और मालाओं से बचने लगा। पर फिर भी, कुछ लोगों ने मालाएँ पहना ही दीं।

स्टेज पर बैठे सभी सीनियर अफसरों का मैंने अभिवादन किया। सुलखान सिंह, डी.एम. भी वहाँ मौजूद थे। उन्होंने मुसकराकर मुझे अपने पास बिठाया।

माहौल बहुत उत्तेजक था। जैसे ही जुलूस कार्यक्रम स्थल पर पहुँचा, शोर गगनभेदी हो गया। एक व्यक्ति, जो हनुमानजी की वेशभूषा में था, जुलूस का नेतृत्व कर रहा था। हाथ में गदा लिये वह यहाँ-वहाँ कूद रहा था। उसके पीछे श्रीराम और सीता के पुत्र लव एवं कुश थे।

एकाएक रायप्रसाद सर लगभग बारह फीट से ज्यादा ऊँचे मंच से कूद पड़े।

'सर नीचे क्यों कूदे हैं? कहीं कोई समस्या है क्या भीड़ में?' मैं सोच रहा था और चिंतित हो गया था। मैंने सहजता के साथ अपनी ग्लोक पिस्टल को होल्स्टर में से निकाला।

"रिलेक्स, अमित। सबकुछ ठीक है। बस, तुम तमाशा देखो।" सुलखान सर ने कहा। उन्होंने मेरा कंधा थपथपाया और बैठने का इशारा किया।

रायप्रसाद सर ने हनुमान से गदा ली और चारों तरफ नाचने-कूदने लगे। उन्होंने अपने गाल भी हनुमानजी के जैसे फुला लिये। जनता जैसे पगला गई। सैकड़ों लोग उन्हें उत्साहित करते रहे। करीब पंद्रह मिनट वे नाचते रहे। देखने लायक तमाशा था। एक पुलिसवाला गदा लिये, घुड़सवारी के बूट और काला चश्मा लगाए हवा में भयंकर रूप से गदा लहरा रहा था।

रायप्रसाद सर मंच पर पसीने में तर-बतर वापस आए, जनता की प्रतिक्रिया से साफ तौर पर उल्लसित।

"देखा अमित, भीड़ को नियंत्रित करने के लिए एक पुलिसवाले को क्या-क्या करना पड़ता है!" वे मुझसे बड़ी हकीकत बयाँ करते हुए बोले।

मैंने सिर हिलाया। नहीं बताना चाह रहा था कि इस सब करतूत में वे भी खूब मौज करते दिख रहे थे। एक्टिंग करना अच्छी तरह आता था उन्हें।

कुछ देर बाद मैं सुलखान सर की ओर मुड़ा और सहमा हुआ पूछने लगा, "सर, क्या सच में पुलिस अफसरों को कानून व व्यवस्था की स्थिति में ये सब करना पड़ता है?"

सुलखान सर मुसकराकर बोले, "नहीं, ये सब नहीं करना पड़ता है; और तुमसे होगा भी नहीं। यह काम केवल रायप्रसाद ही कर सकते हैं।"

मैंने राहत की साँस ली। मैं तो सोच रहा था कि रायप्रसाद सर की नाचने और एक्टिंग करने की कला तो मुझमें है नहीं, पता नहीं सफल पुलिसवाला बन सकूँगा या नहीं!

"सर, एक ऑफिसर को सफलता कैसे मिलती है?" मेरे बचकाने प्रश्न जारी रहे।

"बहुत सीधा है। मेहनत और किस्मत। हमारी सेवाओं में अमित, इस तरह के अजीबोगरीब पात्र बनाने की प्रवृत्ति होती है।" मुझे बिस्किट देते हुए वह बोलते रहे।

"तुम्हें पता है, लोक सेवाएँ देश की सबसे उत्कृष्ट नौकरियाँ हैं। हजारों प्रतिभाशाली मेहनती, अत्यधिक योग्य उम्मीदवार हर साल प्रतियोगी परीक्षा में बैठते हैं और केवल कुछ सैकड़ा ही उत्तीर्ण होते हैं। उनकी ज़िंदगी रातोरात बदल जाती है।" चाय पीते हुए वे बोलते रहे, "कल्पना करो, एक साधारण व्यक्ति, लड़का या लड़की, को एकदम ही एक डिस्ट्रिक्ट पूरे जिले को चलाने, जिसमें लाखों लोग रहते हैं, की जिम्मेदारी मिल जाती है। तुम एकदम 'सर' या 'मैडम' बन जाते हो सबके लिए। कुछ लोगों के लिए सत्ता शक्ति बहुत ज्यादा हो जाती है। उनके सिर पर चढ़ जाती है। वे बड़े निरंकुश हो जाते हैं, अजीब-सी सनक पाल लेते हैं। तुम इस शक्ति को अपनी सादगी पर सवार नहीं होने देना, हमेशा अपने पाँव जमीन पर मजबूती से रखना।"

सुलखान सर ने मेरी ओर देखा और बड़ी गंभीरता से बोले, "बस, अपना काम करो, चापलूसी को नहीं खोजना।"

"सर, मैं हमेशा अपनी सेवाओं में बेहतरीन परंपराओं का निर्वहन करूँगा।" मैंने उत्तर दिया।

मुझे बेरो पुलिस स्टेशन की खंडित अवस्था याद आई और मैंने उनसे

अनुरोध किया, "सर, मैं बेरो पुलिस स्टेशन पर पोस्टेड हूँ। उसकी इमारत एकदम जर्जर हो गई है। वहाँ जवान और अधिकारी सब बड़ी दयनीय परिस्थिति में रह रहे हैं। आप हमारी मदद कीजिए, प्लीज। मेरे अधिकारियों ने बताया है कि डी.एम. के अधीन काफी वित्तीय शक्तियाँ होती हैं।" मैंने कहा, कुछ सोचते हुए कि कहीं मैंने अपनी सीमाएँ तो नहीं लाँघ दी हैं।

सुलखान सर मुसकराए।

"हाँ-हाँ, मैं बेरो के लिए सामुदायिक भवन स्वीकृत कर देता हूँ। उसको तुम अपने सिपाहियों की बैरक के लिए इस्तेमाल कर सकते हो। मैं कल जब ऑफिस जाऊँ तो मुझे याद दिला देना।

"सामुदायिक भवन दो या तीन महीनों में बन जाएगा। उसमें तुम्हारे जवान रहते हैं तो मुझे बहुत खुशी होगी।" डी.एम. ने कहा।

सेवाओं में आपसी प्रतिद्वंद्विता के बारे में काफी सुना था, खासकर आई.ए.एस. और आई.पी.एस. में। आमतौर पर, और स्वयं मेरे अनुभव में, मैंने ऐसा कभी नहीं देखा। प्रत्येक सर्विस का अपना अलग कार्यक्षेत्र होता है; हालाँकि, कई बार हमें एक-दूसरे का सहयोग करना पड़ता है। सरकार के कामकाज के कुशल संचालन के लिए सभी सेवाओं को आपसी सहयोग और समर्थन देना पड़ता है। यह सच है कि कुछ लोगों का अहंकार मुश्किलें पैदा करता है, पर यह किसी भी खास सर्विस की समस्या नहीं है।

मेरे सभी सेवाओं के अधिकारियों से बहुत अच्छे संबंध रहे हैं। मैंने जिन जिलाधिकारियों के साथ काम किया, जो कि आई.ए.एस. ऑफिसर ही थे, सभी के साथ मेरे बड़े उत्कृष्ट संबंध रहे हैं।

उसी रात को मैं बेरो पहुँचा तनु और सभी पुलिसकर्मियों को यह खुशखबरी देने। मुझे अहसास हुआ कि वहाँ मेरे साथ तनु की उपस्थिति मेरे लिए कितना मायने रखती थी! मैं अब राँची में नहीं रहना चाहता था। पहले हर एक-दो हफ्ते में बहाना ढूँढ़ता था राँची जाने के लिए। अब मैं जल्द-से-जल्द बेरो लौटना चाहता था। घर वहीं होता है, सच में जहाँ दिल होता है।

कुछ हफ्ते बाद तनु और मैंने बेरो के सामुदायिक भवन के शिलान्यास की

पूजा की, मेरे राँची के प्रोबेशन के खत्म होने के कुछ ही समय पहले। मेरे सफल प्रशिक्षण का प्रत्यक्ष प्रमाण मेरे प्रशिक्षक हरिशंकर और बेरो के पुलिस स्टाफ के चेहरों पर खिली मुसकराहट थी।

□

13
मुँगेरी लाल के हसीन सपने

"चुन, अपनी पोस्टिंग आ गई है। हम ए.एस.पी. जमालपुर, मुँगेर, पोस्ट किए गए हैं।" तनु ने उत्तेजित होकर कहा।

मुँगेर ? मैं हैरत में आ गया। इस जगह के बारे में कभी नहीं सुना था। मैंने तो जो देखा था, वह मशहूर शो था—'मुँगेरी लाल के हसीन सपने'।

हमारे पास जो कुछ भी थोड़ा-बहुत सामान था, हमने पैक किया और ट्रक से मुँगेर भेज दिया। तनु और मैंने रात की ट्रेन पकड़ी। सुबह उठते ही दर्दनाक नजारा दिखा। जैसे ही ट्रेन मुँगेर स्टेशन पहुँची, सैकड़ों लोग रेल की पटरियों पर नहा-धो रहे थे। सोना, खाना सब वहीं पर। जीवन पटरियों पर ही जी रहे थे। कुछ दिनों पहले विनाशकारी बाढ़ की वजह से हजारों लोग बेघर हो गए थे। रेल पटरियाँ और प्लेटफॉर्म उन कुछ जगहों में से थे, जो काफी ऊँचाई पर थे और इसलिए बाढ़ के पानी से सुरक्षा दे सकते थे। प्रशासन ने काफी अच्छे प्रबंध किए थे लोगों को खाना पहुँचाने के लिए। फिर भी काफी लोग भूखे ही रह जाते थे।

पर मुँगेर में सारे प्राणी भूखे नहीं रहते थे। मुँगेर के सर्किट हाउस पहुँचे तो हमारा स्वागत मोटे-मोटे चूहों ने किया, जो सोफों पर और रसोई में भाग-दौड़ कर रहे थे। विडंबना यह थी कि वे सरकारी खाना और निवास दोनों के मजे ले रहे थे।

□

थोड़ी देर बाद स्थानीय अफसर मुझसे मिलने आए। कुछ युवा नेता भी आए। उनके जिले में आने पर सभी मेरा स्वागत करना चाहते थे।

"हुजूर, बड़ा नाम सुना है आपका। ये थोड़े बादाम और काजू की भेंट

स्वीकार करें।" उनमें से एक दाढ़ीवाले ने कहा। वे नेताओं की ट्रेडमार्क पोशाक कुरता-पाजामा पहने थे।

"आज ही तो ज्वाइन किया है मैंने। मेरे कॅरियर का पहला दिन है!" मैंने सख्ती के साथ कहा, "और मेरे लिए ये मेवा वगैरह नहीं लाएँ। मुझे इनकी जरूरत नहीं है।"

मेरा तजरबा कहता है कि एक पुलिसवाले की प्रतिष्ठा पहले शुरुआती तीन-चार सालों में ही बन जाती है। बेशक, उस वक्त मुझे यह नहीं मालूम था, पर ये उपहार उस समय अस्वीकार करना लोगों के मेरे बारे में छवि बनाने की अच्छी नींव थी और इससे मुझे आगे भी फायदा मिला।

मैंने अपनी यूनिफॉर्म पहनी और सर्किट हाउस से बाहर बड़ी घबराहट के साथ निकला। हर निगाह मेरे ऊपर थी। मेरे हर छोटे कदम को देखा जा रहा था। मेरी नीली जिप्सी पर 'ए.एस.पी., जमालपुर' का बोर्ड लगा था। मैं बड़ा गर्वित महसूस कर रहा था; साथ ही तनाव भी था। अब मैं प्रोबेशनर नहीं रहा, सीनियर अफसर था। मेरे क्षेत्राधिकार में कानून व व्यवस्था की जिम्मेदारी मेरी थी।

मैंने सोचा, अब क्या करूँ?

तभी वायरलेस सेट में से एक आवाज कड़की—"जमालपुर में एक मर्डर हो गया है। जल्दी आइए।" जिला पुलिस नियंत्रण कक्ष से एक कांस्टेबल बोला।

मैंने लंबी साँस ली और जिप्सी में बैठ गया। तो इस तरह मैं अपना कार्यकाल शुरू कर रहा हूँ, मैंने विचार किया। पर चलो, कम-से-कम यह तो पता चला कि मुझे कहाँ जाना है? मैं जब तक पहुँचा, वहाँ लोगों के झुंड ने पहले ही हत्यारे को पकड़ लिया था और उसे पीट-पीटकर अधमरा कर दिया था।

"सर, परशुराम को उसके अपने ही भगना ने मार दिया, जायदाद के कारण।" एस.एच.ओ. ने बताया। मैं दंग रह गया था। पर थोड़ी राहत थी कि केस सुलझ गया था—पहला केस, बिना किसी प्रत्यक्ष उलझन के। फिर भी, जाँच करना बाकी था और सही प्रक्रिया से सब करना था।

"बड़ा बाबू, हत्या के स्थान से खून का सैंपल ले लीजिए; उँगलियों के निशान भी।" मैं बोला। सैकड़ों लोगों ने मेरी ओर देखा। उन्होंने पहले किसी युवा, लड़के जैसा पुलिसवाला, सबको आदेश देता नहीं देखा था।

"हुजूर, खून के नमूने काहे ? ये तो क्लीयर केस है। और फिंगर प्रिंट कैसे लीजिएगा ? हमारे पास कोई फिंगरप्रिंट टूलकिट नहीं है।" एस.एच.ओ. बोला। वह मेरी ओर अविश्वसनीय रूप से देख रहा था, जैसे कि मैंने तहकीकात के मूल कदम लेने को कहकर कोई अपराध कर दिया हो।

उस समय में, बिहार पुलिस के पास संसाधनों की बहुत कमी थी। पर पुलिसकर्मियों ने वो कमी अपने कठोर परिश्रम से पूरी कर ली थी। अब तो परिस्थितियाँ बदल चुकी हैं। अब बिहार पुलिस मुख्यालय में अत्याधुनिक फोरेंसिक साइंस लैबोरेटरी है, जहाँ सही तरीके से नवीनतम और आधुनिक उपकरणों द्वारा जाँच-पड़ताल की जाती है। पर वो सभी तब कुछ साल दूर की बात थी। मैंने मान लिया कि हमारे पास वैज्ञानिक साधन नहीं थे साक्ष्य एकत्रित करने के लिए, इसलिए हमने गवाहों के बयान लेने शुरू कर दिए।

मैंने कुछ और निर्देश दिए तथा अपने कार्यालय की ओर चला गया।

"हुजूर, अपना डेरा तो देख लीजिए।" जमालपुर की सड़कों पर चलते हुए मेरे ड्राइवर ने कहा।

मैं काफी उत्साहित हो गया। यह हमारा पहला घर होगा! मैंने नए परदे, घर के सामान, फर्नीचर वगैरह से अपने घर को सजाने की कल्पना की।

पर अभी मुझे अपने सपनों को लगाम लगाना होगा। बँगला अभी भी मेरे पूर्वाधिकारी के कब्जे में था। मैंने सोचा, मैं घर की मालकिन से शिष्टाचार भेंट कर लूँ!

"साहब पटना गए हैं ट्रांसफर रुकवाने। ज्यादा जल्दी मत करिए घर में घुसने की।" डी.एस.पी. की पत्नी ने मेरे अभिवादन करने के भी पहले कहा। इससे बुरा स्वागत मेरा कभी नहीं हुआ।

उनके साहब ट्रांसफर तो नहीं रुकवा पाए और हमको घर मिलने में दो महीने लगे।

तनु और मैं घर में घुसकर चकित रह गए। वह पूरी तरह से खँडहर था। मूलभूत संसाधन भी नहीं थे। परदे लगाने के लिए पेल्मेट नहीं थे, नल नहीं थे। कुछ जगहों से तो पाइप भी गायब थे।

"हुजूर, पुराने साहब का परिवार सब नल, बल्ब और पंखे पटना के डेरे के लिए ले गए।" होमगार्ड ने अविचलित ढंग से कहा।

तनु और मैं स्तब्ध रह गए। हमने एक-दूसरे को देखा और हमारी हँसी फूट पड़ी। 'चलो, कम-से-कम दीवारें तो पीछे छोड़ गए थे।'

मैं निवास के दफ्तर में गया और देखा, पेन स्टैंड में न तो पेन थे, न ही कागज आदि। इस बार मैंने अपने स्टाफ से नहीं पूछा। पता था, पेन भी डी.एस.पी. के साथ पटना चले गए होंगे।

पर मैं इस सबसे परेशान नहीं हुआ। मैंने अपने काम पर ध्यान केंद्रित किया। मैंने अपराधियों को गिरफ्तार करने का काम जबरदस्त उत्साह से करना आरंभ कर दिया। भाग्य की कृपा रही। मैंने दो और कुख्यात अपराधियों को जल्दी ही जमालपुर में पकड़ा।

□

"ये इतने सारे पारलेजी बिस्किट किसके लिए ले जा रहे हो?" मैंने मकबूल, मेरे कर्मचारी, से पूछा।

"हुजूर, अपने बच्चों के लिए। मेरे बारह नहीं, तेरह बच्चे हैं।" मकबूल झेंपते हुए बोला।

तनु उसे समझदार मेम साहब के जैसे भाषण देने लगी।

"तुम ढंग से परिवार नियोजन क्यों नहीं करते हो? अपनी बीवी को बच्चे पैदा करनेवाली फैक्टरी जैसे क्यों समझते हो?" तनु ने सख्ती से कहा।

"तनु, जाने दो। यह व्यक्तिगत मामला है।" मैंने बीच में टोका।

"चुन, जिम्मेदार नागरिक होते हुए हमें कम-से-कम अपने कर्मचारियों से ये तो पूछना चाहिए कि वे यह सब जानते भी हैं या नहीं?" तनु ने जारी रखा।

"जी, मेम साहब! बस, ये बच्चा हो जाए, फिर हम भी नसबंदी करवा लेंगे।" मकबूल ने शरमाते हुए बताया।

"ये बच्चा? तुम्हारे और बच्चा होने वाला है?" मैं चिल्लाया।

मकबूल ने नीची नजरें करके सिर हिलाया।

कुछ दिनों बाद, मैंने अपनी दराज में चप्पा-चप्पा छान मारा तो पता चला कि मेरा 'प्रोटेक्शन' का स्टॉक खत्म हो चुका है।

मैं जिप्सी में बैठा और ड्राइवर को कहा कि किसी केमिस्ट की दुकान पर चलो।

मैं जिप्सी से उतरा 'प्रोटेक्शन' का सामान लेने के लिए और देखा कि मेरे दो लंबे व हट्टे-कट्टे बॉडीगाड्‌र्स मेरे पीछे मेरे 'प्रोटेक्शन' के लिए खड़े थे। धत्! मैंने यह तो सोचा ही नहीं था कि वे मुझे निकलता देखकर मेरे पीछे आएँगे। उनके सामने मैं दुकानदार से ऐसा सामान कैसे माँगता? मैं दबी सी मुसकराहट के साथ वहाँ से निकला और अगली दुकान पर गया।

"शंकर, राजेश! तुम दोनों वायरलेस पर जरा सिचुएशन चेक करो। मैंने बॉडीगाड्‌र्स को आदेश दिया। उन दोनों ने एक-दूसरे को देखा, फिर मेरी तरफ देखा। मैंने अपनी भंगिमा कठोर ही रखी कि मैं चाहता था, वे मेरे आदेश को मानें, चाहे कितना भी बेमतलब का क्यों न हो!

मैं अगली दुकान के अंदर गया और अपना सामान माँगने ही वाला था कि दुकानदार ने मुसकराकर मेरा स्वागत किया।

"अरे, अमित सर! आइए। हम बहुत बड़े फैन हैं आपके। वेलकम।" आनंदमग्न दुकानदार बोला।

"आप हमें जानते हैं?" मैंने पूछा।

"सर, आपको कौन नहीं जानता! पूरे जमालपुर में आप फेमस हैं।"

शायद मैं थोड़ा लजा गया था। मैं बाहर निकला और जिप्सी में चढ़ गया।

"सर, सामान मिला क्या?" मेरे चालक शशि ने पूछा।

"घर चलो।" मैंने आदेशित किया।

एक आई.पी.एस. अफसर यकीनन सामान्य जीवन नहीं जी सकता था।

□

14
कड़क ए.एस.पी.

"सर, आप एक युवा आई.पी.एस. हैं। बहुत उम्मीदें हैं आपसे।" मेरे समक्ष बैठे बुजुर्ग शहरियों ने कहा।

"हाँ, बिल्कुल। आपकी सूचना पर जरूर कार्रवाई करूँगा।" मैंने कहा। अब मुझे गुप्त सूचना और 'टिप्स', फोन पर, का काफी अंदाज हो गया था। पर कुछ लोग, फिर भी, स्वयं आना ही पसंद करते थे।

अपराधियों की गिरफ्तारी की मेरी सफलता दर काफी ज्यादा हो गई थी—कुछ तो लोगों के सहयोग से और कुछ भाग्य लक्ष्मी की कृपा से। मुंगेर में यह बात फैल गई कि नए ए.एस.पी. सूचना पर कार्रवाई तुरंत करते हैं। चीजें थोड़ी टेढ़ी हो गईं, जब मुझे मेरे क्षेत्राधिकार के बाहर के मामलों की सूचनाएँ मिलने लगीं। जब मैंने संदिग्ध अपराधियों को पकड़ने के लिए अपने क्षेत्राधिकार के बाहर रेड मारी तो डी.आई.जी. नाखुश हो गए। उन्होंने फोन करके मुझसे पूछा कि मैं इन संकेतों पर क्यों कार्य कर रहा हूँ?

"पर सर, मैं क्या करूँ? मैं सूचनाओं पर चुप कैसे बैठा रहूँ?" मैंने अपना पक्ष रखा।

"डी.एस.पीज. को तुम्हारा उनके क्षेत्र में रेड मारना अच्छा नहीं लगता। वे सोचते हैं कि तुम उनके अधिकार-क्षेत्र में अतिक्रमण कर रहे हो।" डी.आई.जी. बोले।

"सर, मुझे मेरे सब-डिवीजन के बाहर जाना पड़ता है। इतने लोग मुझे इन्फॉरमेशन भेजते हैं। चारों तरफ इतना अपराध हो रहा है।"

"सुनो, बिहार में सब जगह इतना अपराध हो रहा है। तुम क्या लखीसराय,

खगड़िया आदि दूसरे जिलों में रेड करना शुरू कर दोगे, केवल इसलिए कि तुम्हें सूचना मिली है? क्राइम तो रशिया और अफगानिस्तान में भी हो रहा है। वहाँ भी जाओगे?" उन्होंने सख्ती के साथ पूछा।

मैं चुप रहा। वे ठीक कह रहे थे।

"मुझे पता है कि तुम ईमानदार हो, पूरे जोश से भरे हो; जितना संभव हो, करना चाहते हो। तुमने अपने आप से ठान ली है कि बदलाव लाओगे। कई यंग ऑफिसर्स में यह जज्बा है। पर याद रखो, तुम किसी सुरक्षा व्यवस्थापक समिति के सदस्य नहीं हो, न ही बैटमैन या स्पाइडरमैन हो। तुम पुलिस अफसर हो, जिसका कानून के दायरे में रहते हुए काम करना ही ठीक है। आगे से डी.एस. पी. या एस.पी. से सूचना साझा करो उस जिले या क्षेत्र की। दूसरे क्षेत्र की पुलिस पर भरोसा करो। वे भी ईमानदार और भरोसेमंद हैं। गॉड ब्लेस यू।" वे फोन बंद रखते हुए बोले।

कुछ दिनों बाद, हमारे पास खबर आई कि एक स्थानीय लड़के की बिजली का करंट लगने से मौत हो गई है। अधीक्षक अभियंता और कनिष्ठ अभियंता के खिलाफ केस दर्ज किया गया था। मैंने उस स्थान का निरीक्षण करने का निश्चय किया, यह देखने के लिए कि क्या एस.ई. और जे.ई. की कोई गलती थी क्या?

हमेशा खिले हुए चेहरे वाला मेरा रीडर अनिल मेरे साथ हो लिया। वह आज हमेशा से भी ज्यादा अच्छे मूड में था। मुझे कुछ अजीब लगा।

"सर, हमें अच्छी तरह पड़ताल करनी चाहिए। ये इंजीनियर लोग बड़े लापरवाह हैं। किसी की जान की परवाह नहीं इन्हें।" वह बोला।

मैंने उसे सुना, पर सुनिश्चित होने के बाद ही इंजीनियरों को इस मामले में डालूँगा।

पूरी जाँच करने के बाद मैं इस निष्कर्ष पर पहुँचा कि दोनों इंजीनियर बेकसूर थे। वह लड़का गलती से उस क्षेत्र में पहुँच गया था, जहाँ कार्य चल रहा था; जबकि वहाँ आड़ लगाई गई थी। दुर्भाग्य से, उसने नग्न तारों के हाथ लगा दिया और बिजली के झटके से मारा गया।

वे इंजीनियर मेरे कार्यालय आए। "धन्यवाद सर! आपने हमें बचा लिया।" हाथ जोड़कर उन्होंने कहा।

मुझे अच्छा लगा कि मैंने सही न्याय किया। जो सामने दिख रहा हो और बिल्कुल स्पष्ट विकल्प दिखता हो, उस पर एकदम विश्वास नहीं करना चाहिए। अच्छा पुलिस कार्य पूरी प्रक्रिया के तहत सबूतों की जाँच, गवाहों से पूछताछ करके, फिर निष्कर्ष पर आने को कहता है।

दो सप्ताह बाद, मेरे पास डी.जी.पी., बिहार की कॉल आई।

"अमित, हम तुम्हें पटना की पोस्टिंग दे रहे हैं। हमें वहाँ युवा ऑफिसर्स चाहिए। दो दिनों में पटना पहुँच जाओ।" डी.जी.पी. ने कहा।

"परंतु सर, मुझे तीन महीने पहले ही मुंगेर में तैनात किया गया है। अभी मैं यहाँ स्थापित हो ही रहा हूँ। और इसके अलावा, अभी दो दिन में अपनी प्रेग्नेंट वाइफ को उसके मायके छोड़ने जा रहा हूँ।" मैंने निर्बल विरोध किया।

"लोढ़ा, लगता है, तुम आदेश नहीं समझ रहे! अब तुम पुलिसवाले हो, आई.पी.एस. अफसर नहीं। अगली बार वरिष्ठ ऑफिसर से जिरह मत करना। पटना मुंगेर से ज्यादा महत्त्वपूर्ण है, क्या मुझे यह भी बताना होगा तुमको? यह तुम्हारे लिए निर्णय करना उचित नहीं कि तुम्हें कहाँ पोस्ट करना होगा। इसलिए अपना सामान बाँधो और पटना पहुँचो।" वे बरसे।

"ठीक है, सर। पर मैं अपनी पत्नी को जयपुर तो छोड़ आऊँ?" मैंने आग्रह किया।

"लड़के, हम सबके बच्चे हुए हैं। किसी के साथ उसे जयपुर भेज दो। तुम्हें डिलीवरी में क्या करना है? वह डॉक्टर का काम है। मैं भी अपने बच्चों की डिलीवरी में मौजूद नहीं था।" डी.जी.पी. ने बात खत्म करते हुए कहा और यह साफ कर दिया कि आगे कोई बातचीत नहीं होगी।

मैं बहुत दुःखी हुआ। हम अभी तो दो महीने के इंतजार के बाद अपने घर में पहुँचे थे। कई जगहों पर तो पेंट सूखा भी नहीं था।

मुझे कुछ जान-पहचान के लोगों का पता चला, जो मुंगेर से दिल्ली जा रहे थे। मैंने तनु का उनके साथ जाने का इंतजाम कर दिया।

मैं उसे छोड़ने रेलवे स्टेशन गया। मेरा ड्राइवर, मेरे बॉडीगार्ड और घर का स्टाफ—सब साथ गए।

"मेम साहब, अपना खयाल रखना। चंडी माता की हमेशा कृपा रहे।" मेरे ड्राइवर शशि ने कहा।

"बहुत जल्दी आपका ट्रांसफर हो गया। आप तो परिवार के जैसे थे।" काफी चुप रहनेवाले मेरे बॉडीगार्ड राजेश ने कहा।

पूरा स्टाफ भावुक हो गया था।

पुलिस अधिकारियों का अकसर तबादला होता रहता है। और यदि अपने गृह राज्य से काडर किसी और राज्य का मिलता है तो अकसर कोई मित्र या रिश्तेदार नहीं होते उन जगहों में। हमारा परिवार तो हमारा स्टाफ, हमारे गार्ड और हमारा ड्राइवर ही होते हैं। वे हमारी देखभाल अपनों की तरह करते हैं। हमारे बच्चे वे ही बड़े करते हैं और अपने प्राणों से हमारी सुरक्षा करते हैं।

"चुन, टाइम पर पहुँच जाना मेरे पास। मैं बहुत नर्वस हूँ। तुम्हारी कमी महसूस होगी।" आँखें भर आई थीं तनु की। मुझे पता था, मेरे अलावा वह हमारे स्टाफ को भी याद करेगी, वह उनसे भावनात्मक रूप से जुड़ गई थी। आगे जब भी तबादला हुआ, तनु सबसे ज्यादा भावुक हुई थी। सारा अमला उसी के लिए रोता था।

"सर, आप अच्छे हैं, पर मेम साहब और भी अच्छी हैं।" मेरे कर्मचारी कहते थे। मैं कभी नहीं समझ पाया उनका मतलब। क्या यह व्यंग्यात्मक प्रशंसा थी!

मैं दो-तीन दिन में अपना सामान बाँधकर पटना के लिए तैयार था। मेरे स्टाफ ने मेरे लिए विदाई समारोह आयोजित किया। सबने पटना के कार्यकाल के लिए शुभकामनाएँ दीं। मैं बड़ा विनम्र महसूस कर रहा था कि मुंगेर में इतना छोटा, परंतु संतोषजनक कार्यकाल रहा।

अनिल मेरे पास लहराता हुआ आया। साफ दिख रहा था कि वह नशे में धुत्त है। इस अनुशासनहीनता पर मुझे बड़ा क्रोध आया; पर मैंने अनदेखी करना उचित समझा। यह मेरा ही विदाई समारोह था। मेरा स्टाफ भावुक हो रहा था। जाने दो!

"सर, आपका बहुत बढ़िया कार्यकाल रहा।" अनिल बोला।

"हाँ, मैंने पूरी कोशिश की। धन्यवाद।" गुस्से पर काबू करते हुए मैं बोला।

"व्यक्तिगत रूप से, यह मेरा भी सबसे अच्छा समय रहा, सबसे ज्यादा फायदेमंद।" अनिल ने बोलना जारी रखा।

"क्या कहा ? फायदेमंद ?" मैंने पूछा।

"सर, आपके टाइम में ही तो सबसे ज्यादा कमाया है। उन दोनों इंजीनियरों से पूरे दो लाख लिये थे।" अनिल ने प्रसन्नता से कहा। शराब ने उसके मुँह से सच उगलवा दिया। उसने अपनी करतूतों को जाहिर कर दिया था।

"आप इतने 'ऑनेस्ट' और 'स्ट्रिक्ट' थे, इसलिए हमने भी अपना रेट बढ़ा दिया।" वह बोलने में अस्पष्ट हो गया था।

अनिल जैसे बेशर्म लोग ईमानदार अफसरों का फायदा उठाते हैं। इंजीनियरों के बेकसूर पाए जाने की बात अनिल जानता था। आखिर, उसे ही आदेश टाइप करना था, इसलिए उसने इंजीनियरों को बुलाकर उनके साथ सौदा कर लिया था।

"ए.एस.पी. साहब बहुत कड़क हैं। पर मैं तुम्हारे पक्ष में रिपोर्ट टाइप करने की व्यवस्था कर लूँगा। लेकिन रेट काफी ज्यादा है।" अनिल ने इंजीनियरों से कहा।

हाँ, उन इंजीनियर्स को नहीं पता था कि मैं पहले ही उनको केस से फारिग कर चुका हूँ। अनिल उस बात के पैसे ले रहा था, जो मैंने वैसे भी ठीक की थी।

मैं तो बिल्कुल टूट गया। मैंने अपना कार्य पूरे लगन से किया था, पर मेरे ही स्टाफ ने मुझे धोखा दे दिया। मेरे तमतमाते हुए गुस्से को देखकर मेरे ड्राइवर ने अनिल को अन्य सिपाहियों की सहायता से दूर किया। मैंने अवश्य ही यह सुनिश्चित कर लिया कि अनिल को उचित दंड मिले।

उस दिन के बाद मैंने निश्चय किया कि अपने केस की तहकीकात करके मैं अपना निर्णय तब तक सार्वजनिक नहीं करूँगा, जब तक कि पूर्ण न हो, जिससे कोई परिस्थिति का गलत तरीके से लाभ न उठाए।

□

15

चार्ली माइक की फाइल

आरंभ में मैं पटना की फोर्स में शामिल होने से हिचकिचा रहा था, क्योंकि मैंने सुना था कि हर जगह से यहाँ पर दबाव बना रहता है। अपनी सीमाओं के बावजूद पटना पुलिस का प्रदर्शन शानदार था। हर श्रेणी में काफी पुलिसकर्मी ऐसे थे, जो अपने कार्य के प्रति बहुत प्रतिबद्ध थे।

पदभार सँभालने के दूसरे दिन ही मुझे एक पत्र 'गुप्त सूचना' अंकित किया हुआ मिला।

'साहब, आपका बॉडीगार्ड अभय शराब माफिया एवं जुए से जुड़ा है।' पत्र में लिखा था। यह बहुत चिंता का विषय था, क्योंकि यह सुराग उस व्यक्ति के विषय में था, जिसे मुझे सुरक्षित रखने की जिम्मेदारी दी गई थी। मुझे अपनी जान के लिए उस पर भरोसा करना था।

मैंने अपने सहज बोध पर भरोसा किया और अभय को बुलाया।

"अभय, तुम्हारी शिकायत है। मुझे बहुत दुःख हुआ है जानकर। यह सच है क्या?" मैंने पत्र उसकी ओर बढ़ाया।

अभय ने पत्र पढ़ा और सावधान की मुद्रा में खड़ा हो गया।

"जी सर, ये सच है।" अभय बोला।

एक क्षण के लिए मैं शब्दहीन हो गया।

"पर सर, हमारे एक पुराने साहब इसमें शामिल थे, इसलिए हम भी अपना कर लेते थे। पर अब हम अपनी गलती सुधारेंगे। इन गैर-कानूनी धंधों को बंद करवाने में आपकी मदद करेंगे।" उसने आत्मविश्वास से कहा।

"तो चलो, गाड़ी में बैठो।" मैंने तुरंत कहा।

अगले कुछ दिनों तक हमने जुए के सारे अड्डों एवं गैर-कानूनी शराब के गोदाम में रेड की। अभय को इन गैर-कानूनी धंधों के फलने-फूलनेवाले हर कोने-कोने का पता था।

समापन तक मैं परिणाम से आश्वस्त था। अभय ने इन सब धंधों को बंद करवाने में पटना पुलिस की सहायता की।

"सर, हम लोग तो मिट्टी की तरह होते हैं; जैसे आप आकार देंगे, बन जाएँगे।" अभय ने चुस्त सैल्यूट के साथ कहा, जैसे अभी भी अपने लालच को उचित ठहरा रहा हो।

मैंने अपने शुरुआती कार्यकाल में ही यह समझ लिया कि अधीनस्थ पुलिस अफसर एवं पुलिस दल अपनी कार्यशैली और नजरिया, यहाँ तक कि अपने नैतिक मूल्य भी, अपने बॉस के अनुसार अनुकूलित कर लते हैं।

"ये फाइलें क्यों रुकी हुई हैं?" मैंने सुल्तानगंज के एस.एच.ओ. से पूछा।

"सर, यह तो चार्ली माइक ने मना कर रखा है।" एस.एच.ओ. विनय शरण ने उत्तर दिया।

"चार्ली माइक कौन है?" मैंने पूछा।

"सर, 'चार्ली माइक' सी.एम. को कहते हैं।" शरण ने बताया, "उन्होंने कड़ाई से कहा है कि जिन लोगों के नाम इन फाइलों में हैं, उन्हें गिरफ्तार नहीं करना है।"

मैं स्तब्ध रह गया। दुविधा में पड़ गया, क्योंकि ये रोजाना के नियमित मामले थे, जिसमें एक दहेज का था, जिसमें अभियुक्त अभी भी घर बैठा था और दूसरा गबन का मामला था। 'क्या मुझे अपराधियों को गिरफ्तार करना चाहिए और सी.एम. की नाराजगी मोल लेनी चाहिए, या फिर इन फाइलों की अनदेखी करके और मुद्दों पर ध्यान देना चाहिए?' उस दिन मैं पशोपेश में पड़ गया।

"चुन, सी.एम. ने खुद तुमको इन अभियुक्तों को गिरफ्तार नहीं करने के लिए कहा है। मैं सोचती हूँ, आपको तहकीकात में आगे बढ़ना चाहिए। अगर वे कॉल करते हैं तो कह देना कि आपको पता नहीं था।" तनु ने शांति से कहा।

"आखिर, आप अपना कर्तव्य निभा रहे हैं। सी.एम. को बताने की हिम्मत करो।" उसने जारी रखा।

"तनु, तुम वापस क्यों नहीं आ जातीं? तुम्हारे बिना बहुत अकेलापन लगता है। और तुमसे निरंतर मार्गदर्शन मिलता रहता है। तुम मेरी गृह मंत्री जैसी हो।"

"बिल्कुल ठीक, चुन। मैं तो आना चाहती हूँ आपके पास, पर पता है न, बच्चे के आने तक मुझे यहीं रहना पड़ेगा।" वह बोली। हम कुछ देर तक और बातें करते रहे।

मेरी पत्नी ने जो सुझाव दिया, उससे मैं खुश हो गया और अंततः तनाव से मुक्त हो गया।

अगले दिन, मैं फौरन उस हाई प्रोफाइल व्यवसायी के घर पहुँचा, जिसका नाम उस केस में था। वह व्यवसायी अपने दोस्तों के साथ ताश खेलने में व्यस्त था। उसकी हिम्मत देखकर मैं हतप्रभ रह गया। उसके खिलाफ गिरफ्तारी का वॉरंट निकला हुआ था और वह बेधड़क घर पर रह रहा था।

"सर, चार्ली माइक ने मना कर रखा है।" शरण ने कहा, जो मेरे एकदम बाद में पहुँच गया था। उसके चेहरे पर तनाव साफ दिख रहा था।

"मुझे ऐसी कोई कॉल नहीं मिली है। जब आएगी, तब देखेंगे।" मैंने कठोरता से कहा और घबराए हुए व्यापारी को ले गया। उसके मित्र उसे अवाक् होकर देखते रह गए।

मैं सी.एम. हाउस से कुछ घंटे, फिर कुछ दिन फोन का इंतजार करता रहा, पर कोई कॉल नहीं आई।

दूसरी फाइल निकाली। अभियुक्त के घर छापा मारा। फिर सी.एम. के घर से कोई कॉल नहीं आई। मुझे समझ आ गया कि ये सब एस.एच.ओ. की करतूत थी। उन सभी फाइलों के साथ उसने सौदा कर रखा होगा। सी.एम. का नाम लेकर उसने और किसी अधिकारी को कार्रवाई करने से रोक रखा था। तब तक यह चाल काम कर गई। मैंने मामले की रिपोर्ट एस.एस.पी., पटना को दी। उन्होंने तुरंत एस.एच.ओ. को निलंबित कर दिया।

अगले दिन मैं सुल्तानगंज थाने गया तो टेबल पर फाइलों का ढेर रखा देखा।

मैंने स्टाफ से मुसकराते हुए पूछा, "और कौन सी चार्ली माइक की फाइल है, सब दिखाओ।"

□

16

पटना पुलिस जिंदाबाद

मैं सारे जीवन एक खिलाड़ी रहा हूँ। कोई-न-कोई खेल या कुछ शारीरिक व्यायाम रोज करना, चाहे वह स्वीमिंग हो या स्क्वॉश खेलना, मेरे लिए अंतर्निहित है। इस शहर में मुझे इंडियन क्लब में वहाँ का एकमात्र स्क्वॉश कोर्ट मिल गया। क्लब काफी बुरी अवस्था में था। स्क्वॉश कोर्ट को अकसर रसोई या फिर गोदाम के जैसे इस्तेमाल किया जाता था, जब चिकनी मिट्टी के टेनिस कोर्ट में कोई विवाह उत्सव मनाया जा रहा हो। जाहिर था कि क्लब की प्राथमिकताओं में खेल-कूद को बढ़ावा देना नहीं था।

"सर, पटना में आपका स्वागत है। आपको जल्दी ही सलामी मिलेगी, अपराधियों का सैल्यूट।" क्लब का नियमित स्क्वॉश खिलाड़ी प्रणव बोला।

"सलामी! तुम्हारा क्या मतलब है?" मैंने पूछा।

"अरे सर, जब भी कोई आई.पी.एस. अधिकारी नई पोस्टिंग पर आता है तो उसे किसी बड़े अपराध की खबर मिलती है। यह मैंने अपने अंकल से सुना है, जो डी.आई.जी., पटना थे कुछ साल पहले।" प्रणव ने बताया।

"जो भी कुछ है, सर, यहाँ बहुत अपराध है। सभी का या ये खुद का कोई-न-कोई बुरा अनुभव रहा है या फिर किसी दूसरे नजदीकी जान-पहचानवाले का नुकसान पहुँचा है।" दूसरा खिलाड़ी विकास बोला।

"सर, मेरे टखने पर एक जबरन वसूली करनेवाले ने गोली मारी थी। भगवान् की कृपा से मैं बच गया।" एक और खिलाड़ी रवि ने पैंट उठाकर गोली का निशान दिखाते हुए कहा।

"यह तो कुछ नहीं है, सर। मेरे चाचा को अपहरण के बाद फिरौती देने पर

भी मार दिया गया था।" प्रणव ने बीच में बताया।

डरावनी कथाएँ कुछ देर और चलती रहीं। तनु, जो चुपचाप सुन रही थी, एकाएक बोली, "क्या यही वजह है कि सब लोग स्कूटर से या साधारण गाड़ियों से चलते हैं, जिससे अपराधियों की नजर में न आएँ?"

"बिल्कुल सही, मैडम। आप बहुत समझदार हैं। और इसीलिए काफी लोगों ने घर का नवीनीकरण नहीं किया गया है। कौन क्रिमिनल्स की नजरों में आए!" प्रणव हँसा।

पूरी बातचीत में मुझे कुछ भी हँसने लायक नहीं लगा। पुलिसवाले की हैसियत से पटना की अपराध की दशा मुझे बड़ी भयानक लगी।

मैं घर पहुँचकर भी इसी के बारे में सोच रहा था। मैं नहाने जा ही रहा था, तभी लैंडलाइन फोन की घंटी बजी।

"सर, ए.एस.पी. साहब...मैं डॉ. मिश्रा की पत्नी बोल रही हूँ।" एक महिला का स्वर सुनाई दिया।" डॉक्टर साहब को रंगदारों ने गोली मार दी है!" उसकी आवाज भर्राई हुई थी।

"रंगदारों ने? कोई पेंटर एक डॉक्टर को क्यों गोली मारेगा? कोई भुगतान की समस्या थी क्या?" अविश्वास से मैंने कहा।

"रंगदार वसूली करनेवाले को कहते हैं, पेंटर को नहीं। प्लीज, जल्दी आओ।" श्रीमती मिश्रा सुबक रही थीं।

मैं क्लीनिक पहुँचा और चारों ओर खून बिखरा देखकर हैरान रह गया। डॉक्टर को अस्पताल ले जाया गया था। वह बहुत ही गंभीर हालत में थे। डॉक्टर की मेज पर हाथ से लिखा हरकारा पड़ा था, जिस पर मोटे अक्षरों में लिखा था—'बिरजा कहार नहीं, कहर हूँ मैं।' तो यह सलामी थी, जिसकी प्रणव बात कर रहा था। क्या भविष्यवाणी की थी! मैंने चुपचाप मन-ही-मन कोसा।

"मिसेज मिश्रा, मेरे पिताजी भी डॉक्टर हैं। मुझे पता है, डॉक्टर कितनी समाज-सेवा करते हैं। मैं वादा करता हूँ, इस बिरजा कहार को जरूर गिरफ्तार करूँगा।" क्लीनिक से निकलते हुए डॉ. मिश्रा के लिए मैंने प्रार्थना की।

नौसिखिया अफसर था। मुझे नहीं मालूम था कि मुझे क्या करना चाहिए। पुलिस के कार्यों में कोई पुस्तक या नियमों का संचय नहीं होता, जो यह बताए

कि किसी विशेष परिस्थिति में क्या करना चाहिए? मैंने जल्दी से अपने आप को सँभाला और पटना के सभी अधिकारियों को खाजेकला पुलिस थाने बुलाया।

"कुछ भी हो, मुझे यह बिरजा कहार चाहिए। इस खोज में पूरी ताकत लगा दो, अपने सारे साधन काम में लो।" मैंने बेधड़क संकल्प के साथ कहा।

सभी ऑफिसर्स को मेरी संजीदगी और ईमानदारी दिखाई दे रही थी। "सर, आपको हम बिरजा कहार खोज के लाएँगे।" वे बोले। उन्होंने तुरंत टीमें बनाईं और अपने 'सूत्र' सक्रिय कर दिए।

मैंने उस दिन यह सीखा कि अगर कोई सीनियर पुलिस ऑफिसर तत्परता दिखाए तो उसके अधीनस्थ कर्मी बहुत ही बेहतरीन प्रतिक्रिया देते हैं, खासतौर पर संकट के समय पर।

□

आधी रात के बाद मेरे पास लाल बाबू की कॉल आई। इस अधिकारी को मैं ज्यादा पसंद नहीं करता था। यह राय मैंने उसके बारे में सुनी हुई बातों के आधार पर बनाई थी।

"सर, मैं जानता हूँ, आप मुझे पसंद नहीं करते हैं; पर प्लीज, मेरी बात सुनिए। आप जिस आदमी को ढूँढ़ रहे हैं, मेरे पास उसके बारे में पुख्ता सूचना है।" वह बोला।

"बिरजा कहार?" मैंने अनमने ढंग से पूछा, क्योंकि उस जैसे ऑफिसर पर खास विश्वास नहीं था।

"हाँ, सर। मेरे सूत्र ने सूचना दी है कि अभी-अभी दारू पीकर, झगड़े के बाद उसी के साथी ने उसे गोली मार दी है। उसका एक निजी नर्सिंग होम में उपचार चल रहा है।" लाल बाबू ने पूरे विश्वास के साथ कहा।

"कौन सा नर्सिंग होम?" मैंने पूछा। सोचा, शायद इस सुराग में कुछ सच्चाई हो!

"सर, मुझे नहीं पता। पर अगर हम सब जगह टोलियाँ भेजें तो उसे ढूँढ़ लेंगे। पुलिस तो पाताल से भी अपराधी को खोज लेती है।" लाल बाबू बोला।

मैंने तुरंत ही सारे ऑफिसर्स को बुलाया और इस सूचना के बारे में बताया। पुलिस ने उस रात पूरी ताकत से पटना का हरेक आई.सी.यू. और आपात सेवाएँ

छान मारीं। कई क्लीनिक और अस्पताल तो मैंने स्वयं चेक किए।

'हे भगवान्! बिरजा कहार मिल जाए। काश, लाल बाबू की सूचना सही निकले!' मैं हताश होकर सोचने लगा।

मेरी प्रार्थना ने जल्दी ही प्रभाव दिखाया। करीब 4 बजे सुबह लाल बाबू ने वायरलेस पर मुझसे संपर्क किया।

"सर, मिल गया। मेरे 'जासूस' ने बिरजा कहार का पता दिया है। मछुआ टोली में जल्दी डॉ. सुमित के नर्सिंग होम आ जाइए।"

मैं प्रसन्न हो गया और टिर्की, मेरे ड्राइवर, को रफ्तार से गाड़ी चलाने के लिए कहा। नर्सिंग होम के बाहर मैंने लाल बाबू का दमकता चेहरा देखा। उसने फुरती से मुझे सैल्यूट किया।

"सर, मैंने ढूँढ़ लिया।"

मैंने उसकी पीठ थपथपाई और नर्सिंग होम में प्रवेश किया। मैं सोच रहा था कि कैसे मैंने सुनी-सुनाई बातों पर लाल बाबू के बारे में विचार बना लिया था! मैंने धारणा बना ली थी कि वह भ्रष्ट और नाकाबिल है। विडंबना यह है कि औसत नागरिक भी पुलिसवालों के विषय में यही राय रखता है। और उनको ज्यादातर संशय-लाभ भी नहीं दिया जाता है।

उसके बाद मैंने कभी भी पूर्वग्रह पर किसी भी अधीनस्थ ऑफिसर के विषय में धारणा नहीं बनाई। मैं लोगों को अपने आप को अपनी साख साबित करने का पूरा अवसर देता हूँ। जब भी कहीं नई जगह स्थानांतरित होता हूँ, मैं सबको बता देता हूँ कि मैं उनको एक महीना अपनी काबिलीयत साबित करने का मौका दे रहा हूँ, अपनी जिम्मेदारियाँ पूर्णत: निभाने का। अधिकतर पुलिसकर्मी मेरी चुनौती स्वीकार करते हैं और श्रेष्ठ पुलिस अधिकारी साबित होते हैं।

मैं अंदर पहुँचकर आश्चर्यचकित रह गया। एक निर्बल, दुबला-पतला, लगभग पाँच फीट दो इंच का, बाल फैले हुए, एक व्यक्ति पलंग पर पड़ा है। उसके ड्रिप लग रही थी और जाँघ पर पट्टी बँधी थी। मांसपेशियों का घाव था, बाकी सब ठीक लग रहा था। तो यह है बिरजा कहार, खूँखार कहार, पटना का मशहूर 'एक्सटोर्शनिस्ट'! पता नहीं क्यों, किसी ने कभी भी उसे सशरीर उठा नहीं लिया। मुझे लगता है कि यदि डर बैठ जाए तो क्षीण मनुष्य भी दानव लगता है।

मैंने लाल बाबू को बिरजा को पलंग से उठाने का इशारा किया।

"सर, आप क्या कर रहे हैं? यह मेरा मरीज है, मेरे उपचार में है।" डॉक्टर ने आपत्ति जताई।

"डॉ. सुमित, इस आदमी ने आपके समकक्षी डॉ. मिश्रा को गोली मार दी है।" मैंने भौहें उठाते हुए कहा।

"ओह! मैं विश्वास नहीं कर सकता कि यह आदमी जबरन वसूली कर सकता है। जो करना है, करिए।" डॉ. सुमित ने कहा।

लाल बाबू और दो सिपाहियों ने बिरजा को पलंग से उठाया, उसकी धीमी सी आपत्तियों को नजरअंदाज करते हुए। एक हवलदार ने उसकी ड्रिप हटाई। बिरजा अपने पलंग को जकड़ने की कोशिश करता रहा। उसे देखकर सिपाहियों को भी हँसी आ रही थी।

"डॉक्टर साहब, उपचार के रिकॉर्ड का क्या होगा?" मैंने डॉ. सुमित से पूछा।

"चिंता मत कीजिए।" डॉ. सुमित ने बिरजा कहार की मेडिकल शीट और बाकी रिकॉर्ड फाड़ते हुए कहा। भाग्यवश, उन दिनों कंप्यूटर और सी.सी.टी.वी. नहीं हुआ करते थे।

हमने बिरजा को जिप्सी के पीछे पटका। मुझे ठीक से समझ नहीं आ रहा था कि उसे कहाँ ले जाएँ?

"क्या करें, टिर्की?" मैंने टिर्की से पूछा।

"सर, गंगा के पास चलते हैं। आपको शांति मिलेगी और आप आगे की सोच पाएँगे।" उसने उत्तर दिया।

टिर्की, जो तीन महीने बाद सेवानिवृत्त होने वाला था, ने गाड़ी स्टार्ट की और सीधे महात्मा गांधी सेतु या गंगा ब्रिज, जैसे कि आमतौर पर कहते थे, की ओर गाड़ी घुमा दी। गंगा ब्रिज भारत का तीसरा सबसे लंबा ब्रिज है, लगभग 6 किलोमीटर लंबा। महान् नदी गंगा बिहार को दो भागों में विभाजित करती है। यह ब्रिज ही उत्तर और दक्षिण बिहार को पाटता है। यह सेतु काफी जीर्ण हो गया था, क्योंकि हजारों गाड़ियाँ रोज इस पर चलती थीं। एक तरफ यह काफी क्षतिग्रस्त हो गया था, तो आने-जाने के लिए दूसरी तरफ की सड़क ही इस्तेमाल होती थी।

कभी कोई वाहन अगर खराब हो जाता तो सारा यातायात बाधित हो जाता था। यह अकसर होता था और पुलिस को फिर से यातायात सामान्य करने में काफी मशक्कत करनी पड़ती थी। ऊपर से इस सेतु की बनावट ही ऐसी है कि यह हिलता है और इस पर चलनेवाले काफी घबराते रहते हैं।

पर, उस रात हमारे लिए सेतु एकदम अनुकूल था। किस्मत से ट्रैफिक बिल्कुल नहीं था। टिर्की ने गाड़ी धीमी की और सेतु के बीच में रोक दी।

"लाल बाबू, इसका क्या करना है?" मैंने जोर से पूछा, जिससे बिरजा मेरी आवाज सुन ले।

"करना क्या है, इसको खत्म करना है।" लाल बाबू ने समझते हुए मेरे स्वर में स्वर मिलाया।

"कैसे?"

"सर, आप कैसे चाहते हैं? क्या इसको शूट कर दें और मुठभेड़ दिखा दें? या गंगाजी में फेंक दें?" लाल बाबू ने पूछा, बिरजा के सुबकने की अनदेखी करते हुए।

"नहीं-नहीं, सर, क्या कह रहे हो?" बिरजा ने हाथ जोड़कर विनती की। उसके गालों पर आँसू बह रहे थे। "मैं आपके कपड़े और बरतन धोऊँगा ज़िंदगी भर। मुझे छोड़ दो। मेरे छोटे बच्चे हैं।"

लाल बाबू ने उसे एक झापड़ रसीद किया, "अबे, तू तो बिहार का सबसे डरावना लुटेरा है। तू क्यों इतना डर रहा है? और डॉक्टर पर गोली चलाते वक्त उसके परिवार की नहीं सोची? दुष्ट, बदमाश कहीं के!"

अभय व लाल बाबू ने उस पर कपड़ा डाला और जिप्सी से घसीटकर बाहर निकाला।

अभय ने उसके पैर और लाल बाबू ने उसकी बाँहें पकड़ीं।

"फेंक देते हैं इसको गंगाजी में। इसके सारे पाप धुल जाएँगे।" बिरजा को हिलाते हुए, जैसे कि फेंकने वाले हों, वे बोले।

"सर, मेरी जान बख्श दो। एक मौका दो।" बिरजा चिल्लाया, "मैं अपने आप को सुधार लूँगा और अपने गैंग के सारे साथियों को गिरफ्तार करवाने में मदद करूँगा। वे ही क्यों, मैं आपको सारे अपराधियों को पकड़ने में भी सहायता

करूँगा।" बिरजा बोला, यह उम्मीद करते हुए कि उसका प्रस्ताव हमारा इरादा बदल देगा। हमारे धमकाने के जाल में वह फँस गया था, बड़ी आसानी से। हम उसको कोई हानि नहीं पहुँचाते; पर मुझे प्रसन्नता थी कि हम उसे डराने में सफल हो गए थे। हमने सहर्ष उसका सुझाव मान लिया।

"चलो, फिर शुरू करते हैं।" मैंने मुसकराते हुए कहा।

बिरजा कनारी चिड़िया के जैसे गाने लगा और जितने अपराधियों को जानता था, उनके ठिकाने बताने लगा। हमने उसी रात शुरुआत कर दी और अगले कुछ दिनों में उनके कई ठिकानों पर छापे मारकर पटना के दर्जनों अपराधियों को गिरफ्तार कर लिया। ऐसा लग रहा था कि बिरजा अकेले जेल नहीं जाना चाहता था, ऐसा मैंने बार-बार देखा। जब भी कोई कुख्यात अपराधी पकड़ा जाता है तो और साथी अपराधियों की गिरफ्तारी भी हो जाती है। अगर उनको पता चल जाए कि कोई रास्ता उनके लिए नहीं बचा है तो वे और सबको भी लपेट लेते हैं।

संयोग से, बिरजा कहार की घटना के दौरान एस.एस.पी. छुट्टी पर थे। पर उन्होंने शिमला से बहुत सवेरे कॉल किया, बिरजा की गिरफ्तारी के बाद।

"बहुत अच्छा किया, अमित। अपना काम इसी तरह से करते रहो!" उन्होंने गर्व से कहा।

बिरजा कहार को पटना की सड़कों पर घुमाया गया। वह अपराधी, जो लोगों के दिलों में आतंक पैदा कर देता था—खासतौर पर व्यापारियों के—वह सिर झुकाए, उनसे आँखें चुराए चल रहा था।

अंततः जब मैं घर पहुँचा तो सैकड़ों लोग वहाँ मौजूद थे।

उनमें से एक श्रीमती मिश्रा थीं।

"अमितजी, डॉक्टर साहब ठीक हैं। पटना शहर को संकट से मुक्त कराने के लिए आपको धन्यवाद।" वह बोलीं। उनकी आँखों में आँसू भरे हुए थे।

मेरे पास कोई शब्द नहीं थे। मैं शारीरिक व मानसिक रूप से थक चुका था। मैंने अपना सिर हिलाया और मुड़कर घर के अंदर चला गया।

तभी श्रीमती मिश्रा चिल्लाईं, "पटना पुलिस जिंदाबाद!"

सभी ने उनका साथ दिया।

□

17
आपके पति निर्दोष हैं

पंचायत चुनाव के इंतजाम देखने के लिए मैं एस.एस.पी. के साथ यात्रा कर रहा था। एस.एस.पी. मितभाषी व्यक्ति थे, जो पूर्णतः पेशेवर थे और संकट में अपने लोगों के साथ खड़े रहते थे।

"सर, साहब आपको याद कर रहे हैं!" वायरलेस में से फटी हुई आवाज आई।

'साहब' पटना के सबसे शक्तिशाली व्यक्तियों में से एक थे। पर एस.एस.पी. यह संदेश सुनकर जरा भी नहीं हिले।

"कह दो, दानापुर में हैं। रास्ते में हैं। थोड़ी देर में आ रहे हैं!" एस.एस.पी. वायरलेस में बोले।

लेकिन, पाँच मिनट बाद संदेश फिर से दोहराया गया।

"आ रहे हैं।" एस.एस.पी. थोड़ी नाराजगी से बोले। हम पटना की ओर बढ़ते गए।

परंतु, कुछ क्षण बाद वही जानी-पहचानी आवाज फिर से वायरलेस पर आई।

"सर, साहब याद कर रहे हैं।"

इस बार एस.एस.पी. ने अपना आपा खो दिया।

"उनको कह दो, कोई हेलीकॉप्टर नहीं है, जो उड़कर आ जाएँगे। टाइम लगेगा।" एस.एस.पी. ने वायरलेस पर जवाब दिया।

वायरलेस पर चुप्पी छा गई। 'साहब' को समझ आ गया कि एस.एस.पी. अलग मिट्टी के बने हैं। उसके बाद कोई वायरलेस मैसेज नहीं आए।

एस.एस.पी. के प्रति मेरे मन में बहुत सम्मान था; पर उस दिन मैंने जान लिया कि अगर गलत ढंग से पेश आए तो वे गुस्सा भी हो सकते हैं।

कुछ मामलों पर चर्चा करने हम एस.एस.पी. के दफ्तर गए।

"अमित, सुमन कश्यप के केस में क्या तुम्हें पूरा विश्वास है कि सही निर्णय लिया है तुमने?" एस.एस.पी. ने पूछा।

"हाँ सर, यह साफ तौर पर हत्या के प्रयास का मामला दिख रहा है।" मैंने पूर्ण विश्वास से कहा।

"मैं फिर भी कहूँगा कि तुम केस की जाँच फिर से करो।"

उन्होंने कहा, "अभियुक्त संजय साहू की पत्नी मुझसे मिलने आई थी। वह कहती है कि उसके पति को गलत फँसाया गया है।"

"ओ.के. सर, मुझे कुछ समय दीजिए।" कहकर मैंने उन्हें सैल्यूट किया और ऑफिस से बाहर निकल आया।

□

सुमन कश्यप मुझसे लगभग एक महीने पहले मिलने आया था। उसका पटना के अग्रणी व्यवसायी संजय साहू के साथ कोई जमीन का विवाद था।

"सर, आप जायदाद के मामले को सुलझाने के लिए मेरी मदद क्यों नहीं करते? करोड़ों की है। संजय मेरे लिए बहुत समस्या पैदा कर रहा है।" उसने कहा था।

"सुमनजी, पुलिस जायदाद के मामले नहीं निपटा सकती। आपको कोर्ट या एस.डी.ओ. के दफ्तर जाना होगा।" मैंने जवाब दिया।

"पर सर, निर्णय में तो बरसों लगेंगे। आप उसे जेल क्यों नहीं भेज सकते? फिर मैं जमीन पर निर्माण शुरू कर दूँगा।"

"सुमनजी, मुझे ऐसा कुछ न कहें, जो उचित नहीं है। ये पुलिस का मामला नहीं है। उम्मीद करता हूँ, मैंने बिल्कुल साफ-साफ कह दिया है।"

कुछ दिनों बाद, मुझे पता चला कि कश्यप की भयंकर दुर्घटना हो गई है। मैं अस्पताल जाकर उससे मिला। काफी चोट लगी थी उसे।

"सर, संजय साहू ने ट्रक को सीधे मेरी गाड़ी पर चढ़ा दिया। मैं तो कुचलकर लगभग मार डाला गया था। संजय ने मुझे विवादित जमीन के लिए

मारने की कोशिश की है। मैंने उसके खिलाफ एफ.आई.आर. दर्ज कराई है। भगवान् हमको बचा लिये।" वह अस्पताल के पलंग पर लेटे हुए बोला।

उसकी हालत देखकर मैंने संजय की गिरफ्तारी के आदेश निकाल दिए। मुझे पूरा विश्वास था कि उसने ही कश्यप को मारने का प्रयास किया है।

अब एस.एस.पी. के दोबारा जाँच के आदेश ने मुझे अपने निर्णय पर पुनः विचार करने के लिए विवश कर दिया। मुझे अहसास हुआ कि मैंने सिर्फ कश्यप के बयान पर विश्वास कर लिया था, बिना गवाहों से बात किए और बिना ढंग से दुर्घटना-स्थल पर जाकर पड़ताल किए।

इस बार मैं आगमकुआँ चौक गया, जहाँ दुर्घटना हुई थी। सभी ने बताया कि एक ट्रक कश्यप की गाड़ी से टकराया था, पर उसके बाद वह ट्रक गायब हो गया था। नंबर प्लेट का ब्योरा किसी ने नोट नहीं किया था।

उस स्थान को देखकर साफ हो गया था कि दुर्घटना जान-बूझकर नहीं की गई थी, न ही कश्यप को मारने का प्रयास था। चौक पर व्यस्त यातायात को देखकर ऐसा संभव ही नहीं था। अगर किसी व्यक्ति को मारना ही हो तो सबसे कारगर तरीका उस पर सीधे टक्कर मारना होगा। इस केस में रोड का डिवाइडर ऐसा नहीं होने देता। कश्यप की गाड़ी केवल साइड से क्षतिग्रस्त हुई थी। साफ दिखाई दे रहा था कि सीधी टक्कर नहीं थी।

मैं अस्पताल गया और नर्सिंग स्टाफ से मिला।

"कुछ दिन पहले जब मरीज सुमन कश्यप अस्पताल आया तो आपने आते ही उसे देखा था क्या?" मैंने हेड नर्स से पूछा।

"हाँ सर, मैं ही उसे आपातकाल कक्ष में ले गई थी।" उसने उत्तर दिया।

"उसने बताया था कि क्या हुआ था? वह होश में था क्या?"

"सर, वह होश में थे। उन्होंने बताया कि एक ट्रक उनकी गाड़ी से भिड़ गया। शायद वह गाड़ी चलाने में कुछ लापरवाह हो गए थे। बिना ट्रैफिक देखे वह व्यस्त चौराहे को पार कर रहे थे।"

"उसने किसी का नाम नहीं लिया कि कोई उसे मारने की कोशिश कर रहा था?"

"नहीं सर, उन्होंने किसी का नाम नहीं लिया। उन्होंने कहा कि ट्रक इतनी

तेजी से आ रहा था कि वह कुछ देख ही नहीं पाए।"

"धन्यवाद।" मैंने कहा।

मैं तुरंत समझ गया कि मैंने भारी भूल कर दी थी। अगर कश्यप ने असल में साहू को ट्रक में देखा होता तो वह सहज रूप से नर्स और डॉक्टर को जरूर बताता।

कश्यप ने अस्पताल में चौबीस घंटे दाखिल होने के बाद एफ.आई.आर. दर्ज करवाई थी। हाँ, दुर्घटना तो काफी गंभीर थी, पर उसने अपनी सुविधा के अनुसार स्थिति को मोड़ लिया था। यह उसे एक सुनहरा अवसर मिला था साहू को सलाखों के पीछे भेजने का—उस अपराध के लिए, जो उसने किया ही नहीं था।

मैंने डॉक्टरों, नर्सिंग स्टाफ और बाकी गवाहों के बयान लिये।

मैंने जाँच करनेवाले अफसर को अगले दिन कोर्ट में रिपोर्ट पेश करने के निर्देश दिए।

सुबह मैं संजय साहू की पत्नी से मिलने गया। वह बहुत परेशान लग रही थी। मुझे बुरा लगा कि यह मेरे कारण इतनी दुःखी हुई थी।

निरंतर रोने से उसकी आँखें सूजी हुई थीं। उसकी बेटी, जो छोटी बच्ची थी, पास खड़ी हुई माँ के पल्लू में गाँठें बाँध रही थी।

"आपके पति निर्दोष हैं। आप तुरंत उनकी जमानत की अर्जी लगा दें। उम्मीद है, वह जल्द ही छूट जाएँगे।" मैंने धीरे से कहा।

"बहुत-बहुत धन्यवाद, सर।" कहते-कहते उसकी आँखें भर आईं।

मेरी समझ में नहीं आ रहा था कि मैं क्या बोलूँ? मैं एक सीधे-सादे केस को अच्छी तरह से नहीं जाँचने का दोषी था। वापसी में मैंने अपने आप से वादा किया कि कभी किसी निर्दोष व्यक्ति को जेल नहीं जाने दूँगा।

□

18

हम हैं आपके साथ

"तुम अपना खयाल रखो, तनु। तुम छह महीने की प्रेग्नेंट हो।" मैंने डॉ. मालती गीता मिश्रा के घर की ओर कार मोड़ते हुए उससे कहा। डॉ. मिश्रा पटना की सबसे सुप्रसिद्ध महिला रोग विशेषज्ञों में से थीं।

"देख के, सर, ठोकर है।" टिर्की, मेरा विलक्षण ड्राइवर, जिप्सी में पीछे बैठा हुआ चिल्लाया।

उसकी चेतावनी की गंभीरता जब तक महसूस हुई, मैं स्पीड ब्रेकर पर चढ़ गया था। हमारी जिप्सी हवा में उड़ गई और धड़ाम से नीचे आई।

"चुन, यहीं पर डिलीवरी कराओगे क्या?" तनु ने हँसते हुए कहा।

"सॉरी! तुम ठीक हो ना! यहाँ सब जगह इतनी सारी ठोकरें हैं।" मैंने कहा।

हॉस्पिटल पहुँचकर चेकअप ठीक से हो गया। डॉक्टर ने तनु के पेट को छूने को कहा।

"अपने बच्चे को अंदर पाँव चलाते हुए महसूस कर सकते हो।" डॉ. मिश्रा ने कहा।

मैं जल्द ही पिता बनने वाला था। बहुत उत्साहित था, पर थोड़ा चिंतित भी। बच्चे बड़े करने के बारे में मुझे कुछ भी पता नहीं था।

"चिंता मत करो। जैसे ए.एस.पी. बन गए और पुलिस का काम सीख लिया, वैसे ही पापा का काम भी सीख लोगे।" हँसमुख डॉक्टर ने मुसकराते हुए कहा।

लौटते वक्त हम बातें करते और हँसते हुए आए, लड़के व लड़कियों के नाम सोचते हुए।

पटना शहर के बाजार में पहुँचते ही भीड़भाड़ भरे क्षेत्र में मैंने जिप्सी की गति धीमी की। सड़क लोगों से खचाखच भरी थी।

"चुन, उस ऑटोवाले को लूट रहे हैं।" तनु चिल्लाई। मैंने सोचा, मजाक कर रही है। बाजार जनता से पटा पड़ा था। इतने आदमियों के सामने कोई किसी को कैसे लूट सकता था?

पर वह सही थी। चार लोग ऑटो ड्राइवर की पिटाई कर रहे थे। दो के पास देसी कट्टे थे। बिना सोचे मैंने ब्रेक लगाए और जिप्सी से बाहर कूद पड़ा। मैं ऑटो की ओर दौड़ने लगा।

वे चार लुटेरे मेरी ओर हैरानी से देखने लगे। वे मुझे अपनी ओर आते देखकर हक्के-बक्के रह गए। ऑटो ड्राइवर को छोड़कर वे गलियों में भागने लगे।

"अभय, साहब के पीछे जाओ!" तनु ने मेरे बॉडीगार्ड को आदेश दिया।

पर अभय अपनी कारबाइन मजबूती से पकड़े तनु के पास खड़ा रहा। वह दुविधा में पड़ गया कि मेरी सहायता के लिए भागे या मैडम की सुरक्षा के लिए खड़ा रहे।

तनु उसकी कठिन परिस्थिति भाँप गई।

"अभय, तुम सर के पीछे जाओ। टिर्की यहाँ मेरे साथ है।" तनु बोली।

अभय ने सिर हिलाया और मेरे पीछेवाली गली में दौड़ गया। इस बीच में, टिर्की ने जिप्सी में से एक बेंत निकाला और तनु के पास खड़ा हो गया। "हम आपके साथ हैं, मैडम।" वह बोला। तनु को बड़ा गर्व महसूस हुआ कि टिर्की उसकी पहरेदारी कर रहा था। जो लगन वह अपने काम के प्रति इतने वर्षों से दिखा रहा था, वह अभी भी बरकरार थी।

मैं चार में से तीन अपराधियों को तो पकड़ने में असफल हो गया, पर भाग्यवश, चौथा थोड़ा धीमे था शायद, क्योंकि उसके कंधे पर बैग था। वह मुझसे कुछ फीट दूर था। मैं उसके ऊपर कूदा और कुहनी मारकर उसे जमीन पर गिरा दिया। वह लुटेरा मेरी पकड़ से किसी तरह छूट गया और उसने बैग में से कुछ निकाला। वह एक देशी बम था। उसने वह मेरी ओर फेंका। हमारी ट्रैकिंग के दौरान सिखाया गया था कि जब बम या हथगोला हमारी ओर फेंका जाए तो

लेट जाना चाहिए। ये सबसे अच्छा तरीका है तीखे छितरे, जो बम या ग्रेनेड के फटने के बाद उड़ते हैं, उनसे बचने का।

मैं नीचे झुका और तुरंत जमीन पर लेट गया। बम फटा, चारों तरफ छितरे उड़ गए। किस्मत से मुझे नहीं लगे। पर बम विस्फोट के बाद कुछ देर के लिए कुछ नहीं दिखा।

मुझे बंदूक के दो फायर सुनाई दिए। अभय ने मेरे हमलावर पर गोली चलाई थी। परंतु, दुर्भाग्य से वह मेरे हाथ से निकल गया था।

मैं उठा, अपने कपड़े झाड़े और जिप्सी पर वापस गया। तनु और टिर्की हमारा व्याकुलता से इंतजार कर रहे थे।

"चुन, तुम ठीक तो हो?" तनु ने मुझे गले लगाते हुए पूछा। मैं जवाब देने के लिए बहुत घबराया हुआ था।

हम घर पहुँचे तो काफी पुलिसवाले इकट्ठे हो गए थे। हमले की खबर जल्दी फैल गई थी।

"सर, कैसे हैं?"

"मैडम ठीक हैं?"

सारे पुलिसकर्मी, अधिकारी और हवलदार हमारी सुरक्षा के लिए चिंतित थे।

"हाँ, हम ठीक हैं, थैंक्यू!" तनु ने कहा।

मैं जाहिर तौर पर परेशान था। मेरे क्षेत्र में, मेरी आँखों के सामने लूट हो रही थी और एक अपराधी मेरी पकड़ से छूटकर भाग निकला था।

"मुझे वे चारों अपराधी चाहिए।" मैंने कहा। सब-इंस्पेक्टर सुनील व मुस्तफा, पटना पुलिस के सबसे बहादुर अधिकारी, आगे आए।

दोनों एक साथ बोले, "सर, हम लाएँगे उन्हें।"

मुझे पता था कि वे दोनों अपना वादा पूरा करेंगे।

उनका जासूसों का सूचना तंत्र बहुत बेहतरीन था।

□

दो दिनों के बाद, चारों अपराधी मेरे सामने थे। "माफ कीजिए सर, हमें पता नहीं था कि आप पुलिस में हैं।" जिस आदमी ने मेरी ओर बम फेंका था, वह बोला।

"मतलब तुम पुलिसवालों पर हमला नहीं करते हो, उनका ध्यान रखते हो?" एस.आई. सुनील ने कहा। उसकी बात सुनकर मुझे मुसकराना ही पड़ा।

अपराधियों को न्यायिक हिरासत में भेज दिया गया। मुझे गर्व था कि मेरे आदमियों ने इतनी जल्दी उनको पकड़ लिया था। कुछ मामलों में कार्रवाई तुरंत होनी जरूरी होती है, क्योंकि उनका दूरगामी प्रभाव पूरे जिले या क्षेत्र पर पड़ता है, या उसका असर जनता पर पड़ता है। पुलिस अफसर पर हमला, किसी लूट के मामले में, स्पष्टत: एक गंभीर घटना है और लोगों में घबराहट फैला सकती है। ऐसी घटनाओं को पुलिस प्राथमिकता के तौर पर लेती है और सहजत:, परिणाम भी शीघ्रता से मिलते हैं। लेकिन समस्या तो यह है कि एक अपराध को सुलझाते ही दूसरा अपराध हो चुकता है। एक पुलिसकर्मी कभी नहीं सोच सकता कि उसका आज का कार्य पूरा हुआ।

कई बार सोचता हूँ कि मैं उन अपराधियों के पीछे कैसे भागा था उस दिन! तब मैं युवा और दिलेर था; पर आज, दो दशक बाद की सर्विस में, मैं नहीं सोचता कि मैं चार सशस्त्र अपराधियों के पीछे भाग सकता हूँ। शायद थोड़ा समझदार हो गया हूँ, या बूढ़ा।

□

19
जय बजरंग बली!

मैंने तनु को उसके माता-पिता के पास जयपुर भेज दिया, क्योंकि डिलीवरी की तारीख पास आ गई थी। मैंने सरस्वती पूजा के बाद उसके पास जाने की योजना बनाई।

"सर, मैंने सात दिन के पितृत्व अवकाश के लिए आवेदन किया है। डॉक्टर ने जो तारीख दी है, वह पास आ गई है।" मैंने एस.एस.पी. से अनुरोध किया।

"अपने क्षेत्र में पितृत्व अवकाश का कोई कॉन्सेप्ट नहीं है। और अभी तो सरस्वती पूजा भी पास ही है।" मितभाषी एस.एस.पी. बोले।

"पर तुम पूजा के तुरंत बाद जा सकते हो।" उन्होंने आगे जोड़ा, "सांप्रदायिक सौहार्द ही सरकार की बड़ी प्राथमिकता है। तुम एक संवेदनशील क्षेत्र के अधिकारी हो। वहाँ छोटी-छोटी बातों पर दंगों की घटनाएँ अकसर होती हैं। अपने इलाके में सतर्क रहना।'

"हाँ, सर, मैं अपना सर्वश्रेष्ठ दूँगा!" मैंने कहा। चिंता हो रही थी कि पता नहीं मैं समय पर जयपुर पहुँच पाऊँगा कि नहीं। इस सबसे तनु से दूर रहने का तनाव बढ़ रहा था।

मेरे कार्यभार ग्रहण करने के ठीक पहले पटना में दो समुदायों में जोरों की आग भड़की थी। कुछ इलाके के संभावित संवेदनशील क्षेत्र थे। मुझे ऐसे संवेदनशील क्षेत्रों को चिह्नित करके अतिरिक्त सैन्य बल तैनात करने को कहा गया था। मुझे दूसरे पुलिस अधिकारियों के अनुभव से पता था कि सांप्रदायिक स्थिति को शुरुआत के समय से ही नियंत्रित करना चाहिए, नहीं तो दंगे दूसरे क्षेत्रों में भी भड़कने में देर नहीं लगती। अगर ढंग से नहीं सँभाला तो कभी-कभी

बड़ा संकट बन जाता है और उसमें जान-माल की हानि की काफी संभावना बढ़ जाती है।

मैंने अच्छी तरह से अपने आदमियों को इस बारे में बता रखा था और अपने सूत्रों को दंगाइयों पर नजर रखने के लिए सक्रिय कर रखा था। मैंने कई बैठकें शांति समिति की ली थीं। उस समिति के सदस्य उस क्षेत्र के गण्यमान्य व्यक्ति थे, जिनका लोगों पर अच्छा प्रभाव था। ऐसे व्यक्तियों को अपनी ओर रखना आवश्यक था, जिससे कोई भी संभावित खतरा टाला जा सके। वे लोगों की राय पर अपना प्रभाव डाल सकते थे। मैंने यह भी सुनिश्चित किया कि सभी जुलूस आवश्यक आज्ञा-पत्र भी प्राप्त करें।

फिर जल्द ही, सरस्वती पूजन के उत्सव शुरू हो गए। वे कुछ दिन तक चलने वाले थे। मैं उस स्थान पर तैनात था, जहाँ से अधिकतर जुलूस निकल रहे थे।

"बड़ा बाबू, तीन दिन निकल गए हैं। मुझे विश्वास है, उत्सव शांति से बीत जाएगा।" मैंने आलमगंज के एस.एच.ओ. मनोज पाल से कहा। वह पुराना व अनुभवी पुलिसकर्मी था।

"सर, पुलिस में एक कहावत है, जब तक सबकुछ ठीक से न हो जाए, कुछ भी हो सकता है।" वह बोला।

"उम्मीद है कि जल्दी ही सबका समापन हम देख लें।" मैंने कहा।

"सर, तेरह जुलूस निकल चुके हैं। केवल आखिरी दो अखाड़े बचे हैं। सबसे बदमाश हैं ये अखाड़े।" पाल बोला।

"चलो, इन जुलूसों को भी शांतिपूर्वक निकलते हुए देखते हैं।" मैंने अपना वायरलेस सेट उठाते हुए कहा।

आखिरी दो अखाड़ों को देखने के लिए काफी जमघट इकट्ठा हो गया था। भीड़ काफी आवेशित थी, जब जुलूस चौक में प्रवेश करने लगा। अखाड़े के सदस्य काफी जवान थे। करीब-करीब सभी नशे में धुत्त थे। वे तेज भोजपुरी व हिंदी गानों पर नाच रहे थे।

"बड़ा बाबू, ये क्या हो रहा है? मैंने यह उम्मीद नहीं की थी कि धार्मिक जुलूस में ऐसा उपद्रवी नाच होगा!" मैंने पाल से शिकायत की।

"सर, अभी शांत रहिए। कोई सुन लेगा तो बड़ी समस्या हो जाएगी।" पाल ने, मुझे चुप रहने का इशारा करते हुए कहा।

"आजकल ऐसे ही प्रभु की भक्ति होती है।" पाल ने गंभीरता से कहा।

मैं समझ गया। "बस, खत्म होने दो। मुझे घर जाकर आराम करना है।" मैंने सोचा। तीन रातों से लगातार मैं सड़कों पर था, जिससे जुलूस शांति से निकल जाए।

एकाएक मैंने अखाड़े के एक सदस्य को हाथ में देशी कट्टा लहराते हुए नाचते हुए देखा। साफ दिख रहा था कि वह नशे में था और कट्टा चलाने वाला था।

मेरा पहला विचार था कि तुरंत उसकी तरफ भागूँ, पर हम रुक गए कि शायद यह कोई करतब या बल प्रदर्शन है। और अखाड़े के सदस्यों में भगदड़ मच जाएगी और वे नशे में धुत्त अवस्था में उत्तेजित हो जाएँगे। हम यों ही भीड़ में घूमते हुए मिल गए। फिर आगामी हाथापाई में हमने उस व्यक्ति को मजबूती से पकड़ा, उसकी पिस्तौल छीनी और उसे पुलिस थाने भेज दिया।

जुलूस करीब तीन घंटे में चौक से निकला और मूर्ति को गंगा में विसर्जित किया गया। सुबह का समय था। मैंने अपने आप से कहा, 'कुछ समय में आखिरी जुलूस भी निकल जाएगा।'

अभय चिल्लाया, "सर, जल्दी आइए, दंगा होने वाला है।"

"क्या···क्या हुआ?" मैंने अधीर होकर पूछा।

"सर, किसी ने चौक के पास बजरंग बली की मूर्ति विकृत कर दी है। भीड़ सोच रही है कि दूसरी कौम ने यह काम किया है, जान-बूझकर।" अभय बोला।

"ये तो बहुत बुरा हुआ। मैंने सोचा था कि सब शांति से निपट जाएगा।" मैंने कहा और चौक की तरफ भागा, जो नजदीक ही था।

मैंने देखा, कुछ लोग चिल्ला रहे थे और नारे लगा रहे थे।

मुझे पता था कि इससे पहले कि यह खूनी जंग बने, मुझे भीड़ पर जल्दी से काबू करना होगा।

"शांत हो जाइए।" मैंने लोगों से विनम्रता से कहा।

"नहीं, हमारी मूर्ति तोड़ी गई है। हमें बदला चाहिए।" वे सब चिल्लाए।

"हम मूर्ति को ठीक करवा देंगे। कृपया शांत रहिए।" मैं लोगों से तर्क करता रहा।

"नहीं, हम जानते हैं कि दूसरे समुदाय से किसने यह काम किया है। उसे गिरफ्तार करो, नहीं तो पटना जलेगा।" अब भीड़ अनियंत्रित होती जा रही थी।

मैंने देखा कि लोग केवल नेता के पीछे चल रहे थे। जब भी वह नारा लगाता, सब भी लगाते उसके साथ। नहीं तो वे कोई खास परेशान नहीं थे, न ही गुस्से में थे।

मुझे तुरंत कार्रवाई करनी थी, नहीं तो सारा मामला नियंत्रण से बाहर हो जाएगा।

बिना समय बरबाद किए मैं भीड़ में घुसा और उस नेता को पकड़ लिया। सबकी नजर के सामने मैं उसे खींचता हुआ झुंड से अलग ले गया।

"मुझे पता है कि तुम्हारी संख्या पुलिस बल से ज्यादा है; पर जो भी झगड़ा करेगा, मैं उसे छोड़ूँगा नहीं। और यह तुम्हारा नेता...इसका तो मैं इंतजाम कर लूँगा कि सलाखों के पीछे बंद रहे कई दिनों तक।" मैं अपनी आवाज ऊँची करके बोला।

मैंने परिकलित खतरा लिया था। भाग्यवश, प्रदर्शनकारी डर गए। वे अपने नेता के जैसे पुलिस द्वारा गिरफ्तार नहीं होना चाहते थे। सबसे महत्त्वपूर्ण तो यह था कि उन्होंने उस व्यक्ति को खो दिया था, जो आग में घी डाल रहा था। प्रदर्शन ने गरमी खो दी और लोग तितर-बितर हो गए। वे भी थके हुए-से लग रहे थे।

"उफ! ये तो बहुत नजदीक था।" मैं बोला। अभी शाम को तो हमने उस पिस्तौल हिलानेवाले को चुपचाप उठा लिया था और अब तो मैंने जनता के सामने नेता को पकड़ लिया था। दो अलग-अलग रणनीतियाँ, पर परिणाम एक जैसा।

मैंने एस.एस.पी. को फोन पर स्थिति के बारे में जानकारी दी, जिसे हमने बचा लिया था।

"बहुत अच्छा। अब कुछ आराम करो।" वह बोले। मैं घर गया, गरम शॉवर लिया, भारी नाश्ता किया, फिर बिस्तर पकड़ा और सारा दिन सोया। पुलिसवालों की नौकरी में समस्या यह है कि उन्हें असुविधाजनक समय पर कार्य करना पड़ता है। उस रात मैं पूरा जगा हुआ था। मैंने आराम करने की

कोशिश की, पर पलंग पर करवटें बदलता रहा।

एकाएक लैंडलाइन की घंटी बज उठी।

"सर, हम मालसलामी से बड़ा बाबू बोल रहे हैं। एक और बजरंग बली की मूर्ति तोड़ दी गई है।" राम अवतार की चिंतित आवाज आई।

"अरे नहीं, यह तो बहुत बुरा है।" मैं बड़बड़ाया।

"सर, अच्छी खबर यह है कि हमने अपराधी को पकड़ लिया है। ये वही व्यक्ति है, जिसने चौकवाले बजरंग बली की मूर्ति खंडित की थी। दिमाग से डिस्टर्ब्ड लगता है। लगता है, उसे कोई मानसिक समस्या है।" एस.एच.ओ. ने आगे बताया।

"यह एक अच्छी खबर है—कम-से-कम अपराधी तो हमारे पास है। नहीं तो यह मूर्तियों को खंडित करता ही जाता।" मैंने कहा।

"अब, राम अवतार, क्या कोई भीड़ है वहाँ बजरंग बली के मंदिर के पास? कोई तनाव है अभी?'

"नहीं, सर। अभी सुबह के 2.30 बजे हैं। यहाँ कोई नहीं है।" उसने उत्तर दिया।

"पर पुजारी मूर्ति के खंडित होने से नाराज है।"

"तो रुको, मैं वहाँ आ रहा हूँ।"

मैं मंदिर पहुँचा। उस रात काफी ठंड थी। मैं ठंड में जम रहा था, दाँत किटकिटा रहे थे।

"ओह! यह पटना रात में इतना ठंडा कैसे हो जाता है?" मैंने अजय से पूछा।

"सर, गंगा नदी के कारण। अभी हम गंगा के बहुत पास हैं।" उसने जवाब दिया।

हम लगभग 3 बजे मंदिर पहुँचे और देखा कि सिपाहियों का दल एवं पुजारी कोने में सिमटे बैठे थे।

"पंडितजी, सब ठीक है?" मैंने पूछा।

"नहीं, सर। बजरंग बली की मूर्ति खराब कर दिए। अब बवाल मचेगा।" पंडितजी बोले।

"पंडितजी, कोई हंगामा नहीं मचेगा, शांत रहिए। आप जल्दी से मूर्ति बदल दीजिए। और किसी को पता नहीं चलना चाहिए।" मैंने कड़ाई से कहा।

"सर, अभी तो मेरे पास कोई मूर्ति नहीं है।" पंडित बोले।

"कोई बात नहीं। आप एस.एच.ओ. के साथ जाओ और दूसरी मूर्ति ले आओ, कहीं से भी। यह तुम्हारी समस्या है। तब तक मंदिर नहीं खोलना। कुछ भी बहाना बनाओ।" मैंने आदेश दिया।

पंडित मेरी गंभीरता को भाँप गया। "ठीक है, मैं एक व्यक्ति को जानता हूँ, जो मूर्तियाँ बनाता है। उसके पास जाता हूँ।" वह बोले।

मालसलामी के एस.एच.ओ. ने पंडित को अपनी गाड़ी में बिठाया। मैंने कुछ सिपाहियों को निगरानी के लिए मंदिर के बाहर बैठा दिया।

"मंदिर नहीं खुलना चाहिए, जब तक मैं आदेश न दूँ।" सिपाहियों को मैंने कहा।

मैंने घड़ी देखी, 3.45 बजे थे। हमारे पास ढाई घंटे थे मंदिर खुलने के लिए।

जल्द ही, जिसका इंतजार था, वह फोन आया।

"सर, मिल गई दूसरी मूर्ति।" प्रसन्नता से एस.एच.ओ. राम अवतार ने कहा। किस्मत से, मूर्तिकार के पास बजरंग बली की एक और मूर्ति थी।

"बहुत अच्छे, जल्दी वापस आओ और बदल दो।" मैंने उल्लसित होकर कहा।

सुबह 6 बजे बजरंग बली की नई मूर्ति यथास्थान थी। हमने जल्द ही जनता के लिए मंदिर खोल दिया। श्रद्धालु मंदिर आने लगे।

"पंडितजी, आरती शुरू कीजिए।" पंडित से मैंने कहा।

"जय बजरंग बली!" सिपाही दल की जयकारे की आवाज गूँज उठी।

यह मेरी ज़िंदगी की सबसे अच्छी आरती थी। आखिरकार, भगवान् ने मेरी प्रार्थना सुन ली थी।

□

मैंने किसी तरह पटना-दिल्ली राजधानी में टिकट बनवा लिया। दिल्ली से

जयपुर की बस में चढ़ने से पहले मैंने अपने साले को फोन किया तनु से बात करने के लिए।

"बधाई हो, अमित। आप पिता बन गए।" कपिल ने कहा।

"सच में?" मैंने पूछा। मैं यह विश्वास ही नहीं कर पा रहा था कि मैं पिता बन गया, क्योंकि मैंने सोचा, ऐसी जिम्मेदारी के लिए तो मैं अभी छोटा हूँ।

"पर डिलीवरी की तारीख तो दो दिन बाद की है।" मैंने प्रतिवाद किया।

"अरे, ये सब नेचुरल चीजें कभी भी हो सकती हैं।" कपिल ने जवाब दिया।

शाम को मैं जयपुर पहुँचा और तुरंत तनु व अपने बेटे को देखने अस्पताल गया।

"लेट कर दिया आपने। मैं आपको डिलीवरी के समय अपने पास रखना चाहती थी।" तनु ने ऑपरेशन के टाँकों के दर्द के बीच में मुसकराते हुए कहा।

"पुलिस तो हर जगह लेट ही पहुँचती है।" मैंने तनु और बेटे को गले लगाते हुए कहा।

□

20

ट्रक का नंबर क्या है?

"यह तो इतना बड़ा घर है। आठ कमरे और हम सिर्फ ढाई लोग हैं।" ए.एस.पी. पटना का विशाल बँगला देखकर आँखें फाड़ते हुए तनु ने कहा। वह पटना वापस हमारे परिवार के एक और सदस्य के साथ आ गई थी। अवि, हमारा एक माह का पुत्र, माँ की गोदी में चिपककर सो रहा था।

"क्यों, तुम इन सारे चूहों को भूल गईं क्या? यहाँ हमारा साथ देने काफी मौजूद हैं।" मैंने अपने पैर कुर्सी के ऊपर रखते हुए कहा। एक मोटा चूहा हमारे काफी पास आ गया था। शायद उसकी नजर मेज पर रखे टोस्ट पर थी। अचानक, वह डाइनिंग टेबल पर कूद गया। मैं आश्चर्य में पड़ गया और इससे मेरा संतुलन बिगड़ गया।

तनु हँसने लगी और मेरा बेटा भी गड़गड़ाने लगा। "ए.एस.पी. साहब, चूहा भी आपसे नहीं डरता, पर आप जरूर उससे डरते हो।"

"तो क्या जेल में बद कर दूँ?" मैंने चिढ़ते हुए कहा।

"फिलहाल तो चूहेदानी में ही बंद कर दो।" तनु ने उत्तर दिया।

हमारा हँसी-मजाक कुछ देर और चलता रहा। इस तरह की रातों में तो जो कुछ मेरे पास था, उसके लिए मैं शुक्रगुजार था। एक प्यारा परिवार और एक महान् काम, जिसे करने में मुझे आनंद आता था।

थोड़ी देर बाद मेरा फोन बज उठा। मैंने घड़ी देखी, रात के 10.40 हुए थे। मुझे पता था कि इस समय कोई अच्छी खबर नहीं आने वाली थी। जितनी देर से हो, उतनी ही पुलिसवाले के लिए बुरी खबर है।

"सर, फतुहा के पास एक दुर्घटना हो गई है। लोगों ने रास्ता रोक रखा

है। वे हंगामा खड़ा कर सकते हैं। कृपया जल्दी आइए, सर।" फतुहा के एस.एच.ओ. ने कहा।

मैंने तनु व अवि को देखा, ठंडी साँस भरी और वरदी बदलने लगा। बाहर जाकर गार्ड को सबको तैयार रहने के लिए कहा। पाँच मिनट में हम फतुहा के लिए रवाना हो गए थे।

"सर, जल्दी पहुँचिए। जनता उग्र हो गई है।" इस बार एस.एच.ओ. वायरलेस पर अधीर लग रहा था।

"एस.एच.ओ., आलमगंज और एस.एच.ओ., सुल्तानगंज आप भी तुरंत फोर्स लेकर पहुँचिए।" मैं वायरलेस पर जोर से बोला। क्षण भर के लिए उन सब पुलिसवालों को बुलाना मुझे बुरा लगा। वे शायद अभी अपने घर या बैरक पहुँचे होंगे आराम करने के लिए। शायद अपने परिवार के साथ समय बिता रहे होंगे, या अपने लिए समय निकाल रहे होंगे।

पर हम पुलिसवालों की नौकरी का यही स्वरूप है कि हमसे अपनी निजी ज़िंदगी भूलने की अपेक्षा की जाती है और जब जरूरत हो, कर्तव्य के बुलावे पर जाना ही पड़ता है।

'हम सबको पता है कि हमने किसके लिए अनुमोदन किया है।' मैं सोचने लगा और जल्दी से इन विचारों के बाहर निकला।

"सर, गाड़ी यहीं रोक लेते हैं। काफी भीड़ लग रही है।" ड्राइवर ने कहा।

कुछ ही देर में फतुहा एस.एच.ओ. भागता हुआ आया। उसकी वरदी पूरी पसीने में भीग रही थी।

"सर, मैंने पूरी कोशिश कर ली है भीड़ को समझाने की, पर वे हिलने को भी तैयार नहीं हैं।"

"क्या माँगें हैं उनकी ?" मैंने पूछा।

"सर, वे पच्चीस हजार का मुआवजा, इंदिरा गांधी आवास योजना में घर और मृतक के एक रिश्तेदार के लिए नौकरी माँग रहे हैं। एक जवान लड़का है।"

पहले दो वादे तो अधिकतर पूरे होते ही हैं, पर मृतक के किसी रिश्तेदार के लिए नौकरी मुश्किल काम था।

मुझे बेचारे परिवार पर तरस आ रहा था, जिन्होंने अपना कमानेवाला खो दिया था; पर मैं कुछ नहीं कर सकता था।

"सर, यहाँ से हटिए। लोग ट्रक में आग लगा रहे हैं।" एस.एच.ओ., आलमगंज राजबीर ने आवाज लगाई। भीड़ हमारी कुछ भी सुनने की मनोदशा में नहीं थी। कुछ गुंडे नशे में ट्रक के शीशे और विंडस्क्रीन तोड़ने में लग रहे थे। कुछ बंद दुकानों को खोलने की कोशिश कर रहे थे।

पटना और राँची के बीच के राजमार्ग पर यातायात ठप्प हो गया था।

"एस.एच.ओ., सुल्तानगंज कहाँ हैं? हमारे आदमी कम पड़ जाएँगे। लगता है, यह भीड़ निडर और बेकाबू हो गई है।" मेरी आवाज में परेशानी झलक रही थी।

किस्मत से, एस.एच.ओ., सुल्तानगंज स्थल पर पहुँच गया।

"क्षमा करें, सर, मेरी जीप का टायर फ्लैट हो गया था। इसलिए मैंने निजी वाहन पकड़ा।" वह बोला।

सहसा मुझे कुछ फ्लैश लाइट्स एवं वीडियो कैमरा दिखे। 'द प्रेस।' मैं भुनभुनाया।

हर पुलिस अधिकारी यह सोचता है कि मीडिया घटना-स्थल पर न पहुँचे, पर ज्यादातर इनको आना ही होता है। आखिर, प्रेस को भी अपना कार्य करना होता है।

जब मैं निर्देश दे रहा था और भीड़ के आवेग को सँभालने का प्रयास कर रहा था, एक रिपोर्टर मेरे पास आया और पूछा, "सर, क्या आप मुझे उस जलते हुए ट्रक का नंबर बता सकते हैं?" मैं नाराज होने के लिए भी बहुत व्यस्त था। हास्यास्पद प्रश्न था और उत्तर भी उतना ही मूर्खतापूर्ण मिलना चाहिए।

"आप खुद ही पास जाकर देख लो!" मैंने जैसे को तैसा जवाब दिया।

लपटें ऊँची उठने लगीं। वह निडर रिपोर्टर जितनी तेज हो सकता था, वापस भागा।

"हमें लाठीचार्ज करना होगा। जवानों को कहो, हेलमेट और बॉडी प्रोटेक्टर पहन लें।" मैंने कहा।

एस.एच.ओ. मेरी ओर हैरानी से देखने लगा।

"सर, कहाँ हेलमेट और बॉडी प्रोटेक्टर? वे तो जितने भी हैं, पुलिस लाइंस में हैं। और वैसे भी, आपूर्ति कम है।" वह बोला।

पता था, वह सही कह रहा है। संसाधनों की कमी तो पुलिस की समस्या सदैव रही है। पर समय बरबाद नहीं किया जा सकता था। अगर अभी भीड़ को नहीं नियंत्रित किया तो स्थिति बद से बदतर हो जाएगी।

हमारी ट्रेनिंग के दौरान हमारी दंगा नियंत्रण की ड्रिल हुई थी, जहाँ हमें सिखाया गया था कि बल का प्रयोग आखिरी उपाय होना चाहिए, जब और सारे विकल्प समाप्त हो गए हों—भीड़ को चेतावनी से लेकर अश्रु गैस तक। असल में, हमें उद्घोषणा करनी होती है—'आपका मजमा नाजायज करार दिया जाता है।'

यह अलग मामला है कि उर्दू के वे खूबसूरत लफ्ज असलियत में काम में लेने का अवसर शायद ही कभी मिलता हो। आज भी कोई फर्क नहीं था।

"ध्यान से चोट करना—कमर के नीचे। लाठीचार्ज।" मैंने फेफड़ों की पूरी ताकत लगाकर निर्देश दिया। पूर्णतः आवेशित बल को सिर्फ ये शब्द सुनने थे। पाँच-दस मिनट में पूरी स्थिति काबू में आ गई, पूरी बदल गई। भीड़ पुलिसवालों को लाठी चलाते देखकर भाग खड़ी हुई।

हमने जल्दी से क्षेत्र को खाली कराया। केवल कुछ रोते हुए रिश्तेदार सड़क के बीच, युवक की लाश के चारों तरफ, बैठे थे।

मुझे उनके लिए बेहद बुरा लग रहा था।

"बाबा, मुझे बहुत दुःख है। मैं सरकार की तरफ से वादा करता हूँ कि आपकी पूरी सहायता होगी।" मैंने कहा।

बेचारे लोगों ने एक शब्द नहीं कहा, केवल हाथ जोड़ लिये। उन उपद्रवियों का उस परिवार से कोई लेना-देना नहीं था, फिर भी उन्होंने इतना जबरदस्त हंगामा खड़ा कर दिया था। ऐसी परिस्थिति में लोगों का गुस्सा बाहर आता है, उनकी कुंठा बाहर आती है। रोजगार के अवसरों की कमी या सिर्फ शराब के प्रभाव में उपद्रव भी हो सकता है।

हालाँकि, ज्यादातर लोग फतुहा की सड़कों और गलियों में भाग गए थे, मेरे जवानों ने छह-सात उपद्रवियों को घेर लिया था।

"ले जाओ इनको, हवालात में बंद करो।" मैंने कहा। अचानक कुरता-पाजामा पहने कुछ लोग एक एस.यू.वी. से बाहर आए। मैं समझ गया कि परिस्थिति का लाभ उठाने के लिए ये छुटपुट नेता होंगे।

"ए.एस.पी. साहब, प्रणाम। कृपया इन लोगों को छोड़ दीजिए। ये हमारे आदमी हैं।" दाढ़ीवाले एक व्यक्ति ने आधिकारिक स्वर में कहा।

"किस बात के लिए छोड़ दें ?" मैंने दृढ़तापूर्वक कहा।

"तो आपको ऊपर से कहलवाना पड़ेगा। हम लोग संतो भइया के खास हैं।" दूसरा बोला।

संतो भइया किसी वरिष्ठ मंत्री का रिश्तेदार था। उसका शहर में मजबूत रसूख था।

इस बार मैं सच में बहुत क्षुब्ध हुआ। "किसी भी भइया से फोन करवा लीजिए। मैं वही करूँगा, जो सही है।" मैंने कहा।

एक आदमी फोन निकालकर नंबर मिलाने लगा।

"हाँ, लगाओ फोन। मेरी खुद तुम्हारे भइया से बात कराओ!" मैं चिल्लाया। वह डर गया और फोन जेब में वापस रख लिया। शायद झूठ-मूठ में फोन मिला रहा था, देखने के लिए मैं कितने पानी में हूँ!

"अच्छा सर, प्रणाम। आपको जो सही लगे, करिए। हम जाते हैं।" उनके नेता ने कहा।

कुछ स्थानीय सिपाही जल्दी से पीछे हटे और घटना-स्थल से चले गए! मैं पीछे मुड़ा और अपने आदमियों को देखा, तो सबके चेहरे पर हल्की मुसकान थी।

वर्षों के अनुभव से मैं इस निष्कर्ष पर पहुँचा हूँ कि सच्चे राजनेता ज्यादातर जानते हैं कि क्या सही और क्या गलत है। वे कभी भी गैर-कानूनी बात के लिए दबाव नहीं डालते। अकसर कुछ विवेकहीन तत्त्व ही मौके का फायदा उठाना चाहते हैं।

यदि कोई अधिकारी ईमानदार और निष्पक्ष होता है तो नेतागण उसकी सराहना ही करते हैं। हाँ, यह जरूर होता है कि कभी-कभी अधिकारी संस्थापन के मनसूबों में नहीं जमता तो उसे कुछ समय के लिए अनदेखा

कर दिया जाता है। फिर भी, हर सरकार को अच्छे अधिकारी चाहिए प्रशासन की क्रियान्विति के लिए। इसलिए सही अधिकारियों को ज्यादातर सही पद के लिए रखा जाता है।

मैं घर थका हुआ पहुँचा। तनु और अवि शांति से सो रहे थे। दोबारा सोचे बिना मैं पलंग पर लेट गया और तनु को कसकर पकड़ लिया।

□

21

पापाजी

"सर, यह आपके लिए है। हैप्पी दीवाली!" त्योहार के दिन एक सौम्य सरदार ने कहा, जो मेरे आवास पर दफ्तर में मिलने आया था।

"किसलिए? यह सेलफोन मेरे लिए क्यों लाए हैं?" मैंने सख्ती से पूछा।

"सर, प्लीज, बुरा न मानें। आपके पास सेलफोन नहीं है, इसलिए पटना के व्यापारी मंडल ने सोचा कि आपको यह भेंट करना अच्छा रहेगा, जिससे जनता आपसे सीधा संपर्क कर सके।" सरदारजी के समर्थन में पारस कनौजिया बोले।

सन् 2000 में सेलफोन एक विलासिता की वस्तु माना जाता था। केवल एस.एस.पी., पटना और बहुत कम वरिष्ठ अधिकारियों के पास सरकारी सेलफोन होता था। हमें वर्ष 2007 तक भी सरकार द्वारा सरकारी सेलफोन नहीं मिला था। सेलफोन होना दोधारी तलवार थी। हालाँकि, स्टाफ और अधिकारियों से संपर्क करना सरल हो जाता है, परंतु कई अधिकारी शिकायत करते थे कि उनके पास सैकड़ों फालतू कॉल्स आती रहती हैं। मेरा स्वयं का मानना है कि हमें सदा सारी कॉल्स उठाकर बात कर लेनी चाहिए। कुछ ही मिनट लगते हैं और धैर्यपूर्वक यदि किसी को परेशानी में सुन लें तो वह मरहम की तरह काम करता है। बेशक, कभी किसी बड़े अपराध का सुराग या अपराधी की गिरफ्तारी भी हो सकती है। और हाँ, फेसबुक पर अपनी शेखी बघारने, जिसके हजारों वर्चुअल अनुयायी होते हैं, से अच्छा तो वास्तविक जीवन में आसानी से अभिगम्य होना है।

पटना के व्यापारियों का मंतव्य अच्छा था; पर फोन लेना मेरे लिए आसान या सुखद नहीं था।

'देखो, किसी आई.पी.एस. अफसर की प्रतिष्ठा केवल उसकी पेशेवर

योग्यता पर ही निर्भर नहीं करती, बल्कि उसकी सत्यनिष्ठा और ईमानदारी पर भी करती है। तुम्हारी पूरी तरक्की तुम्हारी बनाई हुई साख पर निर्भर करती है।" मुझे मेरे डी.आई.जी. के.सी. प्रीतम के शब्द याद आए।

"मैं आपकी चिंता की सराहना करता हूँ; पर माफ कीजिए, मैं यह सेलफोन स्वीकार नहीं कर सकता। आप सभी को पता है कि लैंडलाइन मैं स्वयं ही उठाता हूँ घर और दफ्तर दोनों जगह पर। और हाँ, हमारा पुलिस वायरलेस नेटवर्क बहुत अच्छा है। उससे मुझे सूचनाएँ काफी ठीक से मिल ही जाती हैं।"

"ठीक है सर, आप जैसा चाहें।" दोनों व्यापारियों ने सेलफोन वापस लेते हुए कहा।

जैसे ही वे गए, कोई और आ गया। लोगों को यह समझ नहीं आ रहा था कि छुट्टी मेरे लिए भी है और वे मुझे अभिवादन करने आ रहे थे।

"नमस्कार, एस.पी. साहब, आपको दीवाली की बधाई!" दिनकर झा, एक छुटभैए नेता, जो जिले के सभी उच्च सम्माननीय लोगों से बातचीत रखने में विश्वास करते थे, बोले। इस तरफ के लोगों से मिलने से मैं कतराता था, पर दीवाली पर बचना मुश्किल था।

"लीजिए!" मैंने टेबल पर रखी मिठाई की ओर इशारा करते हुए कहा।

"अरे, ये तो बहुत बढ़िया है।" झा ने दो पीस मुँह में रखते हुए कहा।

"हाँ, जयपुर से आई है।" मैंने थोड़ा सा चिढ़ते हुए बोला।

"ओहो, तब तो और लेनी पड़ेगी।" दूसरे टुकड़े को काटते हुए वह बोला। फिर बाकी मिठाई उसने उठाई और अपनी जेबों में रख ली। मैं तो तमतमा गया और बमुश्किल अपना गुस्सा रोका।

'तनु ने मेहमानों के लिए यह मिठाई क्यों भेजी?' मैं अपने आप से भुनभुनाता रहा।

"अच्छा सर, एक ठो और पैरवी है। वो जो अनूपगढ़ का थाना प्रभारी है, उसे बदल दीजिए। सुना है, गलत लोगों से उसकी मिली-भगत है!"

मैं अनूपगढ़ के एस.एच.ओ. को जानता था। बहुत अच्छा अधिकारी था। झा की बेमतलब की सलाह ने मुझे मेरे आपे से बाहर कर दिया।

पहले ही मेरी पसंदीदा मिठाई उसने जेबों में भर ली थी।

"तुम्हारी हिम्मत कैसे हुई? बाहर निकलो! अभी बाहर जाओ!" मैं उस पर गुस्से में बरसा।

झा मुँह लटकाए वापस लौट गया।

बाहर जाकर उसने अपने साथियों से कहा, "बढ़िया रहा। अमित भैया ने बड़ा खयाल रखा। भाभी खुद आईं और मुझे ये मिठाइयाँ दीं।" जेब में से मिठाई निकालते हुए वह बोला।

"लो, खाओ।" सबको मिठाई देते हुए वह बोला।

"और हाँ, आगे से कुछ काम हो अमित भैया से तो बताना, हो जाएगा।" झा ने विजेता की तरह कहा।

"अच्छा, अभी तुमको बताते हैं।" मेरे बॉडीगार्ड अभय ने कहा। दुर्भाग्य से, झा के लिए उसने मेरी फटकार सुन ली थी। वह झा को घसीटता हुआ मेरे चैंबर में ले आया।

"अरे, ये फिर आ गया!" मैं खीज गया।

"हम लाए हैं।" अभय बोला और बाहर का पूरा वाकया मुझे सुनाया।

"आपने मुँह तो मीठा कर ही लिया है, अब कुछ नमकीन खा लीजिए।" मैं बोला।

अभय ने झा को घूरा और उसकी ओर धमकाते हुए बढ़ा। झा बिलबिलाया और जल्दी से भागा। उसके बाद कोई भी पूरे दिन मिठाई खाने नहीं आया।

☐

मेरा फोन बज उठा।

"सर, प्रमोद बोल रहा हूँ, एस.एच.ओ. खाजेकलाँ।"

"पटना के एक प्रसिद्ध व्यापारी मणी प्रभात चौरसिया कल दोपहर से गुम हैं।"

"तुमने प्राथमिक जाँच कर ली क्या?" मैंने पूछा।

"सर, मैं उनके घर पर ही हूँ। चौरसियाजी काफी प्रभावशाली और सम्माननीय हैं, इसलिए जनता थोड़ी उत्तेजित है; क्योंकि अभी तक उनका कोई सुराग नहीं मिला है। कई लोगों ने षड्यंत्र की संभावना जताई है।" वह बोला।

"मैं आ रहा हूँ।" कहते हुए मैंने अभय को गाड़ी निकालने और पुलिस

बल को सतर्क करने का इशारा किया।

अभय कुरता-पाजामा पहने था, माथे पर टीका लगा हुआ था। मैंने पहली बार उसे यूनिफॉर्म के अलावा कुछ पहने देखा था। मेरे बॉडीगार्ड की हैसियत से अभय और उसका भाई अजय दोनों मेरी परछाईं की तरह रहते थे। जब भी मैं बाहर जाता, किसी निजी कार्यक्रम के लिए भी, वे हमेशा यूनिफॉर्म में अपनी कारबाइन व पिस्टल लिये साथ रहते थे।

अभय किसी भी समय ड्यूटी के बुलावे का अभ्यस्त था, तुरंत अपने बैरक में वरदी पहनने चला गया।

"तनु, बस थोड़ी देर में आता हूँ।" मैंने कहा।

"ठीक है। पूरी रात बाकी है दीवाली के लिए।" वह बोली। पुलिसकर्मी की बेटी होने के नाते उसे मेरी नौकरी समझने में आसानी हो गई थी।

□

पूरा पटना रोशनी और दीयों से सजा था। पटाखों के शोर में सब गुम था। मेरी जिप्सी सजे हुए बाजारों से निकल रही थी। मेरा मस्तिष्क त्योहार की सुंदरता ग्रहण नहीं कर पा रहा था।

एस.एच.ओ. प्रमोद चौरसिया के घर के बाहर खड़ा इंतजार कर रहा था। मैंने वहाँ जमा भीड़ को देखा, काफी लोग इकट्ठा थे—कुछ तो जिज्ञासावश और जाँच में सहायता करने के लिए आए थे।

"सर, चौरसियाजी घर में अकेले ही रहते थे; हालाँकि, उनके लड़कों के अहमदाबाद में जमे हुए बिजनेस हैं। चौरसियाजी ने उनके साथ रहने के लिए मना कर दिया था। उनको अपने पुश्तैनी घर में रहना ज्यादा पसंद था।" प्रमोद ने बताया।

"तो उनकी और घर की देखभाल कौन करता था? उनका कोई स्टाफ या नौकर तो होगा?" मैंने पूछा।

"सर, हम हैं चौरसियाजी के साथ। हमारा नाम गौतम है। वे हमारे पिता समान हैं। मैं तो उन्हें 'पापाजी' कहता हूँ।" एक युवा लड़के ने कहा।

"हाँ, कल उनके साथ थे तुम? कहाँ गए थे वो? कोई फिरौती के लिए फोन आया था क्या?" मैंने पूछा।

"सर, हम तो फतुहा गए थे एक दोस्त से मिलने। हमें नहीं पता।" गौतम ने उत्तर दिया।

जिस तरह से उसने यह कहा, मुझे लगा कि कुछ ठीक नहीं है। यह मेरी अप्रत्यक्ष भावना थी। मुझे उस लड़के पर विश्वास नहीं हुआ। जैसे किसी डॉक्टर को मरीज को देखकर ही उसकी बीमारी का अंदाजा हो जाता है, एक पुलिसवाले की भी किसी व्यक्ति के चरित्र के बारे में समझने की सहज शक्ति विकसित हो जाती है।

"किसी ने चौरसियाजी को जाते देखा?" मैंने आसपास खड़े लोगों से पूछा।

एक व्यक्ति आगे आया भीड़ में से।

"सर, हम देखे हैं। अकेले निकले थे स्कूटर पर। हम उनके नौकर हैं—राम प्रकाश।"

"और कुछ याद है आपको?" मैंने कोई सुराग मिलने की आशा से पूछा।

"सर, वो निक्कर-बनियान में निकल गए।" नौकर ने जवाब दिया।

मैं अनुमान लगाने की चेष्टा कर रहा था कि क्या हुआ होगा? क्या जल्दी थी?

"सर, एक फोन आया था। उसके तुरंत बाद वे निकल गए।" आगे बताया राम प्रकाश ने।

मैंने सिर हिलाया और प्रमोद को अलग ले गया। "चौरसिया के सेलफोन की टावर की लोकेशन पता है क्या?" प्रमोद से मैंने पूछा।

"नहीं सर, चौरसियाजी के पास सेलफोन नहीं था।" प्रमोद ने बताया।

"फिर लैंडलाइन का ब्योरा लीजिए। काफी संभावना है कि उनको किसी अच्छी जान-पहचानवाले ने फोन किया हो। या तो कोई आकस्मिक घटना हुई होगी या फिर कहीं आसपास में ही गए होंगे। नहीं तो कोई निकर-बनियान में क्यों निकलेगा?"

"सर, सही कह रहे हैं आप।" प्रमोद बोला।

"मेरे खयाल से, यह अपहरण का मामला नहीं है। अगर होता तो उनके बच्चों या किसी रिश्तेदार के पास फोन आता।" मैंने कहा। "उनकी किसी से

लड़ाई थी क्या? कोई जायदाद का मामला?"

"सर, अभी तक जो पता चला है, उसके हिसाब से तो वह अकेले थे। उनकी किसी से कोई दुश्मनी नहीं थी।" प्रमोद बोला।

"और गौतम, ये मुँहबोला बेटा?"

प्रमोद ने कंधे उचका दिए।

"तुम उनके परिवार के विषय में पता करो। कोई बुरी आदतें थीं क्या? कोई जुआ खेलना वगैरह? कैसे साथी हैं उनके?" मैंने आगे पूछा।

"सर, चौरसियाजी के और नजदीकी लोगों से पूछते हैं। कुछ रिश्तेदारों से भी मिलते हैं। उम्मीद है, कुछ जरूरी जानकारी मिल ही जाएगी।" प्रमोद ने उत्तर दिया।

पटाखों के शोर में पूछताछ करना मुश्किल हो रहा था। मैं तो एकदम भूल ही गया था कि आज दीवाली है और तनु मेरा इंतजार कर रही होगी।

"पी.आई.आर. से सब अस्पतालों को चेक करने की सूचना भेजो, अगर चौरसियाजी का कोई एक्सीडेंट हो गया हो। स्कूटर की डिटेल पुलिस थानों में भेजो, देखो, किसी को मिला हो तो। और कोई खबर मिले तो बताना।" मैंने जिप्सी में बैठते हुए कहा।

तनु मेरा इंतजार कर रही थी। अवि पलंग पर सो रहा था। हम दोनों को ही नहीं पता था कि पूजा कैसे करनी है। जैसे-तैसे कर ली, फिर कुछ भजन गाए और आरती की, जो भी आती थी। मैं 'ओम जय जगदीश हरे' गाने लगा तो वह काफी चुभती हुई आवाज में निकला।

"चुन, मत गाओ इतना बेसुरा। भगवान् भी नाराज हो जाएँगे।" तनु ने हँसते हुए कहा।

"माफ करना, स्वीटहार्ट, तुम्हारे साथ दीवाली भी ठीक से नहीं मना पाया।" अवि के बालों में हाथ फेरते हुए मैंने कहा।

"चुन, एक आदमी गुम हो गया है। वह ज्यादा महत्त्वपूर्ण है। तुम उसे खोज लो, हम फिर दीवाली मना लेंगे।" प्यार से उसने कहा।

□

"सर, आपसे पटना सिटी के अग्रवालजी मिलने आए हैं। लगता है,

चौरसियाजी के केस के बारे में बतियाने आए हैं।" अभय बोला। मैं उठा ही था और काम पर जाने की तैयारी कर रहा था।

मैं अपने आवासीय कार्यालय में ही उनसे मिला।

"ए.एस.पी. साहब, मुझे संदेह है कि गौतम ने ही चौरसियाजी के साथ कुछ कर दिया है।" वह बोले।

"ऐसा क्यों सोचते हैं आप?"

"अमितजी, गौतम को चौरसियाजी ने बेटे की तरह पाला है। पर लोभ सबको हो जाता है।"

"गौतम को पता है कि चौसरियाजी अपनी पूरी जायदाद बेटों के लिए ही छोड़ जाएँगे। खून तो खून ही होता है। हालाँकि, गौतम ने उनकी बहुत अच्छी तरह देखभाल की है, पर वे बेटों को ही अपना उत्तराधिकारी बनाएँगे।" अग्रवाल आगे बोले।

मैं ध्यान से सुनता रहा।

"ठीक है, अग्रवालजी, मैं इस पहलू की जाँच भी जरूर करूँगा।" मैंने उन्हें विदा करते हुए कहा।

□

मैंने प्रमोद को अपने ऑफिस में बुलाया।

"प्रमोद, तुमने गौतम की जाँच की क्या? उस पर तुम्हारा संदेह है क्या?" मैंने पूछा।

"सर, गौतम काफी तेज है। उसे अच्छी ज़िंदगी जीने का शौक है। मैंने सुना है कि जुए में उसने काफी पैसा गँवाया है। उसके बारे में मुझे कुछ अच्छा नहीं लगता।" प्रमोद ने उत्तर दिया।

"और उस नंबर की डिटेल मिली क्या, जिससे लैंडलाइन से चौरसियाजी के पास आखिरी बार कॉल आया था?"

"सर, मैंने बी.एस.एन.एल. से पता लगाया है। कॉल आगमकुआँ के किसी पी.सी.ओ. से आया था।"

"फिर?"

"पी.सी.ओ. वाले को कॉल करनेवाले का ध्यान नहीं है। काफी व्यस्त

पी.सी.ओ. है। रोज सैकड़ों लोग कॉल करते हैं।"

"जरूर कोई चौरसिया के नजदीकी जान-पहचानवाला था, जिसने कॉल किया। इसीलिए वे निकर व बनियान में निकल गए।" अपने अंदर के हरक्यूल पॉइरट को जाग्रत् करते हुए मैंने कहा।

"गौतम के बारे में और पता लगाओ। और यह भी पता लगाओ कि वह उस दिन फतुहा गया था कि नहीं।"

"ठीक है सर, मैं एस.एच.ओ., फतुहा, विनोद से पूछता हूँ। वह मेरा बैचमेट है।" प्रमोद बोला।

प्रमोद मेरे पास शाम को मिलने आया।

"सर, फतुहा तो गया था गौतम। मैंने विनोद से गौतम की लोकेशन के बारे में पूछा है। विनोद ने चौकीदार को फतुहा पता लगाने को भेजा और उसने पुष्टि की है कि वह अपने दोस्त के घर गया था। उसके पास ठोस सबूत है।"

"तब तो रास्ता बंद है। हमें जल्दी ही कोई सुराग मिलना चाहिए।"

□

मैं अपने मकान के लंबे बरामदे में घूमता रहा। गार्ड समझ पा रहा था कि मैं प्रसन्न नहीं था। मैं बेतहाशा चौरसिया के मामले में सूत्र ढूँढ़ रहा था, कोई रास्ता।

तभी लैंडलाइन फोन बजा।

"सर से बात कराइए। एस.एच.ओ. फतुहा बोल रहा हूँ।" एक आवाज ने दूसरी ओर से कहा।

"हम ए.एस.पी. बोल रहे हैं।" मैंने कहा।

"सर, मैं अभी फतुहा से आया हूँ। यह गौतम काफी गड़बड़ लग रहा है। उसकी अच्छी प्रतिष्ठा नहीं है। फतुहा में दबी आवाजें आ रही हैं कि शायद उसी ने चौरसियाजी को मार दिया है। मुझे अभी यह सूचना मिली है। सॉरी सर, पहले मैं खुद फतुहा नहीं जा पाया था; दूसरे केस में लगा था।"

"पर तुम्हीं ने तो पुष्टि की थी कि गौतम फतुहा में था।" मैं अपनी निराशा छुपा नहीं पा रहा था।

"सर, वो तो ठीक है। फतुहा तो गया था, पर शायद वह वापस पटना चला गया हो या उसके किसी सह-अपराधी ने अपहरण किया हो।" विनोद बोला।

"सर, थोड़ा कड़ाई से पूछताछ करिए। शायद कुछ बता दे।" फोन बंद करने के पहले विनोद ने कहा।

मैंने फौरन प्रमोद को बुलाया।

"प्रमोद, गौतम के पास सेलफोन है क्या?"

"हाँ, सर। सेलफोन रखना प्रतिष्ठा का प्रतीक है और गौतम बहुत दिखावटी लड़का है। वह महँगी चीजें रखकर अपनी शान दिखाता है।"

"उसके नंबर पर कॉल लगाओ।"

उन दिनों कॉल का ब्योरा मिलने में कुछ समय लगता था। रिलाइंस कम्युनिकेशन का ऑफिस पत्रकार नगर पुलिस थाने के अधिकार-क्षेत्र में आता था। बिहार के सभी जिलों की पुलिस पत्रकार नगर थाने में ही अपने केस की कॉल डिटेल के लिए फोन करती थी। पत्रकार नगर थाने का एस.एच.ओ. बड़ा परेशान व्यक्ति था।

लगातार दो दिन पत्रकार नगर पुलिस थाने फोन करने के बाद कॉल का ब्योरा मिला।

टावर की लोकेशन से पता चला कि चौरसिया के गायब होने के एक दिन पहले गौतम फतुहा में था। अगले दिन गौतम की स्थिति आगमकुआँ थी। चौरसिया को कॉल आगमकुआँ के पी.सी.ओ. से मिली थी। यह कोई संयोग नहीं हो सकता।

मुझे कोई शक नहीं था कि गौतम इसमें शामिल था।

"प्रमोद, गौतम को उठा के लाओ।" मैंने आदेश दिया।

□

"प्रणाम सर!" गौतम बोला। वह तरोताजा दिख रहा था, बाल सावधानी से सँवारे हुए थे।

"कहाँ पर रखा है चौरसियाजी को?" मैं उस पर गरजा।

मैंने यह सीख लिया था कि अगर किसी अपराधी से पूछा कि क्या वह अपराध में शामिल था, तो कभी नहीं मानेगा। पर अगर लगातार इंगित करते हुए प्रश्न पूछा तो उसके टूटने के काफी चांस थे।

"सर, क्या कह रहे हैं? हम उन्हें क्यों मारेंगे? मैं तो उन्हें पिता समान

मानता था।" वह हकलाने लगा। चेहरे की चमक गायब हो गई।

"अरे, लोग पैसे के लिए अपने सगे बाप को मार देते हैं; तो बाप जैसे को मारने में क्या परेशानी है?" प्रमोद बोला।

प्रमोद को बीच में काटते हुए मैं गौतम पर चिल्लाया, "ठहरो, मैंने तो कहा भी नहीं था कि तुमने उनको मारा है! मैंने बस, यह पूछा कि चौरसियाजी को कहाँ रखा है?"

मैं आगे कुछ बोलता, इसके पहले अभय ने गौतम को धकेलना और धमकाना शुरू कर दिया। वह रिरियाने लगा। मैंने अभय को दोबारा धक्का देने के पहले रुकने को कहा।

"हम सब बताते हैं, मारिए मत।" गौतम ने कहा।

"बोल।"

"सर, पिछले कुछ महीनों से मैंने जुए में काफी पैसा गँवा दिया था। मैं स्थानीय जुआरियों को पैसा लौटाने की वजह से काफी परेशान था। मैं पहले तो पापाजी से कोई बहाना करके पैसे माँग लेता था, पर इस बार बहुत बड़ी रकम थी।"

"तू 'पापाजी' बोलने की हिम्मत नहीं करना!" मैंने क्रोध में आकर कहा।

"तो और क्या करें? सारी उम्र उनको पापाजी ही कहा है।" गौतम ने उत्तर दिया।

प्रमोद और मैंने एक-दूसरे को देखते हुए सिर हिलाया।

"मैं 20 लाख रुपए के कर्जे के नीचे आ गया था। एकमात्र तरीका चुकाने के लिए, पापाजी की कुछ संपत्ति बेचनी ही थी। मैंने उन्हें मोटर गैराज बेचकर मुझे पैसा देने को कहा। मैंने सोचा, यह मेरा अधिकार है। आखिर, मैं ही तो उनके पास बड़ा हुआ था। उनके अपने बेटों ने तो बहुत पहले ही उनको छोड़ दिया था। हर रोज मैं ही उनका खयाल रखता था। बीमारी में भी मैं ही सँभालता था। केवल मैं ही उनको कंपनी देता था। मैंने सोचा, मेरी सेवा की वजह से वह मेरी सहायता जरूर करेंगे। पर जब मैंने गैराज बेचने के लिए कहा तो उन्होंने साफ मना कर दिया। उन्होंने कहा कि उनकी सारी जायदाद उनके बेटों को जाएगी।" उसने बताया।

अब उसकी आँखों में घृणा साफ दिख रही थी।

“मैं उदास हो गया। मुझे लगा, मेरे साथ धोखा हो गया है। मैंने पूरा जीवन उन्हें दे दिया था, बदले में मुझे क्या मिला? आखिरकार, अनाथ जैसा ही बरताव मिला।” गौतम ने थूका।

“मैं कुछ दोस्तों से मिला और अपनी परिस्थिति बताई।” वह आगे बोला, “फिर मेरे निकटतम दोस्त राजू आजाद ने सलाह दी कि चौरसियाजी का अपहरण करके गैराज के कागज जबरदस्ती मेरे नाम पर साइन करवा लेते हैं। मैं कागजों को गिरवी रखकर पैसों से उधार चुका देता।”

“इसलिए मेरे दोस्तों ने और मैंने सीधी सी योजना बनाई।” कुछ देर वह रुका, “मेरे दोस्त सुलेमान ने आगमकुआँ में अपने मोटर गैराज के पास के पी.सी.ओ. से उन्हें फोन किया। उसने पापाजी को कहा कि उसके गैराज में मोटर ठीक करते समय मेरी उँगलियाँ कुचल गई हैं। यह सुनते ही पापाजी तुरंत गैराज के लिए निकल पड़े। मैंने यही सोचा था। आखिर वे बहुत प्यार करते थे मुझे।” हमारी तरफ देखते हुए गौतम ने कहा।

“प्यार की बात भी मत करना, मतलबी लड़के।” प्रमोद चिल्लाया।

“फिर? आगे बोल।” मैंने उकसाया।

“जैसे ही वो गैराज पहुँचे, हमने उनको पकड़ लिया और प्रोपर्टी के कागज पर दस्तखत करने को कहा। हमने सोचा, उनको धमकाना आसान होगा, पर बूढ़ा तो काफी कड़ा निकला। उसने मुझे गाली दी और हमको सबके सामने उघाड़ने की धमकी दी।”

गौतम ने लंबी साँस ली और धीमी आवाज में बोला, “हम सबको कोई तजुरबा नहीं था, हम डर गए। हमने उनको गरदन से पकड़ा और कसकर पकड़ते रहे। हमें पता ही नहीं चला कि उनका दम घुट रहा है, और वह मर गए। बलदेव, दूसरे मित्र, ने उनका स्कूटर उठाकर कहीं पटक दिया। आजाद भइया ने शव उठाया और गंगा में फेंक दिया।”

मैं काँप गया, यह सुनकर कि इन लोगों ने पैसे के लिए क्या कर डाला! मैं अपने गुस्से को फिर काबू नहीं कर पाया और सारा गौतम पर निकाल दिया। वह जमीन पर जा पड़ा। उसका चेहरा भावहीन था।

"प्रमोद, केस सॉल्व हो गया। पर हमें इसमें लिप्त सब लोगों को पकड़ना पड़ेगा। टीमें बनाओ और काम शुरू करो। एक बार चौरसियाजी का शव और स्कूटर मिल जाए, फिर हमारे पास इन बदमाशों के खिलाफ सबूत हो जाएगा।" मैंने कहा।

"हाँ जी, सर!" प्रमोद ने सैल्यूट किया और कमरे से बाहर निकल गया।

पाँच घंटे में सुलेमान और बलदेव मिल गए, पर राजू आजाद—सबका मास्टर माइंड—नहीं मिला।

मैंने अग्रवालजी, पटना के बुजुर्ग व्यापारी, को फोन मिलाया, "अग्रवालजी, आप ठीक कह रहे थे। हमने केस सॉल्व कर लिया। गौतम ही चौरसियाजी के गायब होने के पीछे था।"

"ईश्वर की कृपा है। अब हम चौरसियाजी को जल्दी घर ले आएँगे।" वह प्रसन्नता से बोले।

मैं उनको सीधे ही चौरसियाजी की हत्या की खबर नहीं दे पा रहा था।

"आप राजू आजाद को जानते हैं?" मैंने उनसे पूछा।

"हाँ, जरूर। काउंसलर गणेश आजाद का भतीजा है। उसके ठिकाने का पता करूँ क्या?"

"कृपया गणेश आजाद से मेरा संपर्क करवाइए।"

"जरूर सर, कल उसे लेकर हाजिर होते हैं।"

"कल नहीं, अभी, अग्रवालजी।" मैंने कहा।

"ठीक है, सर, पर काफी अजीब समय है। सुबह के 6 बजे हैं।"

"हाँ, मालूम है। पर कृपया अभी करिए प्रयास।"

समय ही महत्त्वपूर्ण था। अगर राजू आजाद को पता चल गया कि उसके साथी गिरफ्तार हो चुके हैं तो वह गायब हो जाएगा।

लगभग पंद्रह मिनट बाद गणेश आजाद से संपर्क हुआ। उसका कॉल आया।

"सर, प्रणाम। मैं गणेश आजाद बोल रहा हूँ। अग्रवालजी ने कहा कि आप याद कर रहे थे।" वह बोले।

"गणेशजी, मुझे पता है, आप एक सम्माननीय काउंसलर हैं और पटना से

एम.एल.ए. के टिकट की कतार में हैं। पर आपकी संभावनाएँ गिर जाएँगी, यदि मैं एक गुप्त राज खोल दूँ।"

"सर, हम कुछ समझे नहीं!" चिंतित आजाद बोले।

मैंने चौरसिया मामले के बारे में बताया और राजू आजाद की इसमें भूमिका भी बताई।

"अगर अगले कुछ ही घंटों में आप उसे लेकर मेरे पास नहीं आते हैं तो मैं आपके घर पर रेड करने आऊँगा। पीछे-पीछे मीडिया भी पहुँच जाएगी।" मैंने धमकाया।

"सर, थोड़ा टाइम दीजिए।"

"ज्यादा समय नहीं है आपके पास।"

आजाद को पता था कि चौरसिया पटना में मशहूर थे। यदि चौरसिया कांड में पुलिस उनके घर पहुँची तो आजाद व्यापारी संगठनों में अपनी साख खो देंगे। पटना में व्यापारी बहुसंख्य वोटर थे।

जल्द ही वे मेरे दफ्तर आ गए—और उनके साथ भतीजा राजू आजाद भी।

मैंने अपना गुस्सा और अपनी घृणा साफ दिखाते हुए राजू को घूरा।

"सर, बहुत बड़ी गलती हो गई।" राजू ने फौरन कहा। वह समझ गया था कि पुलिस ने सच्चाई निकाल ही ली थी।

"लाश को कहाँ फेंका?"

"सर, चलिए, मैं दिखाता हूँ, कहाँ है।" राजू बोला।

अभय और अजय ने उसे जिप्सी में डाला। काउंसलर आजाद मेरे ऑफिस के बाहर अवाक् खड़े रह गए। उनको विश्वास नहीं हो रहा था कि उनके भतीजे ने चौरसियाजी की हत्या कर दी थी।

"पी.आई.आर, आलमगंज गंगा घाट पर कम-से-कम छह टीमें भेजो।" मैंने वायरलेस पर आदेश दिया।

घंटे भर से हम घाट को छान रहे थे। सब जगह ढूँढ़ा, पर लाश नहीं मिली। हमारी उम्मीद खत्म हो रही थी।

"सर, लाश नदी के साथ बह गई होगी।" एक पुलिस अफसर राजी अहमद ने कहा ।

"ठीक कह रहे हैं। पर कहीं तो लाश सतह पर आएगी।" मैंने कहा। अँधेरा हो रहा था। पुलिसवालों और गोताखोरों के लिए भी काफी जोखिम का काम था रात में करना। गहरे पानी में गंगा में एक बिंदु से आगे जाना खतरनाक होता है। निराश होकर हम लौट आए।

लौटते समय मेरे पास वायरलेस पर सूचना आई।

"सर, हमें स्कूटर मिल गया है। बलदेव ने दिखा दिया।" मैंने राहत की साँस ली। "कम-से-कम हमारे पास स्कूटर तो है।" प्रमोद बोला।

"पर हमें फिर भी चौरसियाजी का शव तो मिलना ही चाहिए।" मैं बुदबुदाया।

मैं घर पहुँचा। मैं धीरे-धीरे घर की सीढ़ियाँ चढ़ रहा था कि अभय भागा हुआ मेरे पास आया।

"सर, बड़ा बाबू आलमगंज बात करना चाहते हैं।" मुझे अपना सेलफोन देते हुए उसने कहा।

मुझे आश्चर्य हुआ। मुझे नहीं पता था कि अभय के पास सेलफोन है।

मैंने उसका फोन लिया और कहा, "हाँ, बोलिए।"

"सर, हमारे पास एक लाश है। घाट से लगभग 5 किलोमीटर दूर कुछ मछुआरों ने पानी में तैरते देखा था।"

"ठीक है, पोस्टमार्टम के लिए ले जाओ और बॉडी की तसवीरें भी ले लेना।" मैंने विराम लिया। हम केस के समापन तक पहुँच गए थे। पर मैं अवसन्न रह गया था। मुझे ऐसे मामलों से नफरत थी, जहाँ अंततः हम हत्या की गुत्थी सुलझा लेते थे। इसके बजाय अपहृत या गुमशुदा मामले के शिकार का सुरक्षित घर पहुँचाना ज्यादा ठीक लगता था।

मैंने अभय की ओर देखा और कहा, "लगता है, अब एक सेलफोन लेना ही पड़ेगा। काफी काम का है।"

□

22

डी हो गई

"अमित, बधाई हो! तुम्हें एस.पी., नालंदा नियुक्त कर दिया गया है। यह काफी प्रतिष्ठित पद-भार है। तुम काफी भाग्यशाली हो कि पुलिस अधीक्षक की तुम्हारी पहली नियुक्ति तुम्हें यह मिली है।" मेरे एक ट्रेनर पंडित सर ने कहा, "मुझे खुशी है कि मैं अपना चार्ज अपने ही एक प्रोबेशनर को दे रहा हूँ।"

एस.पी. के पद पर मेरी नियुक्ति की खबर सुनकर मैं बहुत प्रसन्न था। कुछ परिस्थितियों की वजह से और कुछ मेरी क्रमिक वरिष्ठता के कारण अपने बैच में मैं सबसे पहले एस.पी. बना। मैं जिले की पुलिस के प्रमुख के तौर पर कार्य करने के लिए काफी उत्साहित था। जिम्मेदारियाँ काफी चुनौतीपूर्ण थीं, साथ ही बेहद संतोषजनक भी और यह एक पोस्ट होती है, जिसे कोई भी आई.पी.एस. लेने के लिए इच्छित रहता है।

तनु और मैंने घर पर एक छोटा सा उत्सव मनाया।

हमने अपने माता-पिता और कुछ मित्रों को फोन भी किए।

अगले दिन, मैं नालंदा के लिए निकल पड़ा। पटना से दो घंटे का रास्ता था। नालंदा पहुँचने पर पंडित सर ने मेरा स्वागत किया।

"बैठो, अब यह तुम्हारी कुर्सी है। बहुत जिम्मेदारी का काम है एस.पी. का।" पंडित सर ने प्यार से कहा।

□

एस.पी. बनने का अहसास बिल्कुल अलग था। पहली बार कुर्सी पर, टेबल की दूसरी तरफ बैठकर समझ आया कि कठिनाइयाँ काफी थीं और

सीमित संसाधन थे। लंबी बैठकों के बाद शाम को घर पहुँचा तो घर के बाहर अपनी नेमप्लेट देखकर गर्व महसूस हुआ—'अमित लोढ़ा, आई.पी.एस.; पुलिस अधीक्षक, नालंदा'। मैंने घर का मुआयना किया और ओंकार पांडे, रसोइया व अर्दली, को निर्देश दिए कि घर में रंग-रोगन करवा दे।

कुछ भी और करने की ऊर्जा नहीं बची थी, इसलिए मैं फौरन लेट गया। अगले दिन फोन बजने से मैं जागा।

"हाँ, बोलो।" मैंने दो-टूक कहा।

"सर, बड़ा बाबू, राहुई बात करना चाहते हैं।" टेलीफोन अर्दली ने कहा। टेलीफोन अर्दली का होना थोड़ा अजीब लग रहा था; पर अब उसका होना अच्छा था। पिछली शाम को जिस खटारा एंबेसडर से मैं आया था, वह भी आधिकारिक महसूस हो रही थी, मेरी जिप्सी से ज्यादा। जब मैं प्रसन्नता से एस.पी. और ए.एस.पी. के बीच अंतर सोच रहा था। अर्दली ने कॉल ट्रांसफर कर दी।

"सर, D हो गई है ?" एस.एच.ओ. बोला।

"D ? क्या है D ?" मैंने पूछा।

"सर, डकैती हो गई है। सब बरबाद हो गया है। और सर, घर के दो लोगों को पीट-पीटकर मार डाला गया है।" एस.एच.ओ. रोने लगा।

"तुम रो क्यों रहे हो ?" मैंने थोड़ा नाराज होकर कहा।

"सर, हम अभी ज्वॉइन किया था। मैं नया एस.आई. बना हूँ। और ये अपराध हो गया। मैं नाकाम रहा आपके लिए।" एस.एच.ओ. बोला।

"क्या नाम है तुम्हारा ?"

"सर, निखिल एस.आई., '94 बैच।"

"निखिल, अपनी भावनाओं पर नियंत्रण रखो। अपराध तो होंगे ही। हमारा काम है कि अपनी सवश्रेष्ठ काबिलियत से अपराध होने से रोकें। अगर अपराध होने से बचा नहीं सकते, जैसा कि इस मामले में है, तो यह महत्त्वपूर्ण है कि हम मामले की अच्छी तरह छानबीन करें और अपराधियों को गिरफ्तार करें। इसीलिए, तुमको और हमको यहाँ नियुक्त किया गया है। अब रोना बंद करो।" बड़े भाई की तरह मैंने उससे कहा।

मैंने प्रशिक्षण के दौरान यह समझा था कि एस.पी. हमेशा अपनी भावनाओं

को संयमित रखते हैं और मुश्किल समय में भी शांत नजर आते हैं। एस.पी. का काम था कि पुलिस बल की हौसला-अफजाई करते रहें।

जो हुआ, उसके लिए मुझे खेद था; पर सबको जताने से कुछ हासिल नहीं होता। उनका मूड मेरे मूड से प्रभावित होता। यह बहुत ही खराब बात थी कि जहाँ भी कार्यभार ग्रहण करता, वहाँ कोई-न-कोई गंभीर अपराध की सूचना मिल जाती।

"हाँ जी, सर। जय हिंद! सर, धन्यवाद।" निखिल ने उत्तर दिया। मैं जिप्सी में बैठा, जिसे मैं लंबी दूरी पर जाने के लिए इस्तेमाल करता था। अपने गाड्र्स के साथ राहुई के लिए रवाना हुआ।

"सर, यह तो अच्छा शगुन है—आते ही अपराध हो गया। अब आगे नहीं होगा।" ड्राइवर मंगेश्वर, जो बहुत बातूनी था, बोला।

उसके मूर्खतापूर्ण सिद्धांत पर उसे फटकारने का मन था; पर लगा कि वो भलाई सोच रहा था। मैं उसे याद दिलाना चाहता था कि बहुत बुरा उन लोगों के साथ हो चुका था, जो लूटे गए या मारे गए थे।

□

निखिल अपराध की जगह पर मौजूद था। "घर के मालिक ने बताया कि करीब छह या सात लुटेरे घर में घुस गए थे और जेवरात व नकदी लूट ली थी। फिर घरवालों से मार-पीट भी की।" वह बोला।

"तुम्हारे पास फिंगर प्रिंट किट है क्या? फोरेंसिक टीम को बुलाया क्या?" मैंने घर में चारों तरफ सुराग ढूँढ़ते हुए कहा।

वह मेरी ओर शून्य दृष्टि से देखने लगा।

कुछ देर चुप रहने के बाद इंस्पेक्टर विजय यादव बोला, "सर, ये सब फैसिलिटीज यहाँ कहाँ होंगी? ये सिर्फ राजधानी पटना में मिलेंगी।"

"हाँ, फिर तो कुत्ता भी नहीं होगा?" मैंने पूछा।

"सर, कोई बात नहीं; पर हम अपराधियों को पकड़ लेंगे।" विजय ने आत्मविश्वास से कहा।

मैंने सब परिवारवालों के बयान लिये।

"सर, हम कह रहे हैं। हमारे परिवार को मुन्ना पहलवान और उसके लोगों

ने मारा है।" परिवार के सबसे बूढ़े आदमी हारून ने कहा। रोचक तथ्य यह था कि परिवार के किसी भी और सदस्य ने मुन्ना पहलवान का नाम नहीं लिया। बल्कि, वे कह रहे थे कि वे किसी भी लुटेरे को नहीं पहचानते।

"अनजाने चेहरे थे।" परिवार की एक महिला ने कहा।

"सर, मुन्ना दूसरे समाज से है। हारून और मुन्ना की आपसी लड़ाई संपत्ति विवाद को लेकर बहुत पुरानी है। हो सकता है, मुन्ना इस मामले में लिप्त हो।" विजय बोला।

निखिल तो नासमझ था, चुप रहा।

"पर विजय, परिवारवालों के बयानों में तो मतभेद है। हमें तो साक्ष्य पर चलना होगा। मुझे जहाँ तक दिख रहा है, यह किसी पेशेवर अपराधी का काम है। यह कोई योजनाबद्ध अपराध नहीं है।" मैंने कहा।

□

मैं घर पहुँचा और बेडरूम को गहरे हरे रंग में पेंट किया हुआ एवं गुलाबी परदे देखकर हैरान रह गया।

"ये सब किसने किया?" मैंने नाराजगी से पूछा।

"हुजूर, ठेकेदार आए थे। बोले, साहब जवान हैं, उन्हें ऐसे रंग अच्छे लगेंगे।" मेरे अर्दली ओंकार ने उत्तर दिया।

"ओंकार, कम-से-कम फोन करके मुझसे पूछ लिया होता। ठेकेदार को फिर से बुलाओ। मैं उसे अपनी पसंद बता दूँगा।" मैं गरजा।

मैं पेंट का रंग और गंध सहन नहीं कर पा रहा था, इसलिए बगीचे में टहलने के लिए चला गया।

अचानक, मैंने टेलीफोन अर्दली तारिक को कॉर्डलेस फोन लिये मेरी ओर भागते हुए आते देखा।

"सर, सर! पटना से बड़े साहब का फोन है।"

थोड़ी बेचैनी से मैंने फोन ले लिया।

"आपके यहाँ दो कास्ट के लोगों का मर्डर हुआ है?" दूसरी ओर से निश्चित रूप से परिचित आवाज आई।

"हाँ, सर। दो लोगों की हत्या हुई है। मुझे उनकी कास्ट का नहीं पता, पर

मैं स्वयं जाँच की निगरानी कर रहा हूँ।" मैंने उत्तर दिया।

"आप जिले के एस.पी. हैं। आपको लोगों की जाति और समुदाय पता होने चाहिए। नहीं तो फेरा में पड़ जाएँगे।" वे बोले और कॉल काट दी।

"फेरा में पड़ जाएँगे! इसका क्या मतलब होता है ?" मैंने तारिक से पूछा।

"आप संकट में पड़ जाएँगे।" उसने उत्तर दिया।

□

अगले दिन, बड़े साहब खुद हारून के परिवार से मिलने गए। उनका आना अचानक हुआ था, पर अनपेक्षित नहीं था। हारून जिस समुदाय से था, वह काफी प्रभावशाली था।

"हम ऐलान करते हैं कि पुलिस जल्दी ही मुन्ना पहलवान को गिरफ्तार करेगी।" उन्होंने वहाँ एकत्र भीड़ के सामने घोषणा की।

"परंतु सर, इन्वेस्टिगेशन चल रहा है। ये डकैती तो किसी पेशेवर गैंग की लग रही है।" मैंने आई.जी. से शिकायत की, जो बॉस के साथ आए थे।

"लोढ़ा, बॉस ने फैसला कर दिया। अब बहस मत करो, निर्देशों का पालन करो। मैं सर्विस में काफी दिनों से हूँ और पता है कि चीजें कैसे चलती हैं! तुम्हारा आदर्शवाद जल्दी ही मर जाएगा।" आई.जी. आर.के. कृष्णा ने कहा।

"पर सर, आप तो अपनी दृढ़ता के लिए जाने जाते हैं। आप तो पुलिस की ओर से कुछ कह सकते थे।" मैंने कहा।

कृष्णा सर मुसकराए और बोले, "पता है तुम्हें, जब मैं तुम्हारी तरह युवा एस.पी. था, तब मेरे एक एस.एच.ओ. ने कहा था मुझे—सर, आप लोग बैंबू प्लांट की तरह होते हैं। जितने ऊँचे पद पर जाते हो, उतना ही झुकते जाते हो।"

फिर हम चुप रह गए।

"एस.पी. साहब, जल्दी ही गिरफ्तारी होनी चाहिए।" बिग बॉस ने गाड़ी में बैठते हुए आदेश दिया।

मोटर कारों की कतार रवाना हुई और पीछे धूल का गुबार छोड़ गई।

□

निखिल हालाँकि नया पुलिसवाला था, काफी मेहनती था और जाँच को काफी गंभीरता से ले रहा था।

"सर, मैंने हारूनवाले मामले में अपराधी पकड़ लिये हैं।" दो दिन बाद उसने विजेता के रूप में मुझे फोन किया।

मैं रहुई पुलिस थाने पहुँचा। अपराधियों ने अपना अपराध स्वीकार कर लिया था। उन्होंने हमें लूट के जेवरात और हत्या के हथियारों को भी बरामद करवा दिया। उनके खिलाफ कई पुराने केस भी थे। हमने हारून को पुलिस थाने बुलाया।

"क्या यह तुम्हारा सामान है? ये गहने?" निखिल ने पूछा।

"सर, ये मेरे ही गहने हैं। बहुत-बहुत धन्यवाद।" उसने खुशी से कहा।

"पर तुम तो कह रहे थे, मुन्ना पहलवान डकैती किया है!" मैंने गुस्से में कहा।

"सर, वो तो हम ऐसे ही कह दिए थे। वो मेरा दुश्मन है, इसलिए मेरा शक उस पर था।" हारून ने प्रत्युत्तर दिया।

मैं अपने दफ्तर वापस आया और तुरंत रिपोर्ट जारी की कि मुन्ना पहलवान निर्दोष है, असली अपराधी गिरफ्तार किए जा चुके हैं।

□

"अमित, तुमने अपनी रिपोर्ट बदल दी है क्या? तुमने रहुई डकैती-हत्या मामले के पहलेवाले अपराधी के नाम हटा दिए?" ए.डी.जी., पटना की नाराजगी भरी आवाज आई।

"हाँ, सर, पर अच्छी तरह जाँच-पड़ताल करने के बाद।" मैंने उत्तर दिया।

"मुझे उसके बारे में नहीं पता, पर तुम अपना सामान समेटो। शायद तुमको अरवल स्थानांतरित किया जाएगा। और हाँ, डी.आई.जी. ने निखिल कुमार को भी तुरंत प्रभाव से निलंबित करने के लिए कहा है।" ए.डी.जी. ने कहा।

"लेकिन सर…" मैंने विरोध किया, केवल फोन कटते हुए सुनने के लिए।

मैं निराश हो गया। मैंने सही कार्य किया था, फिर भी मेरा नालंदा की पोस्टिंग से इतने कम दिनों में तबादला कर दिया जा रहा था। अरवल तो बिहार की सबसे पिछड़ी जगहों में से है और यह भी अफवाह थी कि ये सबसे मुश्किल पोस्टिंग होती है।

"आप पापा से बात करके देखो।" तनु ने सलाह दी, ए.डी.जी. के साथ मेरी बातचीत सुनने के बाद।

"बेटा, मेरे खयाल से, तुम्हें बिग बॉस से बात करनी चाहिए। हो सकता है, वे सच्चाई की कद्र करें। कम-से-कम तुमने कोशिश तो कर ली होगी।" मेरे ससुर ने एक पुलिस ऑफिसर के रूप में अपने लंबे अनुभव से सोचकर कहा।

मैंने बिग बॉस का नंबर मिलाया, "मैं एस.पी. नालंदा बोल रहा हूँ। मुझे सर से बात करनी है।"

"अच्छा, सर, देखते हैं साहब का मूड़।" पी.ए. ने जवाब दिया।

कुछ क्षण निकले। मुझे अनंत लग रहे थे।

"हाँ, बोलिए।" जानी-पहचानी आवाज आई।

"सर, मुझे पता चला है कि मेरा ट्रांसफर होने वाला है। मैंने वही किया, जो सही था। अगर मुझे सही करने की सजा मिलेगी तो मैं बहुत निराश हो जाऊँगा।" एक साँस में मैं बोलता गया।

"ऐसी बात है? पता करता हूँ।" वह बोले और फोन रख दिया।

एक घंटे बाद, पटना से कॉल आया। "एस.पी. साहेब, बड़े साहब बात करेंगे।" पी.ए. बोला।

"एस.पी. साहब, आप ठीक कह रहे थे। बढ़िया से काम करिए।" बिग बॉस बोले।

"थैंक्यू सर!" मैंने उल्लसित होकर कहा।

"सर, एक और बात।" मैंने जल्दी से जोड़ा। "एस.आई. निखिल कुमार को बिना किसी गलती के निलंबित कर दिया गया है।"

"अच्छा, तो ऐसा करते हैं, उसको रिलीज करा देते हैं। पर वापस रहुई में पोस्टिंग मत करना। कुछ हमारी बात रहे। उसे किसी भी और महत्त्वपूर्ण पुलिस थाने में भेज दो।" वह बोले।

"और हाँ, आगे से ऐसी बातें फोन पर नहीं करना।" बिग बॉस ने कड़ाई से कहा।

मैं अत्यंत प्रसन्न था। मेरे दिमाग में नेताओं की बहुत ही अलग छवि थी, विशेषकर बिग बॉस की; पर मुझे डरने की कोई जरूरत नहीं थी। और कितना अच्छा रहा कि अपनी बात से हिला नहीं। एक अधिकारी की हैसियत से मैंने सत्य का साथ दिया था और दूसरी दिशा में गलत कदम नहीं उठा सकता था।

मैंने कृष्णा सर को फोन किया और सारी बातचीत उनको बताई।

"मैं आशा करता हूँ, तुम हमारी तरह बाँस के पेड़ नहीं बनोगे। वेल डन, बॉय। तुम पर गर्व है।" वह बोले।

मुझे बहुत खुशी है कि वह एक कॉल कर पाया। मैं तीन साल तक नालंदा का एस.पी. बना रहा।

□

"सर, आपको और ए.डी.जी. सर को बड़ा साहब ने बुलाया है।" नालंदा के एम.एल.ए. ने कहा।

"ठीक है, मैं आता हूँ।" मैंने कहा और जल्द ही पटना के लिए निकल गया।

ए.डी.जी. और मैं बिग बॉस के आलीशान बँगले पर पहुँचे।

कुछ देर बाद, पी.ए. ने हमें आउट हाउस की तरफ भेजा। वह एम.एल.ए. वहाँ इंतजार कर रहा था। बिग बॉस ज्यादातर वहाँ दोपहर का विश्राम करते थे।

"सर आपको अंदर बुला रहे हैं।"

ए.डी.जी. अपने जूते उतारने लगे।

"सर, आप क्या कर रहे हैं?" मैंने आश्चर्य से आँखें फाड़ते हुए पूछा।

"अरे, हम उनके बेडरूम में जा रहे हैं। गंदा क्यों करें?" ए.डी.जी. ने उत्तर दिया।

मैंने तो जूते उतारने की सोची भी नहीं। अंदर बिग बॉस पलंग पर लेटे थे। कोई नौकर मालिश कर रहा था। काफी हास्यास्पद नजारा था।

मैंने प्लास्टिक की एक कुर्सी खींची और बैठ गया। ए.डी.जी. सर को भी बैठने का इशारा किया; पर उन्होंने अनदेखा कर दिया।

बिग बॉस ने कुछ बातों पर चर्चा की और मुझे भेज दिया।

कुछ दिनों बाद नालंदा का एम.एल.ए. मुझे बड़ी सी मुसकान दिखाते हुए मिला।

"साहब कह रहे थे, एस.पी. बहुत 'इनोसेंट' है।"

"क्यों?" मैंने पूछा।

"हा-हा! बोले, ए.डी.जी. नहीं बैठे, पर उसने कुर्सी खींची और बैठ गया।"

"तो क्या नहीं बैठना था?" मैंने पूछा।

"नहीं-नहीं, ऐसा नहीं है। असल में, उनके सामने कोई नहीं बैठता। परंतु मजेदार बात यह है कि न तो वो किसी को बैठने से मना करते हैं, न ही बैठने के लिए कहते हैं। आपका आत्मसम्मान आपके हाथ में है।" एम.एल.ए. बोला।

उस दिन, एक सीख और मिली—आपको स्वयं को सम्मान देना पड़ेगा, यदि आप दूसरों से अपने सम्मान की अपेक्षा करते हैं।

□

23
रिक्शेवाले का अपहरण

जैसे ही मैं व्यवस्थित हो गया, मैं अपने क्षेत्र के सभी पुलिस थानों का दौरा करने लगा। एक दौरे के समय मैंने एस.एच.ओ. के चैंबर में कुछ बक्से रखे देखे।

"बड़ा बाबू, ये इतने सारे कार्टन क्यों रखे हैं?" मैंने पूछा।

मैं जानने को उत्सुक था, क्योंकि ऐसे डिब्बे मैंने और थानों में भी देखे थे।

"अरे सर, ये तो पुराने साहब (डी.सी.पी.) के गानों के कैसेट्स हैं। वो बहुत गाने गाते थे। इसलिए उन्होंने अपने गानों की कैसेट्स रिलीज करवाई थीं।" एस.एच.ओ. मालती ने उत्तर दिया।

"पर ये कैसेट्स यहाँ क्या कर रही हैं?"

"सर, डी.एस.पी. साहब बोले हैं इनको बिकवाने के लिए।"

"और तुम इनको बेचोगे कैसे? थाने में दुकान खोल रखी है क्या?" मैंने गुस्से में पूछा।

"अरे सर, बिल्कुल भी मुश्किल नहीं है। जो भी थाने में केस कराने आता है, हम उसको इस कैसेट के बारे में बताते हैं। फिर उन पर है कि वे खरीदते हैं या नहीं।" मालती ने तत्परता से कहा।

"मुझे विश्वास नहीं हो रहा, मालती। यह बिल्कुल अस्वीकार्य है। है क्या इन कैसेट्स में? एक टेप चलाओ। सुनें, कैसा गाना है?"

मालती ने एक कैसेट निकाला कार्टन में से। कवर पर एक भद्दे से डांसर का चित्र था।

"जाओ, टेप रिकॉर्डर लाओ।" मालती ने सिपाही से कहा।

दस मिनट बाद मैंने अब तक का सबसे बुरा संगीत सुना। डी.एस.पी. ने कान फाड़नेवाले, कोलाहल से भरे भोजपुरी गाने अपनी बेहद तीखी आवाज में रिकॉर्ड करवाए थे।

"बस करो! बंद करो।" मैंने आदेशित किया। मैं बहुत खीज गया था और सहन नहीं कर सकता था।

हवलदार ने तुरंत रोक दिया कैसेट को। कुछ क्षण हम सभी चुप रह गए। कान के परदे को जो झटका लगा था, उसे सामान्य करना जरूरी था।

"मालती, ये कैसेट्स यहाँ से हटाओ। यह पुलिस स्टेशन है, दुकान नहीं। समझ आया?" मैंने कड़ाई से कहा।

"पर हाँ, जो अपराधी यहाँ रहते हों, उनको सुना सकते हो। इससे ज्यादा यातना नहीं मिल सकती है उनको।" मैंने आगे जोड़ा।

सारे सिपाही जोर से हँस पड़े।

मैं अपनी गाड़ी में बैठा—अवि से खेलने को आतुर। नालंदा में पद सँभालने के बाद मैं लगातार पूरे जिले में घूम रहा था। तनु और अवि के साथ काफी कम समय बिता रहा था। पर मैं कोई शिकायत नहीं कर रहा था। मेरा काम चुनौतीपूर्ण होने के साथ ही जोशीला भी था।

तभी मेरा सेलफोन बजने लगा और मेरी विचार-प्रक्रिया रुक गई।

"सर किडनैपिंग हो गई है।" दीप नगर के एस.एच.ओ. ने बताया।

"मुझे पूरा ब्योरा दो।" मैंने अपनी भावनाओं को संयमित करते हुए कहा। बेशक, किसी भी अपराध की खबर से मैं परेशान और उद्वेलित हो जाता हूँ, पर मुझे विवरण पर केंद्रित करना होता है, घबराना नहीं होता। आखिर, मुझे बुरी खबर सुनने और अच्छी खबर में उसे बदलने के ही तो पैसे मिलते हैं।

"सर, अब्दुल सत्तार रिक्शेवाले का अपहरण हो गया है।" एस.एच.ओ. ने कहा।

"रिक्शेवाला? तुम गंभीर तो हो?" मैंने पूछा।

"हाँ, सर, अब्दुल ने अपनी पुश्तैनी जमीन तीन लाख रुपए में बेची थी। शायद कुछ पड़ोसियों की नजर उस पर होगी।" एस.एच.ओ. ने जवाब दिया।

"लानत है। संदिग्ध लोगों की लिस्ट बनाओ। मैं घंटे भर में पुलिस थाने पहुँचता हूँ।"

हमने पूरा दिन लगा दिया सुराग ढूँढ़ने में और कई टीमें अपहरण के संदिग्धों के पीछे भेजीं।

मैं घर लौटा, पूरी तरह थका हुआ और देखा कि नवादा के एस.पी. मेरे आवासीय कार्यालय में मेरा इंतजार कर रहे थे।

"जय हिंद, सर! आप यहाँ कैसे?" गांगुली सर से मैंने पूछा।

"अमित, मेरे एरिया में एक अपहरण हुआ है।" वह बोले, "हजारीबाग के प्रसिद्ध डॉक्टर डॉ. हीरालाल साह अभी लंदन से लौटे थे। वो पटना से राँची जा रहे थे। रास्ते में मेरे जिले में उनको उठा लिया गया। मैं तुम्हारे क्षेत्र में संयुक्त रेड करने के लिए तुमसे सहायता लेने आया हूँ।'

'भगवान् का शुक्र है कि यह अपहरण मेरे क्षेत्र में नहीं हुआ और सर ने मेरे जिले को जिम्मेदार नहीं ठहराया है।' अंदर से मेरी आह निकली।

कुछ दिनों पहले पी.डब्ल्यू.डी. के एक इंजीनियर का पटना से अपहरण हो गया था—नालंदा से काफी दूरी पर।

"अमित, तुमने एफ.आई.आर. क्यों नहीं दर्ज की?" ए.डी.जी. ने मुझसे पूछा था।

"परंतु सर, अपहरण तो साफ है कि पटना में हुआ था।" मैंने कहा था।

"बहस मत करो। पटना में तो पहले ही अपराधों की लहर चल रही है। ऊँचे प्रोफाइल की किडनैपिंग से हम पटना पुलिस की छवि और धूमिल नहीं कर सकते हैं। अपहरण तो नालंदा और पटना के बीच की सीमा पर हुआ था; असल में नालंदा में भी हो सकता था। इसको नालंदा में ही दर्ज करना होगा।"

"पर सर…"

"कुछ नहीं। तुम सर्विस में जब और बड़े हो जाओगे, तब समझोगे।" ए.डी.जी. बोले।

मेरे विरोध का कोई फायदा नहीं हुआ। मुझे पता था कि ए.डी.जी. मेरी कोई सहायता नहीं करेंगे।

नालंदा पुलिस को इंजीनियर के अपहरण का केस दर्ज करना पड़ा। हमारी पूरी कोशिश के बाद भी उसका कुछ अता-पता नहीं लगा।

रात 11 बजे मेरे पास इंजीनियर के पुत्र का कॉल आया।

"सर, अपहरणकर्ता का अभी-अभी हमारे पास 20 लाख रुपए की फिरौती के लिए फोन आया था।" उसके पुत्र जमील का फोन आया।

"हम पैसा देने का स्थान तय कर लेते हैं। फिर अपराधियों को फँसा लेंगे।" मैंने उत्तेजित होकर कहा।

"सर, आपसे हाथ जोड़ते हैं, ऐसा कुछ मत करना।"

"जमील, पुलिस पर विश्वास करो। हम काफी मेहनत कर रहे हैं, तुमको मालूम है।"

"मैं जानता हूँ, सर, पर मुझे बाबा की सलामती की चिंता है। प्लीज, समझिए। बाबा ने इतना पैसा कमाया है, किस काम आएगा?"

मैं आगे कोई बहस करता, उसके पहले ही उसने फोन बंद कर दिया। उन दिनों हमारे पास कॉल ऑब्जर्वेशन, डंप डेटा एनालिसिस इत्यादि की सुविधा नहीं थी, जिससे हम अपहरणकर्ता की कॉल का पता लगा सकते। हम इस मामले में आगे नहीं बढ़ सकते थे, क्योंकि अपहृत के परिवार से हमें कोई सहयोग या सहायता नहीं मिल रही थी।

दो दिन बाद, मैंने अखबार में खबर पढ़ी—'इंजीनियर पुलिस दबाव के कारण छोड़ दिया गया'। मैंने अखबार को मरोड़कर कूड़ेदान में डाल दिया।

एक पुलिसवाले की हैसियत से मैं असफल हो गया था।

"अच्छा हुआ, मामला खत्म हुआ।" ए.डी.जी. की आवाज राहत भरी थी।

□

मैंने अपने आप से वादा किया था कि अपनी निगरानी में मैं किसी को फिरौती नहीं देने दूँगा। मैंने अपनी कुंठा को समेटा और रिक्शावाले को ढूँढ़ने के प्रयास तेज कर दिए। और उसी समय मुझे डॉ. हीरालाल साह के बारे में भी सोचना था।

"सर, आपकी नजर में कोई संदिग्ध है क्या? कोई जाना-पहचाना गैंग?" मैंने गांगुली सर से पूछा।

"हाँ, बिल्कुल। इस बेल्ट में कई पेशेवर गिरोह काम कर रहे हैं।" उन्होंने उत्तर दिया।

'पेशेवर ?' मुझे सोचकर हँसी आई कि किसी का पेशा अपहरण कैसे हो सकता है ?

गांगुली सर और मेरी लंबी चर्चा हुई। हमने सब तरफ टोलियाँ रवाना कीं, जहाँ अपहरण के गिरोह के संभावित ठिकाने हो सकते थे।

गांगुली सर नवादा के लिए रवाना हुए और मैं अपने बेडरूम में सोने के लिए चला गया।

अवि लगातार रोए जा रहा था। तनु उसको चुप कराने की कोशिश कर रही थी, सारी तरकीबें लगाकर। पर मैंने अपना धैर्य खो दिया—"तनु, सुलाओ इसको।"

"चुन, ये गुड़िया नहीं है, जिसका स्विच बंद कर दूँ। पूरी कोशिश कर रही हूँ। तुम दूसरे कमरे में क्यों नहीं चले जाते ?" उसने कहा।

मैं दूसरे कमरे में जाकर सोने की पूरी कोशिश करने लगा।

मैं अपहरण के मामलों के बारे में सोचता रहा और करवटें बदलता रहा।

कुछ घंटों बाद, जब मैं करीब-करीब सो गया था, मेरे सेलफोन की घंटी ने मुझे जगा दिया।

"एस.पी. साहब बोल रहे हैं ?" एक दबी हुई आवाज आई।

"हाँ, हम बोल रहे हैं।" मैंने कहा।

"सर, एक आदमी को हमारे घर के पासवाले ट्यूबवेल पर रखा हुआ है। मुझे संदेह है, उसका अपहरण हुआ है।"

"तुम्हें पूरा विश्वास है ?" मैंने पूछा।

"एकदम, सौ प्रतिशत!" आदमी ने जवाब दिया। मैंने जल्दी से पता नोट किया।

"अजीत, गार्ड को तैयार करो। हमें अभी निकलना है।" मैंने अपने बॉडीगार्ड से कहा। मुझे पक्का लग रहा था कि वह रिक्शावाला ही होगा। मैंने तुरंत डी.एस.पी. शंकर ठाकुर को साथ चलने के लिए कहा। मैं सारे रास्ते आशा करता रहा कि हम उसे सकुशल वापस ले आएँ।

काफी ऊबड़-खाबड़ रास्ते पर चलते हुए हम उस गाँव तक पहुँचे, जहाँ हमें सूचना देनेवाले ने बताया था।

जहाँ उस आदमी को रखने की सूचना मिली थी, हम उस ट्यूबवेल से लगभग 500 मीटर पहले ही उतर गए। गाँव में बिजली नहीं थी, इस कारण घुप्प अँधेरा था। जैसे ही पुलिस दल, डी.एस.पी. सदर शंकर ठाकुर और मेरी अगुवाई में वहाँ पहुँचा, कुछ परछाइयाँ हिलती हुई नजर आईं।

ठाकुर ने अपनी टॉर्च जलाई। हमसे कुछ फीट दूर तीन आदमी थे।

"हाथ ऊपर करो, नहीं तो गोली चला दूँगा!" डी.एस.पी. ने ललकारा।

उन आदमियों ने भागने की कोशिश की, पर हमारी टीमों ने हर तरफ से घेर रखा था। पुलिस की सीधी कार्रवाई देखकर उन्होंने प्रतिरोध करना छोड़ दिया।

हम उनकी ओर लपके और उन्हें पकड़ लिया।

"अरे सर, ये तो छोटका संतोष है। यह पटना का खूँखार अपहर्ता है।" एस.एच.ओ. वेना ने कहा।

"हाँ, सर, यह तो बड़ी महत्त्वपूर्ण कामयाबी है।" ठाकुर ने कहा।

वैसे तो मैं खुश था कि हमने अच्छा काम कर लिया, पर मैं अभी भी हैरत में था कि इतना कुख्यात अपराधी बेचारे रिक्शेवाले का अपहरण क्यों करेगा?

"रिक्शेवाला अब्दुल कहाँ है?" मैंने पूछा।

"अब्दुल? कौन अब्दुल? हम किसी अब्दुल को नहीं जानते।" छोटका संतोष के साथी ने कहा।

"बकवास मत कर। बता, कहाँ रखा है अपहरण करके?" अजीत ने धमकाते हुए पूछा।

"हम तो डॉक्टर का किडनैप किए थे।" छोटका संतोष ने कहा, "वो तो ट्यूबवेल के पास रखा है।"

हमने उसे हमें वहाँ ले जाने को कहा। कुछ ही मिनट बाद हमें एक व्यक्ति के कराहने की आवाजें आईं।

हम उस ओर गए, जहाँ से आवाजें आ रही थीं।

"यह तो अब्दुल रिक्शेवाला नहीं हो सकता।" मैंने सूट-बूट पहने जमीन

में पड़े आदमी को देखकर कहा। वरदी में आदमियों को देखकर उसके चेहरे के भाव एकदम बदल गए।

हमने उसको खोला और मुँह पर लगी पट्टी हटाई।

"सर, आप तो भगवान् के भेजे देवदूत हैं। मुझे बचाने का शुक्रिया।" मुझसे लिपटकर वह रोने लगा।

"हे भगवान्! यह तो डॉ. हीरालाल साह हैं, जिनका नवादा से अपहरण हुआ था!" ठाकुर बोले।

मुझे बड़ा आश्चर्य हुआ।

हम डॉ. साह को मेरे घर लेकर गए। सुबह जल्दी का समय था और अवि को गोद में लिये तनु बरामदे में इधर-उधर घूम रही थी।

"तनु, ये डॉ. हीरालाल साह हैं। इनके लिए प्लीज, कुछ चाय का इंतजाम करो।" मैंने कहा।

तनु अचंभित थी।

"आप रात को कब निकले? कम-से-कम बता तो देते मुझे।" तनु ने शिकायत की।

"तुम दोनों नींद में थे। मैं तुम्हें परेशान नहीं करना चाह रहा था।" मैंने मुसकराते हुए कहा।

मैंने गांगुली सर को फोन किया, "गांगुली सर, मैं अमित बोल रहा हूँ। हमको डॉ. हीरालाल साह मिल गए हैं। हाँ, मेरे साथ हैं वह।" स्पष्टतः वे इस खबर से बहुत ही खुश थे।

"बहुत अच्छा, अमित। मुझे आप पर गर्व है। आपका धन्यवाद।" गांगुली सर ने सहृदय होकर कहा।

□

हम इस भाग्यशाली खोज से खुश थे, पर फिर भी रिक्शेवाले को तो ढूँढ़ना था। हमारी टीम के अथक प्रयास से अब्दुल को भी हम उस रात वापस ले आए। उसके पड़ोसी सरताज ने उसका अपहरण किया था।

"सरताज, बेचारे रिक्शेवाले का अपहरण तुमने क्यों किया?" मैंने पूछा।

"सर, हम भी तो गरीब दुकानदार हैं। मुझे सरकारी ठेकेदार बनने के लिए

ये पैसा चाहिए था।" उसने उत्तर दिया। मैं सोचता ही रह गया कि बिहार में अपहरण एक उद्योग बन गया था या रोजगार का वैकल्पिक स्रोत बन गया था?

अगले दिन पत्रिकाओं में खबर छपी—'प्रसिद्ध डॉक्टर को नालंदा पुलिस ने बरामद किया'।

डॉक्टर साहब के अपहरण की तो हेडलाइन छपी, पर बेचारे अब्दुल का कहीं कोई जिक्र नहीं था। हमारे लिए दोनों मामले बराबर महत्त्व के थे; पर खबर केवल उसकी छपती है, जो किसी विशेष वर्ग या पृष्ठभूमि से हो।

मुझे फिर अहसास हुआ कि स्वयं फोन उठाने की आदत से मुझे समृद्ध लाभांश की प्राप्ति हुई।

और यह भी महसूस हुआ कि हम जितना कठोर परिश्रम करते हैं, उतने ही भाग्यशाली होते जाते हैं।

□

24
संभव

"सर, यहाँ भगवान् बुद्ध और महावीर कुछ न कर पाए, हम और आप क्या करेंगे?" एक युवक चिल्लाया। वह अपने चारों ओर के हालात से पूर्णतः असंतुष्ट दिखाई दे रहा था।

मैं नालंदा के कॉलेज के छात्रों से सिर्फ उनकी समस्याओं को सुनने और पुलिस की कार्यशैली को बेहतर करने की दृष्टि से संवाद करने गया था। मैंने छात्रों में उदासीनता और उनका मोहभंग रूप देखा। वे न केवल क्षुब्ध थे, बल्कि उनको भविष्य के लिए भी उम्मीद कम ही थी। संस्थापन की विफलता दिखती थी उन्हें और पुलिस भी कोई प्रेरणास्पद नहीं थी। उनकी उम्मीद की किरण बस, यही थी कि मैं भी युवा था और वे आसानी से मुझसे वार्त्तालाप कर सकते थे।

मैं उनकी ऊर्जा को पुलिस का काम संवर्धित करने की ओर संरेखित करना चाहता था।

"तुम्हारी युवा शक्ति से बड़ी शक्ति कुछ नहीं है।" मैंने कहा।

"सर, यह तो हर नेता और विधायक भी बोलते हैं। इससे क्या होगा?" एक छात्र ने प्रतिवाद किया।

"होगा, जरूर कुछ होगा। सब संभव है।" मैंने दृढ़ विश्वास से कहा।

"नालंदा का एस.पी. होने के नाते आज मैं पुलिस-पब्लिक पार्टनरशिप का ऐलान करता हूँ। मैं इसे 'संभव' कहूँगा।" मैंने कहा।

"मैं आप में से 'वॉलंटियर' चाहता हूँ, जो आगे आएँ और पुलिस की मदद करें। आपको पता है, पुलिस में पूरा अमला नहीं है और संसाधनों की भी कमी है। पुलिस के लिए अपनी बेसिक ड्यूटी भी ठीक से करना कठिन होता है। पर

अगर आप हमारे साथ हाथ मिला लें तो हमारे लिए बहुत मदद होगी।" मैंने भरे हुए ऑडिटोरियम में कहा।

कुछ क्षण के लिए गहरी चुप्पी छा गई। मैंने सोचा कि शायद मेरी योजना को सिरे से सारे छात्रों ने नकार दिया है। पर अचानक सभागार फूट पड़ा।

"सर, मैं तैयार हूँ।" एक छात्र बोला।

"एस.पी. सर, एस.पी. सर, मैं भी नालंदा पुलिस की सहायता करना चाहता हूँ।" दूसरे ने कहा।

मुझे बहुत अच्छा लगा कि सारे युवकों ने मेरे विचार को गले लगाया है। और भी खुशी की बात यह लगी कि कुछ लड़कियाँ भी बराबर उत्साहित होकर भाग ले रही थीं।

"ठीक है, यह बहुत अच्छी शुरुआत है। मेरा ऑफिस आपको विशेष पहचान-पत्र वितरित करेगा। कल से आप 'संभव वॉलंटियर्स' कहलाएँगे। मैं आपके कर्तव्यों का चार्टर, अपने ऑफिसर्स के साथ चर्चा करके, बना दूँगा।" मैंने उत्साहपूर्वक कहा।

मैं अपने ऑफिस में काफी उत्साहित होकर पहुँचा और सारे वरिष्ठ पुलिस अधिकारियों की मीटिंग बुलाई।

"मैं एक पुलिस-पब्लिक पार्टनरशिप 'संभव' नाम से शुरू करने जा रहा हूँ।" मैंने कॉलेज छात्रों के साथ अपनी बातचीत का विवरण बताते हुए कहा।

अधिकांश पुलिसकर्मियों को यह ज्यादा उत्साहजनक नहीं लगा। कुछ देर झिझकने के बाद डी.एस.पी. सदर ने कहा, "सर, ये कॉलेज के छात्र ही तो परेशान करनेवाले हैं। सरस्वती पूजा वगैरह हर त्योहार पर, ये छात्र ही तो मुसीबत खड़ी करते हैं। ये पुलिस की सहायता कैसे करेंगे?"

"डी.एस.पी. साहब, यही तो मुख्य बिंदु है। इन भटके हुए युवाओं को हम जिम्मेदारियाँ दे देते हैं। मुझे पूरा विश्वास है कि इससे उनकी ऊर्जा को दिशा मिलेगी।" मैंने कहा।

"पर सर, हम इनको क्या ड्यूटी देंगे? हम इनको केस की छानबीन करने या किसी हत्यारे को गिरफ्तार करने के लिए तो नहीं कह सकते।" नगर निरीक्षक विजय गोपाल बोला।

"काफी चीजें हैं, जिसमें युवा हमें मदद कर सकते हैं। शुरुआत के लिए, दुर्गा पूजा में हम इनको संवेदनशील बिंदुओं पर नियुक्त कर सकते हैं, भीड़भाड़वाले इलाकों में पब्लिक की गति नियंत्रित करने में मदद कर सकते हैं। जुलूस में मनमौजी चलते हैं, उनको तेज चलने के लिए भी ये कह सकते हैं।" मैंने समझाया।

"यह तो पुलिस की शक्तियाँ छात्रों को देने जैसा हो जाएगा।" डी.एस.पी. हिल्सा ने विरोध किया।

अपने सहकर्मियों का रवैया देखकर मुझे बड़ी निराशा हुई।

"डी.एस.पी. साहब, आप किन शक्तियों की बात कर रहे हैं? इतनी छोटी बातों की बहस हम बंद करें। इस दुर्गा पूजा में ये प्रयोग करते हैं। मुझे सफल परिणाम की उम्मीद है।" मैंने मीटिंग को खत्म करते हुए कहा।

दुर्गा पूजा वाले दिन मैं थोड़ा नर्वस था। क्या होगा, यदि वे युवा और अनुभवहीन छात्र यह मूल कार्य भी नहीं कर पाए, जो उनको दिए जाएँगे? मुझे यह भी शंका थी कि पता नहीं मेरे अपने पुलिसकर्मी इन वॉलिंटियर्स की कोशिशों का स्वागत करेंगे या नहीं?

मुझे काफी आश्चर्य हुआ, जब मैंने महत्त्वपूर्ण जगहों पर कॉलेज छात्रों को चेहरों पर मुसकान लिये और प्यारी सी टी-शर्ट, जिस पर 'संभव' छपा था, पहने हुए देखा। मैं जिप्सी से बाहर उतरा और एक वॉलंटियर से पूछा, "मुझे उम्मीद है कि तुमको अपना काम करने में आनंद आ रहा है। वैसे, 'संभव' छपी यह स्मार्ट टी-शर्ट तुमको किसने दी है?"

"सर, इंस्पेक्टर अंकल ये टी-शट्र्स हमारे लिए लाए हैं।" छात्रों ने प्रसन्नतापूर्वक उत्तर दिया।

मैंने चारों ओर देखा तो नगर निरीक्षक यातायात को निर्देशित कर रहे थे और उनके साथ 'संभव' के तीन वॉलंटियर्स थे, पब्लिक को आगे बढ़ने के लिए आवाजें लगाते हुए। एकाएक एक साइकिलवाले का संतुलन बिगड़ गया और वह साइकिल से गिर गया। वॉलंटियर्स ने तुरंत उसको उठाया और 'संभव' क्योस्क ले जाकर पानी पीने के लिए दिया।

"सर, बहुत अच्छा लग रहा है बच्चों के साथ काम करके। इनमें अभी भी कितनी मासूमियत है!" गोपाल बोला।

मैंने उसे एक बड़ी सी मुसकान दी।

जल्दी ही 'संभव' काफी लोकप्रिय हो गई।

नालंदा पुलिस ने काफी छात्रों का वॉलंटियर्स में नामांकित कर दिया। युवाओं ने पुलिस की सहायता न केवल त्योहारों पर की, बल्कि यातायात प्रबंधन में भी की और दुर्घटनाग्रस्त लोगों की मदद भी की। लड़के व लड़कियों दोनों ने आगे आकर हमारे मिशन को सफल किया। जिले का माहौल बदलने लगा। 'डरावने' पुलिसवाले अब युवाओं के 'पुलिस अंकल' बन गए। उनके माता-पिता भी आश्वस्त महसूस करने लगे कि उनके बच्चों की ऊर्जा सकारात्मक कार्यों में लग रही थी। पुलिस ने कई खेलकूद एवं साहित्यिक कार्यक्रम युवाओं के लिए संयोजित किए। स्वयं युवा होने के नाते युवाओं से यह साझेदारी मुझे आनंददायक लग रही थी।

एक शाम, जब मैं अपने बगीचे में बैठा फूलों को निहार रहा था तो डी.एस.पी. सदर मुझसे मिलने के लिए आए।

"सर, मैं तो बस, यह कहना चाहता हूँ कि सब संभव है।"

हम दोनों मुसकरा पड़े।

□

25

मैट्रिक की परीक्षा

"मैट्रिक की परीक्षा के संचालन के लिए पुलिस क्यों चिंतित हो?" मैंने अपने रीडर से पूछा।

पुलिस मुख्यालय ने आदेश जारी किया था कि सारे एस.पी. मैट्रिक परीक्षा केंद्रों पर पुलिस तैनात करें।

"सर, मैट्रिक सर्टिफिकेट अत्यंत महत्त्वपूर्ण है, क्योंकि यह सभी सरकारी नौकरियों के लिए अनिवार्य है। लोग इस सर्टिफिकेट के लिए इतने आतुर होते हैं कि इन परीक्षाओं में काफी बेईमानी होती है। माता-पिता भी बच्चों को अनुचित साधनों का इस्तेमाल करने में मदद करते हैं। कभी-कभी खुलेआम नकल से कानून-व्यवस्था गड़बड़ा जाती है।" मेरे रीडर ने उत्तर दिया।

"चलो, फिर निकालो ऑर्डर। पुलिस को हर चीज में 'इन्वॉल्व' होना पड़ता है।" मैंने कहा।

परीक्षा के दिन डी.एम. ने जोर दिया कि हम दोनों परीक्षा केंद्रों का चक्कर लगाएँ और देख लें कि सब ठीक से चल रहा है या नहीं।

"एस.पी. साहब, मैं नालंदा को बिहार के सारे जिलों के लिए उदाहरण बनाना चाहता हूँ। मैं यह सुनिश्चित करना चहता हूँ कि यहाँ कोई नकल नहीं होती है।" डी.एम. ने कहा।

हमारी गाड़ियों की कतार अलग-अलग स्कूलों में गई।

"चलो, लड़कियों के स्कूल बालिका विद्यालय को चेक करते हैं।" डी.एम. बोले।

"आपने लड़कियों को चेक किया? वे परचियाँ अपनी बाँहों में और

मोजों में छिपा सकती हैं।" वहाँ डी.एम. ने निरीक्षक से पूछा। पुलिस चौकन्नी थी। सारे निरीक्षक एवं शिक्षक भी अपना कार्य गंभीरता से कर रहे थे। डी.एम. प्रसन्न थे।

हम कुछ और विद्यालयों में गए तथा आगे जाने की भी योजना थी, परंतु तभी हमने देखा कि परीक्षा केंद्र के बाहर काफी भीड़ एकत्र थी। उनके हाथों में ईंटें थीं और वे हम पर फेंकने को तैयार थे।

"प्रशासन, हाय-हाय!" पब्लिक विरोध में हाथ उठाए नारे लगा रही थी।

"यह क्या हो रहा है? यह बवाल क्यों?" डी.एम. ने पूछा।

"सर, माता-पिता ने यह अफवाह फैला दी है कि पुरुष निरीक्षकों ने छात्राओं की अभद्रता से जाँच की। इसीलिए लोग आक्रोशित हैं।" डी.एम. के ड्राइवर ने कहा।

"पर यह सच नहीं है। ऐसा कुछ नहीं हुआ है।" डी.एम. बोले। उनका चेहरा फीका पड़ गया था।

पत्थरों की बौछार और तेज हो गई थी।

भीड़ का सामना करना मुश्किल हो गया था। लोग प्रशासन के खिलाफ नारे लगा रहे थे। हमारे पास पर्याप्त पुलिस बल नहीं था, इसलिए मैंने सारे अफसरों को बालिका विद्यालय बुला लिया।

"डी.एम. साहब, भीड़ हिंसक हो रही है और सारी नाराजगी आप पर है। आप यहाँ रुको, क्योंकि यह पुलिस की समस्या नहीं है, मुझे भीड़ से बात कर लेने दीजिए। उम्मीद है, मैं उनको समझा पाऊँगा।"

मैं जिप्सी से उतरा और भीड़ की ओर बढ़ा। मेरे अंगरक्षक शुक्ला, अजीत और रितेश मेरे साथ हो लिये।

मैं अब नालंदा डेढ़ साल से था तो सोचा कि लोगों से अच्छी तरह सामंजस्य बैठा पाऊँगा। जैसे ही मैंने लोगों को शांत कराने के लिए हाथ उठाया, मेरा पत्थरों की बौछार से स्वागत हुआ। मेरे अंगरक्षक तुरंत मेरे चारों ओर घेराबंदी करके खड़े हो गए—मेरे और उपद्रवियों के बीच मानव कवच बनकर।

मैं कुछ प्रतिक्रिया करता, उसके पहले ही मेरे फुरतीले अंगरक्षकों ने मुझे उठाकर जिप्सी में डाल दिया। मैं चकित रह गया था, पर अपनी बेहतरीन टीम के

प्रति कृतज्ञ था। उन पर गर्व था कि उन्होंने मेरी जान बचाई।

जैसे ही मैं जिप्सी में बैठा, मेरी ओर सीधे एक ईंट आई। मैं नीचे झुक गया और अपना चेहरा ढक लिया। जिप्सी की विंडस्क्रीन टूट गई और काँच के टुकड़े मेरे ऊपर आ गिरे। छोटू, मेरे ड्राइवर, ने जिप्सी को तेज रफ्तार से रिवर्स किया और लगभग 300–400 मीटर दूर ले गया।

मैं कुछ देर के लिए घबरा गया और हतोत्साहित हो गया, जिस तरह से स्थितियाँ बदल गई थीं। मैंने अपने आप को सँभाला और वायरलेस पर चिल्लाया, "इंस्पेक्टर राजेंद्र, जल्दी से अतिरिक्त पुलिस बल लेकर बालिका विद्यालय पहुँचो।" पुलिस की सारी गाड़ियाँ, जो उस क्षेत्र के आसपास थीं, विद्यालय की ओर रवाना हो गईं, मेरा आदेश मिलते ही।

अतिरिक्त पुलिस बल आते ही हम हंगामे के केंद्र पर वापस गए।

"आप लोग शांत हो जाइए। बालिकाओं की अभद्र चेकिंग करने की सारी अफवाहें झूठी हैं!" मैंने मेगाफोन पर उद्घोष किया।

भीड़ पर कोई फर्क नहीं पड़ा। उसकी बजाय वह और उग्र हो गई। यह देखकर बहुत दु:ख हुआ कि काफी युवा छात्र और उनके अभिभावक भी स्कूल की संपत्ति को नुकसान पहुँचा रहे थे। बिना बात के इस बतंगड़ को मैं सहन नहीं कर पा रहा था। मैंने अपने आदमियों को हलके बल का प्रयोग करने का आदेश दिया।

पुलिस ने कुछ दंगाइयों को, जो हमारे पास ही थे, पकड़कर उनकी पिटाई कर दी; क्योंकि भीड़ नेतृत्वहीन थी, उनको समझ नहीं आया कि क्या करें। कुछ छात्र तो कक्षाओं में जाकर छिप गए।

मेरे सिपाही और मैं उनके पीछे लाठी लेकर भागे, किसी भी उपद्रव करनेवाले पर हलके बल का प्रयोग करने को तैयार। अंदर जाकर मैंने छात्रों को एक कोने में एकत्र देखा। उनके चेहरों पर डर साफ दिख रहा था। उनके युवा चेहरे देखकर मेरा गुस्सा काफूर हो गया।

"तुम लोग ये सब क्यों कर रहे हो?" मैंने पूछा।

"सॉरी सर, गलती हो गई। माफ कर दीजिए।" छात्रों ने डरते हुए उत्तर दिया। कई छात्र तो रोने लग गए।

"शर्म आनी चाहिए तुम सबको। तुम इस देश का भविष्य हो और ये सब कर रहे हो!" मैंने चेतावनी देते हुए कहा।

"तुमको पता है कि अगर तुम्हारा नाम किसी एफ.आई.आर. में आता है तो तुम्हारा कॅरियर खत्म हो जाएगा? फिर इस मैट्रिक के सर्टिफिकेट का क्या करोगे?" इंस्पेक्टर राजेंद्र ने डाँटा। बच्चे एकदम चुप थे। कुछ अभिभावक भी हाथ जोड़कर माफी माँगने लगे थे। कुछ बदमाशों के अलावा हमने बाकी छात्रों एवं अभिभावकों को जाने दिया। छात्रों की कतार बनवाई और उन्हें सीधे घर जाने की हिदायत दी।

मैं स्तब्ध रह गया, क्योंकि मैंने पुलिस के खिलाफ जनता का इतना विस्फोटक रवैया नहीं देखा था।

"सर, इस बार बहुत टाइट चेकिंग रही है। चीटिंग नामुमकिन है।" राजेंद्र बोला।

"यह गुस्सा अफवाह के खिलाफ ही नहीं था। वास्तव में, यह छात्रों, अभिभावकों और रिश्तेदारों की निराशा है कि कोई भी नकल नहीं कर पाया।" वह बोला।

"पर बिना सोचे-समझे यह हिंसा क्यों?" मैंने पूछा।

"सर, लोग मैट्रिक सर्टिफिकेट का इंतजार करते हैं—किसी भी तरह; साम, दाम, दंड, भेद कैसे भी। राज्य में शिक्षा-व्यवस्था चौपट हो गई है। कभी स्कूलों की इमारत नहीं होती, स्कूल होते हैं तो शिक्षक नहीं। छात्रों को मुश्किल से ही कुछ अच्छा सिखाया या पढ़ाया जाता है। उनको कुछ पता ही नहीं कि परीक्षा में क्या लिखना है? तो वे क्या करें? अत: नकल वे अपना अधिकार समझकर करते हैं। और यह एक संस्कृति बन गई है। समाज में और बुराइयों की तरह नकल भी स्वीकार्य हो गई है।"

मैं चुप रहा। मुझे समझ नहीं आ रहा था कि बिहार से कैसे, फिर भी, इतने सारे छात्र आई.ए.एस., आई.आई.टी. और आई.पी.एस. तक पहुँच जाते हैं। वे ही कुछ ऐसे छात्र हैं, जो कठिन परिश्रम करते हैं और स्वयं अपना भाग्य बनाते हैं।

"ज्यादातर लोग सरकारी नौकरी की कोशिश करते हैं। इसलिए फर्जी जन्म प्रमाण-पत्र बनवाते हैं अपनी उम्र दो या तीन साल कम लिखवाकर।" राजेंद्र ने बताया।

मैंने अपने उन कुछ साथी सहयोगियों के बारे में सोचा, जो दिखते मुझसे बड़े थे, पर सरकारी तौर पर मुझसे छोटे थे। असल में, कुछ के तो बच्चे भी थे, जब उन्होंने सेवा में ज्वॉइन किया। मैं मन-ही-मन मुसकराया।

□

26
मौका सबको मिलता है

एक युवा एस.पी. होते हुए मेरी इच्छा थी कि मेरा जिला अपराध-मुक्त हो। और हाँ, मैं सब पर प्रभाव बनाना चाहता था। मैंने सबसे खूँखार अपराधियों की एक सूची बनाई और हर दूसरी रात को उनके ठिकानों पर धावा बोलना शुरू कर दिया।

हालाँकि, मेरी रेड से अपराधियों पर अच्छा प्रभाव पड़ा, परंतु मैं जल्दी ही थक गया। मेरे एक काबिल अफसर एस.आई. रवि ज्योति ने सारी कार्रवाई में मेरा साथ दिया।

मेरी हालत देखकर एक दिन रेड के बाद उसने मुझसे पूछा, "सर, एक बात बोलूँ?"

"हाँ, बोलो रवि!" मैंने नींद की झपकी रोकते हुए कहा।

"सर, जनरल्स डू नॉट फाइट वार्स—सेना के सेनापति जंग नहीं लड़ते।" वह बोला।

"हैं? क्या मतलब है तुम्हारा?" मैंने पूछा।

"सर, जिले का एस.पी. जनरल की तरह होता है। वह जिले की पुलिस का मुखिया होता है। उसका काम है वह योजनाएँ बनाए, काम सौंपे और निष्पादन सुनिश्चित करे।"

"सर, एक अधिकारी एस.पी. के रूप में आपको हम सबसे कार्य लेना चाहिए। आपको हमारा काम नहीं करना चाहिए।" वह आगे बोला।

"और कहो।" मैंने कहा।

"सर, न तो यह वांछनीय है और न ही संभव है कि आप हर अपराधी के

घर रेड करें। इसमें आप अपने आप को थका देंगे।"

"तो क्या मैं घर बैठूँ? तो कैसा नेतृत्व होगा?"

"बिल्कुल सर, आपको कुछ ही महत्त्वपूर्ण कार्रवाई का नेतृत्व करना चाहिए। पर आपको प्रत्यायोजित करना भी आना चाहिए। आपको अपने अधीनस्थ कर्मियों पर भरोसा रखना चाहिए। मैं आपको आश्वासन देता हूँ कि हम आपको कभी नीचा नहीं देखने देंगे।

"और अंततः, अगर हम किसी मुसीबत में फँस जाएँ तो हम चाहेंगे कि हमारे बॉस सुरक्षित हों, जिससे वे हमें मुसीबत से निकाल पाएँ। पुलिसिया कामों में काफी विवादास्पद चीजें होती हैं। यह एस.पी. के ऊपर है कि वह देखे कि उसके सिपाही मुसीबत में न पड़ें! अगर एस.पी. साहब खुद ही मुसीबत में पड़ गए तो उन्हें कौन बचाएगा?" रवि बोला।

रवि ने जो कुछ कहा, उस पर मैंने मनन किया और मुझे अहसास हुआ कि वह जो कह रहा था, उसमें तथ्य थे। और जल्द ही कुछ और हो गया, जिस पर मुझे ध्यान देने की आवश्यकता पड़ी।

□

'नालंदा अपहरण का अड्डा बन गया, अपराध अब तक की सबसे ऊँचाई पर'—'दैनिक खबर' के मुख पृष्ठ की खबर चीखकर कह रही थी, जो एक स्थानीय अखबार था।

मुझे अखबार की इन सुर्खियों को देखकर हैरानी हुई, क्योंकि नालंदा में अपराध की स्थिति काबू में थे। और सारे अखबार वास्तविक खबरें छापते थे, पर 'दैनिक खबर' हमेशा पुलिस की आलोचना ही करता था। और वह अपराधों को इतना बढ़ा-चढ़ाकर लिखता था कि कभी-कभी झूठे कोर्ट केस को असली दिखा देता था।

ऐसी गलतबयानी को मैं बरदाश्त नहीं कर पाया। मैंने समाचार-पत्र के ब्यूरो चीफ को फोन मिलाया और पूछा, "अखिलेंद्रजी, नालंदा पुलिस के बारे में आप इतनी नकारात्मक खबरें क्यों छापते हैं? क्या समस्या है आपकी?"

"अरे सर, आप हमारा ध्यान ही नहीं रखते।" अखिलेंद्र ने उत्तर दिया।

"ध्यान?"

"सर, कुछ मांस, मच्छी, मदिरा भिजवाइए कभी। आपको हमारी देखभाल करनी चाहिए। और हाँ, आपके पास रहने की सुविधा से हमें कई ऊपरी फायदे हो सकते हैं।"

"अखिलेंद्रजी, ऐसा कुछ नहीं होगा। हमको व्यावसायिक संबंध रखने चाहिए।" मैंने संक्षेप में कहा।

"सर, फिर तो खबर छपती रहेगी।"

"तो ठीक है।" मैंने गुस्से से कहा।

फिर कुछ समय पश्चात् ऐसा हुआ कि नालंदा कुछ हाई प्रोफाइल मामलों, जो राष्ट्रीय स्तर के थे, के लिए खबरों में आया। इनमें से एक कोलकाता के अमेरिकन सेंटर में गोलीकांड हो गया। वह आतंकी हमला फरहान अंसारी के निर्देशन में हुआ था, जिसका पासपोर्ट नालंदा में बना था। जाँच में सामने आया कि अंसारी ने नालंदा के किसी गाँव का झूठा पता दिया था, जबकि वह वहाँ कभी नहीं रहा था। संबंधित पुलिस स्टेशन के ए.एस.आई. ने पाँच सौ रुपए की घूस के बदले बिना सत्यापन के अंसारी को प्रमाण-पत्र जारी कर दिया था। ऑफिस के हेड क्लर्क ने एक हजार रुपए लेकर पटना स्थित पासपोर्ट ऑफिस को अग्रेषित कर दिया था। मैंने ए.एस.आई. एवं हेड क्लर्क को गिरफ्तार किया और कोलकाता पुलिस को महत्त्वपूर्ण सुराग दिए, जिससे फरहान अंसारी की गिरफ्तारी हुई।

चूँकि यह बड़ी खबर थी, पत्रकारों ने मेरे दफ्तर आकर 'बाइट्स' ली और सारे न्यूज चैनल्स एवं समाचार-पत्र 'एक्सक्लूसिव्स' चाहते थे। मैंने सभी मीडियाकर्मियों से भेंट की, सिवाय अखिलेंद्र के।

अखिलेंद्र को काफी सारी खबरों से वंचित रहना पड़ा और वह राष्ट्रीय महत्त्व के मामले, जिसमें नालंदा जुड़ा हुआ था, नहीं छाप पाया।

उसने इसे अच्छी तरह से नहीं लिया। उसके हमले और जहरीले तथा कभी-कभी व्यक्तिगत हो गए।

उन आक्षेपों से मैं प्रतिरक्षित नहीं था और मैंने अपनी पत्नी से बात की इसके बारे में। "तनु, यार, यह अखबार नालंदा पुलिस के लिए रोज इतनी बकवास छापता है। ज्यादातर झूठी खबरें होती हैं।" मैंने शिकायत की।

"रिलैक्स। आप प्रतिक्रिया क्यों देते हो? सबसे अच्छा यह रहेगा कि आप 'दैनिक खबर' पढ़ना बंद कर दें। इस तरह आपको पता ही नहीं चलेगा कि वह क्या छाप रहा है आपके खिलाफ।" उसने उत्तर दिया।

"पर जनता का क्या होगा? लोगों को तो हमारे खिलाफ इतनी नकारात्मक खबरों से भरा जा रहा है।"

"कोई भी हमेशा लोगों को बेवकूफ नहीं बना सकता है। बस, अपना काम पूरी लगन से करते रहो। आखिरकार, लोगों को सच्चाई पता चल ही जाएगी।"

फिर उसने तारिक, मेरे फोन के अर्दली, को बुलाया।

"कल से यह अखबार 'दैनिक खबर' बंद कर दो।"

"जी मैडम!" तारिक ने चुस्ती से सैल्यूट करते हुए कहा।

□

'दैनिक खबर' का जहर रोज नहीं पढ़ने से बहुत राहत मिली। पर जल्दी ही मुझे दूसरे विरोधी से संघर्ष करना पड़ा। जिला अध्यक्ष, जो नव-नियुक्त था, का पुलिस से कोई वैर था और वह हमको अपने अँगूठे के नीचे रखना चाहता था। उसने अखिलेंद्र को नालंदा पुलिस के खिलाफ भड़काया।

"सर, अब तो ये कुछ ज्यादा ही हो रहा है।" इंस्पेक्टर तिवारी, जो मेरा एक सबसे योग्य अफसर था, ने कहा।

"ऐसा लग रहा है कि जिला अध्यक्ष 'दैनिक खबर' को बहुत सारे विज्ञापन दे रहा है। उस पैसे की वजह से अखिलेंद्र और भी नकारात्मक खबरें छापने लगा है हमारे खिलाफ।" उसने आगे बताया।

"धैर्य रखो। मौका सबको मिलता है।" मिथिलेश, लाहिरी के एस.एच.ओ., ने कहा।

मैंने मजबूरी भरी मुसकान दी। नालंदा पुलिस के लिए सब मुश्किल हो रहा था। खड़े-खड़े एक अखबार का अपने खिलाफ जहर उगलते हुए देखना आसान नहीं था हर रोज—और वो भी जिला अध्यक्ष के कहने पर!

हमें ज्यादा समय मौके का इंतजार नहीं करना पड़ा।

□

मिथिलेश मेरे दफ्तर के बाहर एक व्यक्ति के साथ खड़ा था।

"सर, यह चंदन है, सिविल ठेकेदार है। इसे 'दैनिक खबर' के ब्यूरो चीफ अखिलेंद्र से धमकियाँ मिल रही हैं।" उसने बताया।

"जी हुजूर। अखिलेंद्र मुझे धमकी दे रहा है कि वह मेरे निर्माणों के खिलाफ अपने अखबार में छापेगा और जिला अध्यक्ष की सहायता से मुझे काली सूची में डलवा देगा।" चंदन बोला, "वह मुझसे दो महीनों से पैसे ऐंठ रहा है। मैं उसकी डिमांड अब और पूरी नहीं कर सकता हूँ। अब अति हो गई है।"

"सर, हमने आई.पी.सी. सेक्शन 384 के अंतर्गत जबरन वसूली की एफ.आई.आर. दर्ज कर ली है। आप जब कहें, हम उसे गिरफ्तार कर सकते हैं।" मिथिलेश बोला।

"उसके घर पर छापा मारो आज रात को और गिरफ्तार कर लो। हो सकता है, वह कुछ समस्या पैदा करे, क्योंकि उसके अच्छे संबंध हैं। मुझे सारी कार्रवाई से अवगत कराते रहना। मैं जगा रहूँगा।" मैंने पुलिस अधिकारियों की मीटिंग खत्म करते हुए कहा।

मैं घर गया और यू.एस. ओपन देखने के लिए टी.वी. ऑन किया। मेरा चहेता खिलाड़ी आंद्रे अगासी खेल रहा था। उसका खेल मुझे बेहद पसंद था और उसके लंबे लहराते बालों से कुछ जलन भी होती थी।

मैच रोमांचक था और पाँचवें सेट तक पहुँच चुका था। मैंने घड़ी देखी, सुबह के 3 बज रहे थे। अखिलेंद्र के घर पुलिस रेड का सबसे सही समय हो गया था। इस समय लोगों को सबसे गहरी नींद आती है। कोई स्वप्न नहीं होते, कोई आँखों की पलकें भी नहीं झपकतीं। हृदय की गति और श्वास दोनों सबसे धीमे होते हैं। पर हम पुलिसवालों के लिए इस अजीब से समय पर भी पूरी तरह जगे रहना एक साधारण सी बात है।

मैं इत्मीनान से मैं मैच देख रहा था कि मेरा सेलफोन बज उठा। डी.आई. जी., पटना थे।

"जय हिंद, सर!" मैंने कहा और स्वाभाविक तौर पर सावधान होकर बेडरूम में सीधे बैठ गया। वर्षों के अनुशासन और शिक्षण का नतीजा था यह। एक पुलिसवाले का यह 'पावलोवियन रिएक्शन' होता है।

"अमित, तुमने जर्नलिस्ट के घर कोई टीम भेजी है क्या? तुम्हारे जिले के

जिला अध्यक्ष का अभी-अभी मुझे फोन आया है।" डी.आई.जी. बोले। वे कुछ खीजे हुए थे, शायद नींद से जगने के कारण।

"जिला अध्यक्ष ने सीधे तुम्हें ही क्यों नहीं कॉल की? मुझे जगाने की क्या जरूरत थी?" उन्होंने पूछा।

"सर, जिला अध्यक्ष की मेरे साथ बनती नहीं है। उसको पुलिस के साथ कोई समस्या है। इसीलिए उसने मेरी बजाय आपको कॉल किया।" मैंने कहा।

"और सर," मैंने आगे समझाया, "अखिलेंद्र बड़ा दुष्ट पत्रकार है। उसे जबरन वसूली के मामले में पकड़ा गया है। पुलिस उसे सही गिरफ्तार कर रही है।" मैंने कहा।

"ठीक है, मुझे तुम पर पूरा भरोसा है। तुम अपने निर्णय लेने के लिए स्वतंत्र हो।" डी.आई.जी. ने कहा। मुझे सुनकर बहुत अच्छा लगा। सर मेरे काम में कभी भी दखल नहीं देते थे।

पाँच मिनट बाद फोन फिर से बजा। मैच बड़े रोचक मोड़ पर था, 'टाई ब्रेकर' चल रहा था। पर लग रहा था कि उस रात मैं उसका आनंद नहीं ले पाऊँगा।

इंस्पेक्टर तिवारी थे।

"सर, जिला अध्यक्ष साहब खुद ही आ गए हैं। अखिलेंद्र के घर के बाहर खड़े हैं। हमें अखिलेंद्र को गिरफ्तार करने के लिए मना कर रहे हैं।" तिवारी ने बताया।

मुझे गुस्सा आ गया।

"जिला अध्यक्ष को बोलो, पुलिस की कार्रवाई में अड़चन नहीं डालें। मुझे तुम पर भरोसा है कि तुम स्थिति को अच्छी तरह सँभाल लोगे।" मैंने तिवारी से कहा।

"सर, हम चट्टान की तरह खड़े रहेंगे आपके आदेश पर।" तिवारी ने उत्तर दिया। मुझे गर्व का अहसास हुआ कि तिवारी जैसे लोग मेरे साथ पुलिस फोर्स में थे।

दुर्भाग्य से, सब वहीं खत्म नहीं हुआ। आधा घंटे बाद तिवारी का फिर से फोन आया।

"सर, जिला अध्यक्ष जोर दे रहे थे कि कम-से-कम हम अखिलेंद्र को सुबह गिरफ्तार करें। इसलिए हम थाने से चौकी ले आए, सुबह तक उनके यहाँ सोने के लिए। फिर वह शर्मिंदा होकर चले गए।" तिवारी ने कहा।

अगासी मैच हार गया था। वह ऐसा हुआ कि उसका बालों का विग अपनी जगह से हिल गया और उसको ठीक करने के चक्कर में उसका ध्यान भटक गया, जिससे उसके शॉट पर असर पड़ गया। मैं भौंचक्का रह गया। जिन लंबे बालों को मैं निहारता था, वे निरे टोपी ही थे। बरसों से अगासी ने हम सबको मूर्ख बनाया हुआ था।

मैंने टी.वी. बंद किया और कुछ नींद लेने की कोशिश की।

इस बीच मिथिलेश और तिवारी ने अखिलेंद्र को सुबह हिरासत में लिया। पर सीधे पुलिस थाने ले जाने के बजाय उन्होंने उसे नालंदा की सड़कों व गलियों में घुमाने का निर्णय लिया। नालंदा के अन्य पत्रकारों के गले यह नहीं उतरा। वे सब शहर के पुलिस थाने के बाहर इकट्ठे हो गए और पुलिस के खिलाफ नारेबाजी करने लगे।

इंस्पेक्टर तिवारी मीडियावालों के साथ तर्क करते रहे।

"देखिए, अखिलेंद्र के खिलाफ 'एक्सटोर्शन' का मामला दर्ज हुआ है। पुलिस तो केवल कानून का पालन कर रही है।" वह पत्रकारों को दिलासा दिलाता रहा।

"पुलिस मुर्दाबाद!" भीड़ चिल्लाई। वे और भी भड़क गए और पुलिस पर पत्थर फेंकने लगे। फिर आसपास की दुकानें भी लूटने लगे।

जब स्थिति बेकाबू हो गई तो तिवारी ने मुझे फोन करके नींद से जगाया।

"तिवारी, जब कोई कानून को अपने हाथों में लेने लगे तो पुलिस को अपनी कार्रवाई करनी पड़ती है। चलो, जाओ और अपना कर्तव्य निभाओ।" मैंने कहा।

"उपद्रव की वीडियोग्राफी कर लेना। अपने को सुबूत दिखाने में आसानी रहेगी। तुम्हें पता है कि अगर मीडिया के खिलाफ कार्रवाई करेंगे तो वे इसे बढ़ा-चढ़ाकर दिखाएँगे।" कॉल काटने के पहले मैंने आगे जोड़ा।

उस दिन पुलिस पत्रकारों पर भारी पड़ी। उन सभी पत्रकारों के खिलाफ एफ.आई.आर. दर्ज की गई, जो कानून तोड़ रहे थे।

अगले दिन, सारे अखबार हमारे खिलाफ लिख रहे थे। प्रेस के प्रतिनिधि बिग बॉस से मिलने गए, पुलिस के 'अत्याचारों' के खिलाफ शिकायतें करने के लिए और पाँचवीं संपदा पर हमला करके 'लोकतंत्र की हत्या' करने के लिए।

"सर, एस.पी. को सस्पेंड करिए।" प्रेस ने माँग की।

"एस.पी. ने बिल्कुल ठीक किया। मैं उसे सस्पेंड नहीं करूँगा।" बिग बॉस ने अपनी स्थिति स्पष्ट की।

"पर सर, ट्रांसफर ही कर दीजिए।" एक मीडियाकर्मी ने कहा।

"अब आप हमको बताएँगे कि सरकार कैसे चलानी है? एस.पी. के खिलाफ कोई कार्रवाई नहीं की जाएगी। और हाँ, जिला अध्यक्ष को उसकी जगह दिखाई जाएगी।" बिग बॉस बरसे।

मामला बंद हो गया। एक महीने बाद, अखिलेंद्र जमानत पर रिहा कर दिया गया। वह काफी सुलझा हुआ इनसान बन गया था। और 'दैनिक खबर' की बिक्री सबसे कम हो गई उस समय।

□

27

पुलिस यादव

"सर, अवि बाबू अब बड़े हो गए हैं। आप भी एक गाय रख लीजिए दूध के लिए।" मेरे बावर्ची ओंकार पांडेय ने कहा।

"गाय? मेरे घर में?" मैंने पूछा।

"हाँ सर, डी.एम. साहब तो पूरी गौशाला रखे हैं।" उसने उत्तर दिया।

"चुन, मेरे खयाल से, यह सही कह रहा है। अगर हम गाय नहीं भी रखें तो कम-से-कम डी.एम. साहब के घर से ताजा दूध तो मँगा सकते हैं। वह दूध शुद्ध होगा, बिना मिलावट का।" तनु बोली।

बिहार में अकसर ऑफिसर्स अपने विशाल बँगलों में गायें रखते थे। चूँकि मैं शहरी क्षेत्रों में पला-बढ़ा था, इसलिए घर में गाय रखना मुझे अजीब-सा लगा। पर रोज ताजा दूध मिलना तो बहुत अच्छा रहेगा।

अतः हमने डी.एम. के घर से दूध मँगवाना शुरू कर दिया। पर हमारी योजना के अनुसार काम नहीं हो पाया।

"चुन, इस दूध में तो काफी पानी मिला है!" तनु ने मुझे बरतन दिखाते हुए कहा।

□

"अरे, अमित, दूध क्यों रोक दिया?" मजाकिया डी.एम. ने पूछा। वह काफी मैत्रीपूर्ण पड़ोसी थे और कई बार 'हेलो' करने आ जाते थे।

"सर, ऐसे ही।" मैंने झेंपते हुए कहा।

"कोई तो कारण होगा।" वह बोले।

तनु अपने आपको रोक नहीं पाई। वैसे भी, वह कभी भी कूटनीतिक नहीं रही थी।

"सर, दूध में बहुत पानी मिला हुआ आ रहा था। हमें अवि के लिए शुद्ध दूध चाहिए था।" वह बोली।

"अच्छा, मैं देखता हूँ। मैं भी अचंभित हूँ।" डी.एम. ने कहा। वह शर्मिंदा दिख रहे थे।

उन्होंने शाम को फोन किया।

"अमित, तुम ठीक कह रहे थे। मेरा स्टाफ ही दूध चुरा रहा था, और चोरी की पूर्ति करने के लिए दूध में पानी मिला रहा था। तुम्हें खराब क्वालिटी का दूध भेजने के लिए सॉरी।" वह बोले।

"तनु, विश्वास करोगी? डी.एम. के खुद के स्टाफवाले उन्हें धोखा दे रहे थे!" फोन बंद करके मैंने कहा।

"आपको आश्चर्य क्यों हो रहा है? मैंने भी ओंकार को रसोई में से चोरी करते पकड़ा है।" उसने बताया।

"सच में? क्या ले रहा था वो? कुछ कीमती सामान तो नहीं था?"

"बुद्धू, रसोई में कीमती क्या होगा! और वैसे भी, हमारे घर में कुछ भी महँगा नहीं है। वह तो बस, सामान्य चीजें ही ले जा रहा था—घी और प्याज।" तनु हँसते हुए बोली।

"पुलिस के घर में चोरी, वो भी एस.पी. के यहाँ!" मैं हैरान और क्षुब्ध था।

"ज्यादा टेंशन मत लो, मैंने उसे हटा दिया है।"

"तुमको कड़ी कार्रवाई करनी चाहिए थी।"

"क्या जेल भेज देते घी चुराने के लिए? ज्यादा जरूरी कामों पर ध्यान दो।" तनु ने बात खत्म करते हुए कहा।

□

अगले दिन, पटना जोन के आई.जी. माथुर सर का फोन आया।

"अमित, एक विख्यात न्यूरोफिजिशियन डॉ. रमेश सेठी का पटना से अपहरण हो गया है। मैं चाहता हूँ कि तुम मोकामा जाओ, तुरंत।" वह बोले।

"पर सर, मैं नालंदा का एस.पी. हूँ। मोकामा तो पटना जिले में पड़ता है।

मैं वहाँ क्या करूँगा ?" मैंने आपत्ति उठाई।

"वो कोई बात नहीं। तुम मोकामा के सारे अपहर्ताओं की लिस्ट बनाओ और उनके ठिकानों पर रेड डालो। इससे शायद हम अपहृत डॉक्टर को बरामद कर पाएँ। सारे लोगों को और सरकार को विश्वास हो जाएगा कि पुलिस अपना काम गंभीरता से कर रही है।"

"सर, मोकामा के विशाल क्षेत्र में डॉक्टर को ढूँढ़ना तो भूसे के ढेर में सुई ढूँढ़ने जैसा होगा। और हमें पता भी ठीक से है क्या कि डॉक्टर को मोकामा ले जाया गया है ?" मैंने तर्क दिया।

"अमित, मुझे खुद को ही नहीं पता कि डॉक्टर मोकामा में है क्या ? पर यह आदेश है, तर्क मत करो अब और आगे।"

मैं मोकामा के लिए रवाना हुआ, जो नालंदा से काफी दूर था। मुझे पता था कि फिजूल था जाना, परंतु फिर भी ड्यूटी करने गया। रास्ते में मैंने अपने ससुरजी को फोन किया, जो जयपुर में ए.डी.जी., इंटेलिजेंस थे।

मैंने पटना आई.जी. से हुई अपनी बातचीत उनको बताई।

"बेटा, ऐसा ही अपहरण का एक मामला यहाँ भी कुछ दिनों पहले हुआ था। हमने उस मामले को IMEI से आराम से सुलझा लिया था।" वे मुझे IMEI नंबर से किसी व्यक्ति को कैसे चिह्नित करते हैं, विस्तार से समझाते हुए बोले।

"इतना आसान है ?" मैंने पूछा।

"हाँ, बिल्कुल। तकनीकी को अपने फायदे के लिए इस्तेमाल करो।" उन्होंने उत्तर दिया।

मैंने श्रीमती सेठी को फोन किया और अपना परिचय दिया।

"एस.पी. साहब, कुछ करिए।" श्रीमती सेठी सुबकने लगीं।

"मिसेज सेठी, पुलिस आपके पति को वापस लाने के लिए पूरे प्रयास कर रही है, पूर्णतः सुरक्षित।" मैंने कहा।

"आप मुझे डॉ. सेठी का सेलफोन नंबर दे सकती हैं क्या ? और यह भी बताएँ कि सेलफोन किस मॉडल का है ?"

"एस.पी. साहब, नंबर 931X2@622 है, पर वह बंद है।"

"कोई बात नहीं। और मॉडल ?"

"सैमसंग का फोन है, रंगीन स्क्रीन वाला।"

"ठीक है, मैं जल्दी ही आपसे फिर संपर्क करता हूँ।"

डॉ. सेठी का सेलफोन काफी महँगा मॉडल था। उन दिनों में रंगीन स्क्रीन का सेलफोन नवीन था और मुझे पता था कि वह कुछ ही लोगों के पास था। पक्का पता था कि इतना महँगा फोन अपहर्ता फेंकेगा नहीं।

मैंने फौरन रिलाइंस कम्युनिकेशंस के जी.एम. अरविंद चटर्जी को सारा विवरण दिया।

"आप प्लीज IMEI रन करें और पता लगाएँ कि क्या इस सेलफोन में दूसरा सिम डाला गया है?" मैंने आग्रह किया।

दस मिनट में जवाब आ गया।

"जी हाँ सर, एक नया सिमकार्ड कुछ घंटे पहले डाला गया है।"

जैसी उम्मीद थी, एक अपहर्ता ने अपना खुद का सिमकार्ड डॉक्टर के हैंडसेट में डाल लिया था।

"ग्रेट! आप मुझे नए सिम की कॉल डिटेल भेज सकते हैं क्या? मैं पत्रकार नगर थाने से पटना के किसी भी रिलाइंस कम्युनिकेशंस के दफ्तर डिटेल लेने भेज देता हूँ। क्या मैं अपनी पुलिस टीम दो दिन बाद भेज दूँ?" मैंने पूछा।

ऐसा काम ज्यादातर इतना समय ही लेता था।

"अरे सर, आपको कॉल डिटेल देने में दो दिन का वक्त क्यों लगेगा! मैं अभी सीधे आपके इ-मेल पर भेज देता हूँ।" चटर्जी ने कहा।

"सच में? तो फिर पटना पुलिस को प्रिंट आउट लेने में दो दिन क्यों लगते हैं।" मैंने पूछा।

"क्योंकि उन्होंने हमें आपात स्थिति में पहले कभी नहीं संपर्क किया। वे हमेशा लालफीताशाही तरीके से ही करते हैं। पहले पटना पुलिस पटना रिलाइंस दफ्तर को माँग-पत्र भेजती है, फिर पटना ऑफिस कोलकाता रिलाइंस ऑफिस से पूछता है और फिर वे पटना विवरण भेजते हैं। मैं आपको सीधे ही कॉल डिटेल भेज सकता हूँ।" चटर्जी ने समझाया।

मैं चकरा गया। अभी तक सब मामलों में इतनी फिजूल पत्रावली की गई है।

एस.पी. होने की वजह से मेरे दफ्तर में कंप्यूटर था, जो उन दिनों विलासिता थी। अगले दस मिनट में मेरे इ-मेल पर सारी कॉल डिटेल पाकर मैं बहुत उत्साहित था।

फिर मैंने जिन नंबरों पर अकसर कॉल की जाती थी, उन्हें निकाला और फिर चटर्जी से उन नंबरों के नाम व पते पूछे।

लगभग 45 मिनट बाद, मेरे पास उनमें से पाँच नंबरों की डिटेल थी। एक नाम अलग से ही दिख रहा था—राजो यादव।

राजो यादव पटना का नामी अपराधी था। मैंने अपराध की दुनिया में उसके कारनामों के बारे में सुना था, जब मैं पटना का ए.एस.पी. था। मैंने तुरंत अभय, मेरे पूर्व बॉडीगार्ड, को फोन लगाया। मेरे साथ पटना में था वह।

"अभय, राजो यादव का कोई गुप्त ठिकाना है क्या? अपना नेटवर्क यूज करो।" मैंने कहा।

"जी सर, अभी थोड़ा दिन पहले ही हमारा 'जासूस' हमको बताया है। पर वह आजकल कार्यशील नहीं है। वह बेल पर बाहर है। वह किसी भी मामले में पुलिस के अनुसार लिप्त नहीं है।" अभय ने उत्तर दिया।

"कोई बात नहीं, अभय। पता करो, अभी कहाँ है? पर चुपचाप करना।"

दो घंटे बाद अभय का कॉल आया।

"सर, मिल गया है उसका ठिकाना। बख्तियारपुर के पास एक गाँव में है।" अभय बोला।

बख्तियारपुर—नालंदा और पटना के बीच में था। चूँकि अपहरण का मामला पटना पुलिस का था, अत: मैंने फौरन पटना एस.एस.पी. को कॉल किया।

"सर, मुझे न्यूरोसर्जन के अपहरण के मामले में सुराग मिला है। अगर राजो यादव से पूछताछ की जाए तो हमें अपहरणकर्ता के बारे में पता चल जाएगा।" मैंने उन्हें राजो यादव का विवरण देते हुए बताया।

"ठीक है, मुझे बख्तियारपुर मिलो 1.30 बजे। मैं अपनी टीम के साथ पहुँचता हूँ।" एस.एस.पी. बोले।

मैं घटनाक्रम से उत्तेजित था। मुझे पूरा विश्वास था कि यदि यादव से पूछा जाएगा तो अपहरणकर्ता के बारे में और पता लग जाएगा। यह कोई इत्तेफाक

नहीं था कि डॉक्टर के हैंडसेट से उससे बार-बार संपर्क किया गया था।

हमें एस.एस.पी. सर की टीम तय समय पर मिल गई और फिर हम अभय के नेतृत्व में यादव के ठिकाने पर गए। अभय के अनुसार, मालिक बिहार छोड़कर अन्य हरे-भरे चरागाह ढूँढ़ने चला गया था।

हमें अँधेरे में सिर्फ झींगुरों की आवाजें आ रही थीं। घर के अंदर व बाहर एकदम शांति थी। हमारे आदमियों ने घर को घेर लिया और अपनी स्थिति सँभाल ली।

"सर, हमें अपने हथियार तैयार रखने चाहिए क्या?" मैंने अपनी ग्लोक पिस्टल निकालते हुए पूछा।

"मत करो। पहले घर को चेक करने दो। अगर हम अंदर भरी हुई बंदूकों के साथ गए तो आकस्मिक गोली चलने का डर रहेगा। वैसे भी, हम यादव को ढूँढ़ने आए हैं।" एस.एस.पी. ने कहा।

बात तो सही लगी, पर मैं अस्पष्ट स्थिति में था। अगर अंदर अपराधी हुए तो क्या होगा? मैंने अपने अंगरक्षकों अजीत एवं शुक्ला को अपनी बंदूकों को बिल्कुल चुपचाप तानने का इशारा किया और सतर्क रहने को कहा।

अभय ने दरवाजा तोड़ा और हम सब उसके पीछे गए। उसने टॉर्च जलाई और यादव का नाम पुकारा। हमारे आश्चर्य का ठिकाना नहीं था, जब हमने जमीन पर लोगों के समूह को सोते हुए देखा। पास में हथियार पड़े थे। वे उठ गए और हल्ले-गुल्ले से सकपका गए तथा फौरन अपने देसी कट्टे झपटने लगे।

"ठहरो, नहीं तो गोली मार देंगे।" अजीत और शुक्ला अपनी बंदूकों को गुंडों पर तानते हुए चिल्लाए।

"सर, ये रहा राजो यादव।" अभय ने टॉर्च एक आदमी की ओर दिखाते हुए कहा। हमने अपराधियों से उनके हथियार ले लिये और उनको बाँध दिया।

"कौन हो तुम लोग और यहाँ क्या कर रहे हो?" एस.एस.पी. ने पूछा।

सारे बदमाश चुप रहे।

अभय ने यादव को धकेला।

"बताता है या दो-चार और लगाऊँ?" अभय ने धमकाते हुए स्वर में कहा।

यादव ने एक भारी-भरकम आदमी की ओर इशारा करते हुए कहा, "सर, बताता हूँ। यह पुलिस यादव है और ये इसके गैंग के सदस्य हैं। ये एक आदमी को यहाँ छिपाने लाए हैं। कोई डॉक्टर साहब हैं।" यादव थरथराते हुए बोला।

"कहाँ है डॉक्टर?" मैंने पूछा।

"वो स्टोर रूम में है।"

हम स्टोर रूम में घुसे और वहाँ तोंदवाले एक आदमी को ठंडी व सीलन भरी जमीन पर पड़े हुए देखा। हमने उनके मुँह पर से पट्टी हटाई और उन्हें खोल दिया।

हमें अपने भाग्य पर विश्वास नहीं हो रहा था। हम तो अपहरण के बारे में यादव से पूछताछ करने आए थे और यहाँ न केवल डॉ. सेठी को बचाने में कामयाब हुए, बल्कि पटना के खूँखार अपराधी पुलिस यादव को भी पकड़ लिया।

मितभाषी एस.एस.पी. ने ज्यादा प्रतिक्रिया नहीं दी। उन्होंने आई.जी. का नंबर मिलाया।

"सर, डॉक्टर हमारे पास है।" वह बोले।

"कहाँ से? मोकामा?" आई.जी. ने पूछा।

"नहीं सर, बख्तियारपुर से। अमित ने सेलफोन टेक्नोलॉजी का इस्तेमाल किया किडनैपर्स का पता लगाने के लिए।" एस.एस.पी. ने कार्रवाई का ब्योरा देते हुए बताया।

"हमें अपने स्टैंडर्ड, पुराने फैशनवाले पुलिसिंग के तरीकों, को कभी-कभी छोड़ना पड़ता है, सर।" एस.एस.पी. बोले।

"रेड डालने के आदेश मैंने गलत दिए थे। उसे फोन दो जरा।" आई.जी. ने विनम्रता से अपने मूल्यांकन की त्रुटि को स्वीकार करते हुए कहा।

"बधाई हो, अमित। अच्छा काम किया।" वह बोले।

"सर, थैंक यू!" मैंने उत्तर दिया। अपने वरिष्ठ अधिकारियों ने मुझपर जो विश्वास जताया, उससे मैं बहुत प्रसन्न हो रहा था।

हम अपराधियों और डॉक्टर को लेकर बख्तियारपुर थाने पहुँचे, सारी औपचारिकताएँ पूरी करवाने के लिए। मैंने पुलिस यादव की ओर देखा और

उससे पूछे बिना नहीं रह पाया, "तुम्हारा नाम पुलिस यादव क्यों है ?"

"हमारे बाबूजी बचपन से ही हमें पुलिस बनाना चाहते थे। यह उनका सपना था, मेरे पैदा होने के पहले दिन से ही।" उसने अपनी नजरें अन्य पुलिसवालों से बचाते हुए उत्तर दिया।

हम सब इस विडंबना पर हँस पड़े। पहली बार मैंने किसी अपराधी का इतना रोचक नाम सुना था। बाद में मुझे वकील शर्मा, मंत्री प्रसाद और हीरो सिंह भी मिले। पर मेरा सबसे चहेता नाम तो 'भोल्टेज यादव' था, क्योंकि गाँव में उसके पैदा होते ही वोल्टेज की नियमित सप्लाई शुरू हो गई थी—कई सालों बाद।

□

28

पारले-जी

नालंदा के एस.पी. का पदभार सँभालने के कुछ महीनों पहले तक अखबारों की हेडलाइंस होती थी—'अपराधी मस्त, पुलिस पस्त'। अब वह बदलकर हो गई—'अपराधी मस्त, पुलिस चुस्त।' परंतु फिर भी, वह अपहरण के मामले पूरी तरह से खत्म नहीं हुए थे।

ये अपराधी बिहार में संगठित अपराध का धंधा चलाते थे उन दिनों में।

चूँकि मैं सेलफोन टेक्नोलॉजी द्वारा लोगों को ट्रैक कर पाने की जानकारी रखता था और मेरे पास अच्छा नेटवर्क था 'सूत्रों' का, इसलिए मैं इन मामलों को अपेक्षाकृत आसानी से सुलझा लेता था। पर परेशानी का सामना तो दूसरी समस्याओं से था।

जब मैंने आई.पी.एस. की नौकरी शुरू की थी तो बड़े शानदार सपनों के साथ की थी कि मैं वह सफल पुलिसवाला बनूँगा, जो सारी व्यवस्था बदल देगा और जिसके जिले में कोई समस्याएँ नहीं होंगी। पर मुझे जल्द ही मालूम हो गया कि यह असंभव है। पुलिस अफसर प्रतिदिन समस्याओं के अंबार से जूझते हैं। हमें जनता की हर नाराजगी के लिए उत्तरदायी होना पड़ता है। अगर कोई लड़की अपने प्रेमी के साथ भाग जाती है तो हमें सांप्रदायिक दंगों का खतरा भाँपना पड़ता है। अगर परीक्षाएँ हों और पुलिस उसे सुचारु रूप से बिना चीटिंग के करवाने में मदद करे तो लोग पुलिस को ही घेर लेते हैं। सबसे खराब तो जमीन के विवाद के मामले होते हैं; वे कुछ भी हो सकते हैं—दो मकानों के बीच की नाली से लेकर दो भाइयों के बीच बेशकीमती जमीन

तक। ये समस्याएँ कभी सुलझती नहीं हैं, क्योंकि एक तरफ वाले पक्षधर तो हमेशा असंतुष्ट ही रह जाते हैं। पुलिसवालों के समक्ष हर प्रकार की समस्याएँ खड़ी होती हैं और फिर भी तुरंत समाधान निकालना उनसे अपेक्षित होता है। उन दिनों हमारे संसाधन भी कम ही थे। मेरे मुंशी कहते थे, "साहब, इस देश को तो यहाँ के 33 करोड़ देवी-देवता ही चला रहे हैं। नहीं तो इतनी अपार समस्याओं के बावजूद हमारा विकास कैसे हो रहा है?"

मुझे पता था कि हर समस्या का समाधान मैं स्वयं नहीं कर सकता था, इसलिए मैंने काम सौंपना शुरू किया और अपने कामों की प्राथमिकताएँ तय करनी शुरू कर दीं।

चुनाव, चाहे लोकसभा के हों या पंचायत के, हमेशा प्रथम वरीयता पर थे। वर्ष 2003 में लोकसभा चुनाव घोषित हुए। यह जिम्मेदारी बहुत बड़ी थी कि चुनाव स्वतंत्र, निष्पक्ष और शांतिपूर्ण ढंग से हो जाएँ। मैंने एक महीने पहले से ही संवेदनशील बूथों की सूची बनानी शुरू कर दी, जहाँ अतिरिक्त बल की आवश्यकता होती है। जिला पुलिस ने असामाजिक तत्त्वों और परेशानी खड़ी करनेवालों के खिलाफ अभियान शुरू कर दिया। कुछ दिनों बाद भारतीय चुनाव आयोग के प्रेक्षक नालंदा आए चुनाव की तैयारियाँ देखने के लिए।

नालंदा जिले को 1,200 आदमी आवंटित किए गए। ये पुलिसवाले बिहार मिलिट्री पुलिस या बी.एम.पी. और होमगार्ड के थे। उनके रहने की व्यवस्था जीर्ण पुलिस लाइंस या पुलिस थाने में की गई थी। परंतु सबसे विकट समस्या तो उनको ड्यूटी के लिए विभिन्न मतदान केंद्रों तक भेजने की थी। नालंदा पुलिस को काफी सारी बसों, ट्रकों एवं ट्रैक्टरों की आवश्यकता थी उनको भेजने के लिए। दुर्भाग्यवश, उसी समय एक प्रशासन के अधिकारी के साथ मेरे संबंध कुछ खराब हो गए थे।

कई बार याद दिलाने के बाद भी कोई वाहन नहीं दिए गए। मैं चिंतित था, पर फिर भी उम्मीद कर रहा था कि सब ठीक हो जाएगा। मैंने काफी व्यापक आधार बनाया था। जिले में सबकुछ नियंत्रण में था, पर फोर्स अभी भी पुलिस लाइंस में ही थी।

लगभग आधी रात के बाद पुलिस लाइंस से फोन आया। वह मुंशी था।

"सर, आप जल्दी आ जाओ। मेजर साहब बहुत टेंशन में हैं।" वह चिंतित स्वर में बोला।

"क्यों, क्या हुआ?" मैंने पूछा।

"सर, वो पुलिस लाइंस में इतनी तादाद में आदमियों को नहीं सँभाल सकते। सबकुछ अस्त-व्यस्त हो गया है।" मुंशी बोला।

मैंने अपनी वरदी पहनी और पुलिस लाइंस जाने के लिए तैयार हो गया।

"इतनी रात में कहाँ जा रहे हो?" तनु ने पूछा।

"पुलिस लाइंस जा रहा हूँ। जल्दी वापस आ जाऊँगा। तुम फिर से सो जाओ।"

वह मेरे लिए पानी की बोतल भरने लगी और पारले-जी के बिस्कुट के दो पैकेट भी निकाले।

"इन बिस्कुटों की क्या जरूरत है? मैं जल्दी आ रहा हूँ।" मैंने कहा।

"अरे, आप पुलिसवालों का कुछ पता नहीं होता है। बस, रख लो बिस्कुट।"

मैं मुसकराया और घर से निकल पड़ा।

□

पुलिस लाइंस का नजारा बड़ा भयानक था। सैकड़ों पुलिसवालों में अव्यवस्था फैली थी। जेनरेटर काम नहीं कर रहा था। कुछ लोग सो रहे थे, बाकी खाना ढूँढ़ रहे थे और बिल्कुल भी प्रबंधित नहीं थे।

पुलिस लाइंस का मुंशी भागते हुए मेरे पास आया—"सर, बहुत बवाल चल रहा है।" वह बोला। घबराया हुआ दिख रहा था।

"वो तो दिख रहा है। समझाओ।" मैंने कहा और कुछ आश्वस्त-सा चेहरा बनाकर रखा।

"सर, मेजर साहब ने चुनाव पाबंदी के आदेश सारी टोलियों के लिए निकाल दिए थे। हमने होमगार्ड और बी.एम.पी. जवानों की टीमें बना दी थीं।"

"पार्टियाँ बसों का इंतजार करती रहीं मतदान केंद्रों पर जाने के लिए। कुछ देर बाद वे धैर्य खोने लगे और इधर-उधर खाना ढूँढ़ने जाने लगे। टॉयलेट

जाने···और अब हम प्रत्येक टोली के सदस्यों को खोज नहीं पा रहे। अभी हमें नहीं पता कि हम चुनाव ड्यूटी के लिए भेज पाएँगे या नहीं!" उसने आगे बताया।

"मेजर साहब कहाँ हैं?" मैंने पूछा।

"सर, वो तनाव की वजह से पस्त हो गए हैं। उनका बी.पी. हाई हो गया है। हमने उनको जिला अस्पताल भेज दिया है।" मुंशी ने उत्तर दिया।

स्थिति बड़ी गंभीर थी। हमारे पास चुनाव ड्यूटी के लिए कुछ ही घंटे शेष थे। चुनाव बिना सैन्य बल के संभव नहीं थे। अगर मैं इन आदमियों को नहीं भेज पाया तो चुनाव आयोग मेरे खिलाफ सख्त कार्रवाई कर सकता है।

"सर, घबराइए मत। हम इनको भेज देंगे।" मेरा ड्राइवर मंगेश्वर आत्मविश्वास से बोला।

"क्या करें, मंगेश्वर?" मैंने उससे पूछा।

"हम लोग हैं ना, सर।" देवेंद्र यादव, बिहार पुलिसमैन एसोसिएशन के प्रमुख, बोले। नालंदा के पूर्व एस.पी. के लिए वह बहुत परेशानी खड़ी कर देता था, पर अब यहाँ देखो, वह ज़िंदगी की सबसे बड़ी मुसीबत में मेरा पूरा साथ दे रहा था।

वे मेरे लिए जवानों के समूह को संबोधित करने के लिए मेगाफोन लेकर आए। मैंने वो लिया और उसमें चिल्लाने लगा। आवाज बहुत तीखी निकली।

"सर, थोड़ा धीरे से।" देवेंद्र बोले।

मैंने अपनी गलती समझी और फिर सामान्य स्वर में बोलने लगा।

"जवानो, मेरे सामने एकत्र हो जाओ। अपनी टोली बनाओ, साथियों को ढूँढ़ो। हमें मतदान केंद्रों पर समय से पहुँचना है।"

कुछ क्षण के लिए चुप्पी छा गई। क्या वे एस.पी. के सीधे आदेश को नजरअंदाज करेंगे? वे अब घूमने लगे, पर कोई व्यवस्था नहीं थी और अराजकता होने लगी। मैंने देवेंद्र की ओर देखा।

"यह क्या हो रहा है? इतनी अनुशासनहीनता क्यों हो रही है?" मैंने पूछा।

"सर, कोई गाड़ियाँ नहीं हैं। जब तक पार्टियाँ बसों में बैठकर जाने नहीं लगेंगी, यही चलता रहेगा। और अभी हमारे पास इन आदमियों के लिए कोई भी साधन उपलब्ध नहीं है।" देवेंद्र ने उत्तर दिया।

"सर, हम इन लोगों को अपनी गाड़ियों में ले जाते हैं।" मंगेश्वर ने उत्तेजित होकर कहा।

"कौन सी गाड़ियाँ? हमारे पास कहाँ हैं? केवल कुछ जीपें ही तो हैं। इतने आदमियों को कैसे पहुँचाएँगे।" मैंने कहा।

"सर, हैं तो सही। हम इन्हें कैदियों की वैन में ले जाते हैं। अन्य ड्राइवर पार्टियों को ट्रकों में, यहाँ तक कि अपनी एंबुलेंस में भी ले जा सकते हैं।" मंगेश्वर बोला।

"तुम्हें यह सही लगता है? काफी बड़ी संख्या है।" मैंने पूछा। कोई आशा की किरण नहीं दिख रही थी।

"हाँ-हाँ, सर, बिल्कुल। अभी बारह घंटे बाकी हैं मतदान शुरू होने में। समय बरबाद नहीं करना चाहिए।" मंगेश्वर ने विश्वासपूर्वक कहा।

दस मिनट बाद, पंद्रह ड्राइवर मेरे सामने खड़े हो गए।

"कृपया यह सुनिश्चित कर लीजिए कि सारी टोलियाँ मतदान केंद्र पहुँच जाएँ। मैं आपको पोलिंग बूथ की सूची दे रहा हूँ। सबसे दूर वाले पहले जाएँ। पास वालों का इंतजाम बाद में करेंगे।" मैंने कहा।

एंबुलेंस, पुलिस ट्रक और जीप—सभी के इंजन स्टार्ट हो गए।

मंगेश्वर कैदियों की वैन में था और जोर से हॉर्न बजा रहा था। मैंने फिर से मेगाफोन उठाया।

"आप सब जल्दी से गाड़ियों में बैठिए। मूव, मूव, फास्ट।"

जवान अपने साधन को देखकर अचंभित रह गए। "चलो, चलो।" धीरज ने सिपाहियों को सवारियों की ओर बढ़ाते हुए जोर से पुकारा। अजीत और शुक्ला भी उनके साथ-साथ सबको आगे चलाने लगे।

सिपाहियों का एक समूह बड़ी अनिच्छा से कैदियों के वाहन पर चढ़ा। मंगेश्वर एक क्षण भी नहीं रुका। उसने जल्दी से वैन पुलिस लाइंस के गेट के बाहर निकाल ली। जल्दी ही बाकी जवान भी अन्य वाहनों में चढ़ गए। वाहनों

को बाहर जाते देख मैंने राहत की साँस ली। कम-से-कम हम चल पड़े थे।

"अब क्या हम वाहनों के वापस आने का इंतजार करें?" मैंने अपने अंगरक्षकों से पूछा।

"सर, और कोई रास्ता नहीं है। मंगेश्वर भाई तथा कुछ और पुलिसवालों को कई चक्कर लगाने पड़ेंगे।"

कुछ देर बाद, मैंने अपने नजदीकी पुलिस थानों के अफसरों को जीप से उतरते देखा।

"अरे, आप लोग यहाँ कैसे?" उनके अचानक आने पर मैंने आश्चर्य से पूछा।

"सर, हमको संकट का पता चला तो हम फौरन चले आए। हम आपको इस समय अकेला कैसे छोड़ सकते थे?" लाहिरी पुलिस थाने के एस.एच.ओ. मिथिलेश ने कहा।

"सर, बाकी पार्टियों को रवाना कर देते हैं। उनको हमारी जीप से भेज सकते हैं।" एक अन्य अधिकारी विजय शर्मा ने कहा।

जल्दी ही सिपाहियों का एक और समूह पुलिस लाइंस से निकला।

लगभग एक घंटे के बाद मैंने एक वाहन को अंदर आते हुए देखा। वह मंगेश्वर था कैदी वैन में।

"सर, पहुँचा दिए हैं। उन जवानों को मतदान केंद्र के सबसे निकटतम पुलिस स्टेशन छोड़ दिया है। दूसरी पार्टियों को वैन में बिठाइए।" वह बोला।

"पाँच मिनट तो आराम कर लो।" मैंने कहा।

"सर, एक बार सब पहुँच जाएँ, फिर रेस्ट ही रेस्ट है।" वह मुसकराते हुए बोला।

मैंने भी उसकी ओर मुसकराते हुए देखा। मंगेश्वर और देवेंद्र जैसे अद्‌भुत पुलिसकर्मियों के कार्य को देखकर मैं अभिभूत हो गया।

अगले कुछ घंटों तक वाहन पुलिस लाइंस के अंदर-बाहर होते रहे।

□

"हाँ, हम कर लेंगे।" मैंने अपने आसपास के लोगों को कहा। मेरी आँखों में उम्मीद की नई किरण थी।

मैं लगातार घूम रहा था, यह सुनिश्चित करने के लिए कि सब लोग भेजे जा रहे हैं।

"सर, थोड़ा सुस्ता लीजिए।" विजय बोला।

"अभी तो ठीक है। जब थक जाऊँगा तो थोड़ी देर लेट जाऊँगा।" मैंने कहा, अपने चारों ओर पुलिस के जवानों को देखते हुए। उनमें से काफी तो जमीन पर ही सो गए थे। कुछ उठ गए थे और नित्य कर्म करने चले गए थे।

"मुंशीजी, कितने लोग मतदान केंद्र पहुँच गए हैं?" मैंने पूछा।

"सर, करीब 480 कॉन्स्टेबल भेजे जा चुके हैं। इसका मतलब है कि अब हमारे पास 800 जवान बचे हैं।" उसने उत्तर दिया।

"ये तो अभी काफी लोग हैं। आसपास के पुलिस थानों से जीप बुला लो। सभी एस.एच.ओ. को कह दो, सड़क पर जो भी ट्रक व बसें चल रही हों, उन सबको रोक लें।" मैंने आदेश दिया।

"सर, मैं तुरंत पुलिस जीप को फोन करता हूँ। लेकिन राजमार्गों पर कोई बस या ट्रक नहीं हैं। उन्हें पहले ही चुनाव ड्यूटी पर लगाया जा चुका है।" मुंशी ने बताया।

"चुनाव ड्यूटी?" मैं पूरी रात से यहाँ हूँ, पर अभी तक तो कोई वाहन देखा नहीं।" मैंने गुस्से से कहा।

मुझे पता था कि जान-बूझकर वाहन नहीं भेजे गए थे। पिछले कुछ दिनों से मैं अनुभव कर रहा था कि चुनाव पर्यवेक्षकों को मुझसे कोई खास लगाव नहीं था। शायद मेरे बारे में उनको झूठी कहानियाँ सुनाई गई थीं, जिससे मेरी छवि अच्छी नहीं बन पाई होगी।

मैंने समय देखा और एक चुनाव पर्यवेक्षक को फोन मिलाकर पुलिस लाइंस की गंभीर स्थिति से अवगत कराया। उन्होंने धैर्यपूर्वक मेरी बात सुनी और कहा, "अमित, मुझे यह सूचित किया गया है कि पुलिस लाइंस पर वाहन भेज दिए गए हैं; पर वहाँ तो पूरी अव्यवस्था हो रही है। आप अपने आदमियों को नियंत्रित नहीं कर पा रहे और उन्हें ड्यूटी पर नहीं भेज पा रहे हो। अभी भी कुछ समय शेष है मतदान-प्रक्रिया के शुरू होने में। मैं तुम्हें साफ-साफ

कहना चाहता हूँ कि यदि पुलिस बल समय पर नहीं पहुँच पाया तो इसके गंभीर परिणाम होंगे। इस बीच, मैं जिला प्राधिकारियों को कहता हूँ कि तुम्हारे पास आने-जाने के लिए साधन जल्दी से भेजें।" जो मैंने कई बार पहले सुना था, वही फिर से कहा उन्होंने।

अब तो मैंने ठान लिया कि मेरे सारे आदमी समय पर ड्यूटी पर पहुँच जाएँ। मंगेश्वर और अन्य ड्राइवर सारे जवानों एवं होमगार्ड्स को गंतव्य तक पहुँचाते रहे। कुछ घंटे बाद, मुझे कई सारी बसें और ट्रक पुलिस लाइंस आते दिखाई दिए। अंततः प्रशासन ने वाहन भेज ही दिए थे।

सुबह हो रही थी। अब मेरी उम्मीद भी जाग गई थी। मैंने मेगाफोन लिया कुछ घोषणाएँ करने के लिए। अब मेरी आवाज काफी कर्कश हो गई थी। वह बमुश्किल सुनाई दे रही थी। फिर भी, वह जवानों को मेरे निर्देश समझ आ रहे थे। पुलिस लाइंस का स्टाफ जवानों को लगातार बसों व ट्रकों में सवार कर रहा था। जब मैंने घड़ी देखी तो सुबह के 6.40 बज रहे थे। मतदान 7 बजे शुरू होने वाला था।

कुछ मुट्ठी भर जवान अभी भी वाहनों का इंतजार कर रहे थे। "आप लोग यहाँ कैसे हैं?" मैंने उनसे पूछा।

"सर, बस का इंतजार कर रहे हैं।" सबने एक स्वर में कहा।

"सर, इनको शहर जाना है और लाहिरी पुलिस थाने। हमने सबसे पहले दूर वालों को रवाना किया था, जैसा आपने कहा था।" मुंशी ने बताया।

"आप लोगों को तो यहीं जाना है। आप पैदल ही क्यों नहीं चले जाते? कुछ ही मिनट बचे हैं। जल्दी करो।" मैंने कहा।

उन जवानों ने अपनी राइफलें एवं बैग उठाए और चले गए।

ठीक 7 बजे मेरा सेलफोन बजा। डी.एस.पी. हिल्सा, अनवर हुसैन बोल रहा था।

"सर, चुनाव पर्यवेक्षक मतदान केंद्रों का निरीक्षण कर रहे हैं और वे बंदोबस्त से संतुष्ट हैं।" वह बोला।

"ग्रेट!" मैंने कहा।

मैं भाग्यशाली रहा। मैंने अनुमान लगाया था कि पर्यवेक्षक अपना चक्कर सबसे दूर और नालंदा जिले के चुनौतीपूर्ण इलाके से शुरू करेंगे। हिल्सा एक ऐसा ही क्षेत्र था। जब तक वे हिल्सा से शहर पहुँचेंगे, मेरे आदमी वहाँ के मतदान केंद्रों पर भी पहुँच चुके होंगे।

तभी मेरी जिप्सी का वायरलेस खुरखुराया।

"गुड मॉर्निंग, सर। नालंदा में सब शांतिपूर्वक है।"

मैंने पारले-जी के पैकेट जिप्सी की सीट पर पड़े देखे। मैंने कुछ बिस्कुट निकाले और देवेंद्र एवं अन्य पुलिसवालों के सामने रखे। दो पैकेट काफी नहीं थे हम सबके लिए, इसलिए हमने बिस्कुट तोड़कर बाँटकर खाए।

पारले-जी पहले कभी भी इतने मीठे नहीं लगे।

□

चुनाव शांतिपूर्ण ढंग से संपन्न हो गए। पर पुलिस को पूरे वक्त कार्यरत रहना पड़ा। अब बस, वोटों की गणना बाकी थी। मुझे सतर्क रहना था। कुछ समय पूर्व हुए पंचायत चुनाव मुझे याद थे। मुझे पटना के बदनाम बाढ़ क्षेत्र में प्रतिनियुक्त किया गया था। पूरे दिन की कार्रवाई शांति से हो गई थी। जैसे ही मैं अपनी जिप्सी में बैठ रहा था, मुझे कुछ गाँववाले मेरी ओर जोर-जोर से हाथ हिलाते हुए दिखाई दिए।

वे चिल्ला रहे थे, "बूथ लूटा गया, बूथ लूटा गया।"

मैं देखकर हैरान रह गया कि कुछ राइफलधारी गुंडे बैलेट बॉक्स को अपने सिर व कंधे पर रखकर भाग रहे थे।

"सर, चलिए, पीछा करते हैं।" अभय बोला।

"हाँ, हाँ।" मैं बोला। मैं पूरी तरह हिल गया था। ऐसा मैंने पहली बार देखा था।

मेरे सिपाही और मैं उनके पीछे दौड़े। बूथ लूटनेवालों को समय मिल गया था पहले भागने का, इसलिए उनको पकड़ना मुश्किल हो गया था। फिर, वे पहाड़ी पर चढ़ गए थे। वे हमारी ओर गोलियाँ चलाने लगे।

कुछ गोलियाँ हमारे नजदीक से निकल गईं। जवानों के साथ मैंने कुछ

चट्टानों के पीछे शरण ली। मैं काफी घबराया हुआ था। मैंने बंदूक की लड़ाई नक्सलियों और माफिया डॉन के साथ होने की कल्पना तो की थी, पर कभी बूथ लुटेरों के साथ नहीं सोचा। लोगों के हौसले तो बहुत बुलंद हो गए थे।

"अभय, फायर शुरू करो!" मैंने निर्देश दिया। अपराधियों की ओर अपनी ग्लॉक पिस्टल से निशाना लगाते हुए मैंने ट्रिगर दबा दिया। मुझे प्रतिक्षेप की अपेक्षा थी, परंतु बहुत हलका सा झटका लगा। बुलेट मिसफायर हो गई थी।

मैंने फिर से गोली चलाई और फिर वही परिणाम रहा। मैं शर्मिंदा और चिंतित हो गया। मेरी पिस्टल तो किसी खिलौना पिस्टल की तरह अनुपयोगी थी। तभी एक और गोली मेरे करीब से निकली।

अभय एवं अन्य सिपाहियों ने लुटेरों पर अंतराल पर गोलियाँ दागीं। पेशेवर होने के नाते उनको गोला-बारूद बरबाद नहीं होने देना था। कुछ देर और गोलीबारी चलती रही और फिर चुप्पी छा गई।

"लगता है, भाग गए।" एक सिपाही ने कहा। हम पहाड़ पर चढ़े और देखा कि वहाँ बैलेट पेपर्स फैले हुए थे चारों ओर। ये तब की बात है, जब ई.वी. एम. को वोटों की गणना के लिए काम में नहीं लिया जाता था। अधिकांश बैलेट पेपर नीली स्याही में रँग गए थे। हम आगे बढ़े तो एक कुआँ दिखाई दिया।

"सर, ऊ रहा बैलेट बॉक्स।" एक सिपाही ने कुएँ में इशारा करते हुए कहा।

मैंने अंदर झाँका तो बैलेट बॉक्स कुएँ के तल पर पड़ा दिखा। सैकड़ों बैलेट पेपर सारे नीले पानी में तैर रहे थे।

"ये नीला कैसे हो गया?" मैंने पूछा।

"सर, स्याही डाल दिए हैं।"

"और यह क्यों किया है उन्होंने?"

अभय मुसकराया।

"सर, यह सभी चुनावों में होता है। हारनेवाला दल चुनाव में बाधा डालता है।"

मैं चुनाव प्रक्रिया पूरी कराने में असफल रहा, क्योंकि मैंने सोच लिया था

कि सबकुछ संपन्न हो गया है। पर सब तब तक खत्म नहीं होता, जब तक सबकुछ पूर्ण न हो गया हो। मैं इस सबक से सीख लेने के लिए प्रतिबद्ध था।

लोकसभा चुनावों में मतगणना केंद्रों पर मैंने पर्याप्त पुलिस बल का इंतजाम कर दिया था, जिससे उस विशाल आयोजन का आखिरी चरण भी अच्छी तरह से संपन्न हो जाए। उस प्रशासनिक अधिकारी से मेरे संबंध बद से बदतर हो गए थे। मुझे यह बड़ी बेइमानी लगी कि पुलिस को समय से वाहन उपलब्ध नहीं करवाए गए। पर अभी और कुछ भी बाकी था। उस प्रशासन के अधिकारी ने मतगणना केंद्रों पर प्रवेश के लिए कड़े निर्देश दिए थे।

उन आदेशों में केवल प्रशासन के अधिकारियों की गाड़ियाँ ही मतगणना केंद्र में प्रवेश कर सकती थीं। इसका मतलब था कि पुलिस ऑफिसर्स की गाड़ियाँ अंदर नहीं ले जाई जा सकती थीं। पुलिस ऑफिसर्स को जीप से उतरकर पैदल ही अंदर जाना था।

मुझे बुरा लगा, पर एक तरह से राहत भी मिली। 'अगर मेरी जरूरत नहीं तो मैं क्यों जाऊँ?' मैंने सोचा।

अतः मैं घर पर ही रह गया और अवि के साथ खेलता रहा। उसे मेरी पुलिस की टोपी पहनना अच्छा लगता था और अपने पाजामे में खिलौना पिस्टल खोंस लेता था।

"मैं बेबी एस.पी. हूँ।" वह कहता था और सारे घर में कूदता फिरता था, मेरे स्टाफ के साथ चोर-पुलिस खेलते हुए। उस दिन मैं चोर था! मैं परदों के पीछे छिपा हुआ था, तभी मेरा सेलफोन बज उठा। मैं कितना बेवकूफ 'चोर' था! छिपने के पहले अपना फोन भी साइलेंट नहीं किया था। अवि ने सेलफोन सुन लिया और मेरे पैरों से लिपट गया। "पकड़ लिया!" वह खुशी से चिल्लाया। मैंने उसके सिर पर थपकी दी, फिर फोन जेब से निकाला। वह कॉल डी.आई.जी., पटना की थी।

"जय हिंद, सर!" मैंने कहा।

"अमित, मतगणना कैसी चल रही है?" उन्होंने पूछा।

"सर, शांतिपूर्वक चल रही है; पर मैं वहाँ नहीं गया हूँ।"

"क्यों ?"

मैंने उनको प्रशासनिक आदेश के बारे में बताया और मतगणना केंद्र नहीं जाने का कारण समझाया।

"मुझे बताओ, मतगणना केंद्र के गेट को कौन सँभाल रहा है ?" डी.आई.जी. ने पूछा।

"नालंदा जिले के सिपाही।"

"और उन सिपाहियों का मुखिया कौन है ?"

"सर, मैं हूँ।"

"फिर तुमको कौन रोकेगा ? मतगणना केंद्र जाओ और जिले के एस.पी. जैसे अपने अधिकारों का प्रयोग करो।" वह बोले।

"यस, सर। जय हिंद!"

सर ठीक कह रहे थे। मैंने तुरंत अपनी वरदी पहनी और पंद्रह मिनट में मतगणना केंद्र पहुँच गया। जैसे ही मेरी जिप्सी गेट पर पहुँची, वहाँ उपस्थित सिपाही ने मुझे जोरदार सैल्यूट किया और बैरियर हटा दिया। मैंने एक बड़ी सी मुसकान के साथ सैल्यूट का जवाब दिया। मेरी मोटरों की कतार साथ ही अंदर चली। मैं विजेता के रूप में उतरा और केंद्र की ओर बढ़ा। मेरे अंगरक्षक और नगर निरीक्षक साथ चल रहे थे।

"सर, पर्यवेक्षक उस कमरे में बैठे हैं।" ड्यूटी पर लगे सब-इंस्पेक्टर ने कहा।

मैंने कमरे में प्रवेश किया और तीनों पर्यवेक्षकों का अभिवादन किया।

"कैसे हो, अमित ?" उन्होंने गर्मजोशी से पूछा। उनका रवैया यह देखकर बदल गया था कि नालंदा पुलिस ने चुनाव-प्रक्रिया को सफल करवाने में कितना योगदान दिया था। कमरे में केवल एक कुर्सी ही खाली थी। मैं सहज रूप से उस पर बैठ गया। कुछ क्षण बाद ही प्रशासन का ऑफिसर अंदर आया और मुझे उसकी कुर्सी पर बैठे देखा।

वह क्रोधावेग से कमरे के बाहर निकल गया।

मैं अपनी मुसकान रोक नहीं पाया।

"तुमने एस.पी. को गाड़ी से अंदर कैसे घुसने दिया? तुम्हारे खिलाफ कड़ी कार्रवाई करूँगा। तुमको सस्पेंड कर दूँगा।" वह अधिकारी अपने अधीनस्थ पर भड़क गया।

"पर हुजूर, हम क्या करते? सारी पुलिस तो एस.पी. साहब की है— उनको कौन रोकता?" कनिष्ठ अधिकारी ने अपना पक्ष रखा।

"तुमको निलंबित किया जाता है।" गुस्से में अधिकारी चिल्लाया।

"पर आप मुझे निलंबित नहीं कर सकते हैं, सर। यह आपके अधिकार में नहीं है।" कनिष्ठ ने थोड़ी मजबूती दिखाते हुए कहा।

□

29
जिले का मालिक

"अमित, अगले महीने तुम्हारे जिले में प्रेसिडेंट आ रहे हैं।" आई.जी. पटना ने कहा।

"सर, प्रेसिडेंट? कौन से प्रेसिडेंट?" मैंने पूछा।

"इतने सरल बुद्धि के मत बनो। कौन से प्रेसिडेंट! किसी क्लब के प्रेसिडेंट के लिए मैं तुमको थोड़े ही फोन करूँगा! भारत के राष्ट्रपति की बात कर रहा हूँ।" आई.जी. मेरे प्रश्न पर अपनी खीज को छिपाते हुए हँसते हुए बोले।

"ओह, सर···हाँ-हाँ, बिल्कुल।" अपनी भूल सुधारते हुए मैं बोला।

"वे राजगीर में डिफेंस फैसिलिटी का उद्घाटन करने आ रहे हैं। उनके दौरे की तैयारी करो। हम तुम्हें पर्याप्त अमला और संसाधन दे देंगे।"

मैंने अपने अधिकारियों की टीम को बुलाया और दौरे की तैयारी के निर्देश दिए।

यह किसी उच्च पदस्थ गण्यमान्य अतिथि की मेरे लिए पहली विजिट थी, जो मुझे सँभालनी थी। मैं बहुत उत्साहित था कि राष्ट्रपति ए.पी.जे. अब्दुल कलाम मेरे जिले में आ रहे हैं। इतने प्रतिष्ठित व्यक्तित्व से मिल पाना तो मेरा सौभाग्य होगा।

मैंने अनेक बार उस जगह की टोह ली, जिससे किसी भी संभावित संकट की कल्पना कर पाऊँ। मैंने सोचा कि यदि कोई निशानेबाज राजगीर की उन सुंदर पहाड़ियों से निशाना लगाए या कोई विरोध जतानेवाला राष्ट्रपति के समक्ष आत्मदाह करने की कोशिश करे तो? मुझे हर परिस्थिति के लिए तैयार रहना था।

पुलिस मुख्यालय ने मेरे पास पर्याप्त अमला भेज दिया था, जिससे सारे सामरिक स्थानों पर तैनात किया जा सके। राष्ट्रपति के सुरक्षा कर्मियों की टीम दिल्ली से कई बार हर संभावना की विस्तृत चर्चा करने आई। टीम के लीडर ने हमें काफी दिशा-निर्देश दिए। उद्घाटन के कुछ दिन पहले एक दिन हमने पूर्वाभ्यास भी किया।

"राष्ट्रपति के बाहरी सुरक्षा घेरे में हमें काफी अच्छे प्रशिक्षित जवान चाहिए। ये जवान मार्शल आर्ट्स जैसे 'जुजित्सु' या 'क्राव मागा' आदि में तो प्रवीण होंगे ही।" टीम के लीडर ने कहा।

मेरा सार्जेंट मेजर तो सुनकर ही घबरा गया।

"सर, आपको यहाँ कुंगफू या कराटे वाले सिपाही कहाँ मिलेंगे?" अपने हाथ उठाते हुए सार्जेंट मेजर ने कहा।

"तो जो आदमी तैनात किए हैं, वे कौन हैं?" सुरक्षा टीम के लीडर ने पूछा।

सार्जेंट मेजर ने कुछ आदमियों की ओर इशारा किया, जो पेड़ की छाँव में खड़े बातें कर रहे थे। उन ढीले-ढाले तोंदवाले सिपाहियों, जो अनजाने में अपनी तोंद खुजला रहे थे, को देखकर टीम लीडर सकते में आ गए।

"सच में?" उसने मेरी ओर देखते हुए पूछा।

"बॉस, कभी-कभी जो दिखता है, वह भ्रामक हो सकता है। मुझे इनके मार्शल आर्ट कौशल का तो पता नहीं, पर मैं यह जरूर जानता हूँ कि ये लोग राष्ट्रपति की सुरक्षा के लिए अपनी जान पर भी खेल जाएँगे।" मैंने पूरे दृढ़ विश्वास से कहा।

सारा विचार-विमर्श वहीं समाप्त हो गया।

□

राष्ट्रपति के दौरे को अभी दो दिन बाकी थे, जब राजगीर के डी.एस.पी. ने मुझे फोन किया।

"सर, मुझे अपनी बेटी को दिल्ली लेकर जाना है। उसे एक एम.एन.सी. से कॉल आई है।" वह बोला।

"झा, यह मुश्किल समय है। राष्ट्रपति आने वाले हैं।" मैंने जवाब दिया।

"मुझे पता है, सर। पर यह मौका फिर नहीं आएगा। यह मेरी बेटी के

कॅरियर का सवाल है।" डी.एस.पी. ने अनुरोध किया।

"ठीक है, तुम जाओ।" मैंने कहा, "मैं तुम्हारी परिस्थिति समझ रहा हूँ।" हालाँकि डी.एस.पी., सदर शंभू पहले से ही छुट्टी पर था, मेरे पास दो और डी.एस.पी. थे, जो उस दिन दौरे को सँभाल लेंगे। किंतु उसी रात डी.एस.पी. अब्बास का फोन आया।

"सर, मेरे ससुर गंभीर स्थिति में हैं। उनको स्ट्रोक आया है। मेरी पत्नी लगातार रो रही है। मुझे तुरंत जाना पड़ेगा। मुझे पटना जाने की अनुमति दीजिए।"

"ठीक है, अब्बास। तुम जल्दी-से-जल्दी जा सकते हो।" मैंने कहा। उसे जाने की इजाजत देनी ही पड़ी। उसके परिवार को उसकी जरूरत थी।

"सर, इंशाल्लाह, अब्बा ठीक होंगे। मैं राष्ट्रपति की विजिट के पहले आने की कोशिश करूँगा।"

अगले दिन, जब मैं एक और तैनाती की रिहर्सल ले रहा था, मेरे पास आई.जी. सर की कॉल आई।

"अमित, मैंने सुना है कि तुमने अपने सारे डी.एस.पी. को छुट्टी दे दी है?" कुछ नाराजगी के साथ वे बोले।

"सर, आप ठीक कह रहे हैं; पर परिस्थिति ही ऐसी थी कि मैं मना नहीं कर पाया।" मैं उनको कारण बताते हुए बोला।

"राष्ट्रपति के दौरे से ज्यादा महत्त्वपूर्ण कुछ नहीं है। तुम्हारी दरियादिली तुम्हें कठिनाई में डाल सकती है। कोई भी समस्या हुई तो तुम ही जिम्मेदार होगे।" मुझे डाँटते हुए आई.जी. ने कहा।

मुझे पता था कि सर ठीक कह रहे हैं। मेरे पास केवल डी.एस.पी., हिल्सा ही मेरी सहायता के लिए बचे थे। फिर भी, मुझे विश्वास था कि सबकुछ ठीक हो जाएगा।

शाम तक आई.जी., पटना का एक और आदेश जारी हुआ। आई.जी. ने एक एस.पी. और तीन डी.एस.पी. को मेरी सहायता करने के लिए नियुक्त कर दिया था। सर को दौरे की चिंता तो थी ही, पर मुझे अहसास हुआ कि वे मेरी भी परवाह करते थे। पुलिस में, वरिष्ठ अधिकारी अपने जूनियर्स की ढाल बनकर

रहते हैं। वे बड़े भाई का-सा व्यवहार करते हैं—वे कठोर बनते हैं, पर असल में वे दयालु और रक्षात्मक होते हैं।

□

उद्घाटन के दिन डी.एम. और मैं हेलिपैड पर इंतजार कर रहे थे राष्ट्रपति के आगमन का। अचानक राष्ट्रपति का हेलिकॉप्टर दिखा, साथ में वायु सेना के दो हेलिकॉप्टर घेरे हुए थे। हम अपनी गाड़ियों के पीछे आड़ लेकर खड़े हो गए, क्योंकि उस खासतौर पर बनाए गए हेलिपैड पर उतरते वक्त चॉपर्स के रोटर धूल का गुबार उड़ा रहे थे।

जैसे ही धूल बैठ गई, फुरतीले डॉ. कलाम हेलीकॉप्टर से उतरे। उन्होंने हम सबसे एक संक्रामक मुसकान के साथ हाथ मिलाए। उन्होंने मेरी ओर देखा और बोले, "अरे, तुम तो काफी यंग हो। एस.पी. तो जिले का मालिक होता है। तुम बहुत खुशनसीब हो कि तुम्हें अपने कॅरियर में इतनी जल्दी जिले का चार्ज मिला है।"

"नहीं, सर, मैं तो बस सिविल सेवक हूँ।" मैंने उत्तर दिया।

राष्ट्रपति फिर मुसकराए। उनका सादगी भरा आचरण ही उनको लोगों में सबसे ज्यादा मान-सम्मान दिलाता था। जब हम उनको उद्घाटन-स्थल पर ले जा रहे थे तो मैं बराबर सुरक्षा इंतजाम देख रहा था।

उनके साथ आए कैबिनेट मंत्रियों में से एक ने मुझसे स्नेहपूर्वक कहा, "एस.पी. साहब, सब इंतजाम ठीक है, रिलेक्स।" लग रहा था कि वे अच्छे मूड में थे।

"धन्यवाद, सर। पर मुझे सजग रहना जरूरी है।" मैंने कहा।

"एस.पी. साहब, मैंने सुना है कि आप इंजीनियर हैं। फिर आपने पुलिस विभाग क्यों चुना?" उन्होंने पूछा।

"सर, आप भी तो इंजीनियर हैं, पर आप भी तो पॉलिटिक्स में हैं!" मैंने तुरंत कहा।

मेरे जवाब पर वे हँस दिए।

जल्दी ही आयोजन पूरा हो गया और सबकुछ योजना के अनुसार हुआ। कुछ देर बाद राष्ट्रपति हेलिकॉप्टर पर सवार हुए और चले गए।

डी.एस.पी., हिल्सा ने मेरे पास आकर पूछा, "सर, आपको पता है कि वी.आई.पी. के दौरे का सबसे अच्छा भाग क्या होता है ?"

मैंने कंधे उचका दिए।

"जब वी.आई.पी. का चॉपर उड़ जाता है !" वह बोला।

हम दोनों हँस पड़े।

□

30

सौरव गांगुली की शर्ट

बहुत दिनों से मैंने शांति व सुकून से क्रिकेट मैच नहीं देखा था; पर मैं उम्मीद कर रहा था कि नेट वेस्ट ट्रॉफी में भारत व इंग्लैंड के बीच फाइनल मैच मैं बिना रुकावट के देख सकूँगा। इंग्लैंड ने 50 ओवर में 325 रनों का स्कोर बनाया। पर युवराज सिंह व मोहम्मद कैफ की साझेदारी ने मेरे और करोड़ों भारतीयों के मन में आशा की किरण जगा दी थी।

भारतीय टीम के स्कोर के उतार-चढ़ाव की चिंता थी। हर पाँच मिनट में मेरा टी.वी. स्विच ऑफ हो जाता था और स्टेबलाइजर से भी कोई सहायता नहीं मिल रही थी। फिर भी, मुझे मैच में आनंद आ रहा था। अवि चैन से सो रहा था, जबकि तनु उसके बगल में लेटी नॉवेल पढ़ रही थी।

तभी मेरा फोन बजा। रात के करीब 2 बजे थे। ये तो मुझे बिल्कुल नहीं चाहिए था।

"सर, वेना के चौकीदार ने अभी फोन किया है। वेना थाने में मर्डर हो गया है। पुलिस स्टेशन के एरिया में 9 लोगों की हत्या कर दी गई है। सारे मृतक एक ही परिवार के हैं।" टेलीफोन अर्दली तारिक ने कहा।

"तुम सीरियस तो हो? एस.एच.ओ. वेना को फोन लगाओ।" मैंने तारिक को आदेश दिया। जो सुना था, उस पर विश्वास ही नहीं हो रहा था।

दो मिनट बाद मैं एस.आई. रघुबीर, वेना के एस.एच.ओ. से बात कर रहा था।

"क्या हुआ? हत्याएँ कहाँ हुई हैं?" मैंने प्रश्नों की बौछार कर दी।

"सर, हमको नहीं मालूम। हम अभी पटना में हैं।" रघुबीर ने नरमी से कहा।

"तुम पटना में हो? वहाँ क्या कर रहे हो? किसकी इजाजत से जिला छोड़कर गए हो?" मैंने गुस्से से कहा।

"सर, एक शादी अटेंड करने आ गए थे। सॉरी सर, मैंने नालंदा छोड़ने की अनुमति आपसे नहीं ली।" रघुबीर बोला।

मैं आगबबूला हो रहा था। पर यह आपा खोने का समय नहीं था। "रघुबीर, तुम हेलीकॉप्टर से उड़कर आओ, मुझे नहीं पता। जितनी जल्दी हो सके, वापस आ जाओ।" मैं गरजा उस पर।

मैंने डी.एस.पी., सदर का नंबर मिलाया।

"राशिद, वेना में 9 लोगों की हत्या हो गई है। मैं जा रहा हूँ। तुम भी वहाँ जल्द-से-जल्द पहुँचो। आसपास के थानों से पुलिस बल लेकर आओ। शायद हालात ठीक न हों।"

राशिद युवा, परंतु परिपक्व ऑफिसर था।

"सर, नौ लोग? चौंकानेवाली बात है। मैं पहुँच रहा हूँ।" वह बोला।

जुलाई के हिसाब से काफी ठंडा मौसम था। शायद पहले जो बारिश हुई, उसकी वजह से पारा गिर गया था। मैंने डी.आई.जी. को कॉल की, लगातार जिप्सी के वायरलेस को सुनता रहा। मैंने अपने आपको तसल्ली दी और अपना ध्यान जल्दी से वहाँ पहुँचने पर लगाया। मेरे अनुभव ने मुझे यह सिखा दिया था कि कैसे अपनी भावनाओं को काबू में रखते हैं और स्थिति को सँभालते हैं।

"सच में, नालंदा में तो पहले कभी सामूहिक हत्याकांड का मामला नहीं सुना। वहाँ कभी जातिवाद की लड़ाई या नक्सली आक्रमण भी नहीं हुआ। तुम क्या सोचते हो?" डी.आई.जी. ने विस्मित स्वर में पूछा।

"सर, मैं सोचता हूँ, आपसी रंजिश होगी। पहुँचकर आपको बताता हूँ।"

सड़क बहुत खराब थी। मेरी पीठ झटकों की वजह से दुखने लगी, पर यह धीरे चलने का समय नहीं था। मैं मनाता रहा कि मेरा 'एंकिलॉजिंग स्पॉण्डिलाइटिस' फिर से न उभर जाए!

मैं सोच रहा था कि वहाँ गाँव में बड़ी और अनियंत्रित भीड़ मिलेगी, पर

वहाँ तो सन्नाटा छाया था, जैसे कुछ हुआ ही न हो! एक बूढ़ा ए.एस.आई. लाशों के पास खड़ा था। कुछ बेखबर सिपाही एक कोने में खड़े थे। यह वाकया उनके लिए भी दिल दहला देनेवाला था।

"सर, यह कन्हैया माली है। यह मृतक के परिवार से है।" एक बूढ़े आदमी की ओर इशारा करते हुए ए.एस.आई. ने कहा। वह उकड़ूँ बैठा हुआ था।

"क्या हुआ?" मैंने उसकी उग्र प्रतिक्रिया की आशंका से धीरे से पूछा।

"पता नहीं।" वह बोला।

"सच में?"

काफी लंबा विराम था। कोई प्रतिक्रिया फिर भी नहीं मिली उस आदमी से।

अंततः, उसने एक लंबी साँस ली और बोला, "सुखू और उसके भाइयों ने कुछ बदमाश हमारे घर भेजे थे। वे तलवारों और कुल्हाड़ियों से लैस थे। उन्होंने मेरे परिवार को मार डाला। सुखू का हमसे जायदाद का पुराना विवाद है।"

"तुमको पक्का पता है? तुम हमलावरों को पहचानते हो?"

"नहीं सर, हम किसी को नहीं पहचानते।" कन्हैया ने अपनी बात पर अड़े रहकर कहा।

मैंने उसके कुछ और रिश्तेदारों से घटना के बारे में पूछा। सभी ने हत्यारों से अनभिज्ञता जताई।

तब तक डी.एस.पी. राशिद भी वहाँ पहुँच गए थे। वह मुझे एक तरफ ले गए।

"सर, अगर यह अपनी कहानी पर अड़ा हुआ है तो हम क्या कर सकते हैं?" मैं जाकर सुखू के घर पर रेड मारकर देखता हूँ।" राशिद बोला।

"राशिद, मेरी सहज भावना कहती है कि इसे वास्तव में नहीं पता। फिर भी, सुखू को ढूँढ़ो।"

राशिद अपने साथ कुछ सिपाहियों को लेकर गाँव से निकला। इस बीच और कई पुलिस अधिकारी एवं उनकी टीमें भी वहाँ पहुँच गईं। किस्मत से, गाँव छोटा सा ही था और वहाँ कोई बेकाबू भीड़ होने की संभावना नहीं थी। गाँववालों से ज्यादा पुलिसवाले मौजूद थे और वैसे भी, वे सभी बहुत घबराए हुए थे। केवल मृतकों के रिश्तेदार पास में बैठे हुए थे—बिल्कुल चुपचाप। जब तक हम

गाँव पहुँचे, शायद उनके आँसू सूख चुके थे। स्थिति को नियंत्रण में देखकर मैं जिप्सी में जाकर बैठ गया, पिछले कुछ घंटों के तनाव को हलका करने के लिए। मैंने देखा है कि ऐसी स्थिति में सही दिशा की ओर सोचने में संगीत मेरी सहायता करता है और मैं 1970 के बॉलीवुड के कुछ गाने धीमी आवाज में सुन लेता हूँ। मैंने जिप्सी का कैसेट प्लेयर चलाया।

"छोटू, यह भोजपुरी गानों का कैसेट किसने लगाया इसमें? मेरे किशोर कुमार के गाने कहाँ हैं?"

"सर, वो आज शाम को सर्विसिंग के लिए ले गए थे गाड़ी को, तो हम अपना भोजपुरी गाना लगा दिए। सॉरी सर, आपके कैसेट बैरक में ही भूल गया।" उसने झेंपते हुए कहा।

मैं रात जिस तरह से बीत रही थी, उस पर बड़बड़ाता रहा। मैंने क्रिकेट मैच छोड़ा लाशों को देखने के लिए और अब ये!

अचानक, मैंने एक टाटा सफारी तेज रफ्तार से हमारी ओर आती देखी। वह मेरी जिप्सी से करीब-करीब टकरा ही गई थी। पर कुछ फीट दूर ही रुक गई। सफारी का दरवाजा खुला और उसमें से वेना का एस.एच.ओ. रघुबीर बाहर निकला। उसने भड़कीला वेल्वेट का सूट पहना हुआ था और उससे इत्र महक रहा था। वह शादी समारोह में से पटना से सीधे आया था।

"सर, मुझे माफ कर दीजिए।" वह अपने पान से रँगे दाँतों को दिखाते हुए विनती करने लगा।

मुझे हँसने का बड़ा मन कर रहा था। बड़ी मुश्किल से अपने आपको रोका।

"वो मैं बाद में देखूँगा। पहले इन लाशों को जितनी जल्दी हो सके, हटाना है। यहाँ कानून-व्यवस्था की कोई समस्या नहीं होनी चाहिए सुबह, नहीं तो तुम्हारी खैर नहीं।" मैंने आदेश दिया।

मुझे पता था कि अभी सबकुछ सामान्य लग रहा था, पर सुबह बवाल हो सकता है। स्थानीय नेता, आसपास के गाँवों के लोग, परिवार के लोग—कोई भी ऐरा-गैरा हुड़दंग मचा सकता है। उनकी माँगें मुख्यमंत्री को बुलाने से लेकर मृतकों के परिवारों को मुआवजा दिलाने तक—कुछ भी हो सकती हैं।

"अब काम शुरू करो।" मैंने रघुबीर से कहा। भाग्यवश, पुलिस पक्ष में कुछ बातें जा रही थीं।

रघुबीर, कथित हत्यारे और मृतक—सभी एक ही जाति से थे। रघुबीर एक प्रभावी अधिकारी था और स्थानीय लोगों में उसका अच्छा सामंजस्य था।

मैं वापस जिप्सी में बैठ गया और राशिद व रघुबीर का आगे के घटनाक्रम की जानकारी मुझे देने का इंतजार करने लगा।

लगभग 25 मिनट बाद राशिद की जीप दिखाई दी।

"सर, हमने पाँचों आरोपियों को उनके घर से पकड़ लिया है। यह सुखू है और ये इसके भाई हैं।" पाँचों को मेरी ओर धकेलते हुए उसने कहा।

मुझे बहुत आश्चर्य हुआ। कोई नौ लोगों की बेरहमी से हत्या करके, फिर घर जाकर आराम से कैसे सो सकता है?

"तुमने कन्हैया के घरवालों को क्यों मारा?" मैंने कड़ाई से पूछा।

"ना हुजूर, हम कुछ नहीं करे हैं। हमारी पुरानी दुश्मनी है, इसलिए फँसा रहे हैं।" सुखू बोला। वह काफी विकल दिख रहा था।

मैंने आगे पूछताछ की और भावहीन होकर उसके जवाब सुने। मैंने डी.आई.जी. को फोन लगाया और उन्हें पूरे घटनाक्रम की जानकारी दी। वे काफी रूखे लग रहे थे, क्योंकि सुबह 4 बजे मैंने फिर से उनको जगा दिया था।

"अमित, मेरी सलाह है कि तुम सुखू को, उसके भाइयों को आगे बढ़ाओ। जब शिकायतकर्ता खुद अडिग है तो तुम समस्या क्यों बढ़ा रहे हो? स्थिति काबू में रहनी चाहिए।" उन्होंने दृढ़ता से कहा।

मैंने उनसे कोई बहस नहीं की। वे ठीक कह रहे थे। काफी नाजुक हालात थे और पुलिस द्वारा त्वरित कार्रवाई अपेक्षित थी।

फिर एकाएक कुछ हलचल-सी हुई। एक ट्रैक्टर में कुछ लोग आए थे। रघुबीर कुछ सिपाहियों और आदमियों को लाशों को उठाने के निर्देश दे रहा था।

"जल्दी से शुरू हो जाओ। सावधानी से उठाओ।" रघुबीर ने आदेश दिए।

जिस निपुणता से रघुबीर अपना कार्य कर रहा था, उसे देखकर मैं विस्मित रह गया।

"सर, कन्हैया से बात हो गई है। हमारे पुराने संबंधों को काम में लेकर

उससे बात हो गई। पुलिस कार्रवाई से वह संतुष्ट है।" रघुबीर विजेता की तरह प्रसन्नता से बोला।

"और ये लोग कौन हैं, जो पुलिस के साथ लाशों को उठा रहे हैं?" मैंने पूछा।

"सर, ये विशेष सहायक हैं हमारे। हम इनको कुछ पैसे देते हैं। और हाँ, आज के काम के लिए थोड़ी दारू।"

मैंने रघुबीर को जोर से घूरा।

"सर, ये खून से सनी, छिन्न-भिन्न अंगोंवाली लाशें कौन उठाएगा? अपनी हिम्मत बनाने के लिए कुछ नशा जरूरी है इनके लिए।" राशिद ने मुझे शांत करने को कहा।

"ठीक है, लाशों को पोस्टमॉर्टम के लिए भेज दो।" मैंने उत्तर दिया।

दस मिनट में जगह खाली हो गई थी।

"रघुबीर, और कोई समस्या?"

"नहीं सर, आप आश्वस्त रहें।"

"तुम सुनिश्चित करना। वैसे भी, मैं तुम्हारे साथ तो बाद में देखूँगा कि क्या करना है! तुमने काफी गैर-जिम्मेदाराना हरकत की है आज।" जिप्सी में बैठते हुए मैंने कहा।

फिर मैंने राशिद से बात की।

"राशिद, मैं सुखू की गिरफ्तारी से संतुष्ट नहीं हूँ। तुमको लगता है क्या कि वह इस सबका जिम्मेदार है?" मैं किसी बेगुनाह को जेल नहीं पहुँचाना चाहता था।

"सर, मैं भी इसके बारे में सोच रहा था। पर यह सुखू भी दूध का धुला नहीं है। मैंने अपना 'जासूस' काम पर लगाया हुआ है। उसने मुझे सूत्र दिया है। मैं उस जगह जा रहा हूँ।" राशिद ने कहा और चला गया।

"हम क्यों नहीं कुछ करें! हत्या के पहले बारिश आई थी। हम घटना-स्थल पर चलते हैं। वहाँ हमें पैरों के निशान मिल सकते हैं।" मैंने इंस्पेक्टर कुणाल, वहाँ खड़े एक अधिकारी से कहा।

उस जगह पहले ही काफी पदचिह्न थे, हमारे भी। दुर्भाग्य से, अपराध-

स्थल को रस्सियाँ बाँधकर अलग करने की कोई व्यवस्था नहीं होती थी। मैंने अनुभव किया कि मैंने भी स्थानीय तरीके अपना लिये थे—सामान्य बुद्धि और 'जासूसों' के जाल पर ज्यादा निर्भर करता था। हम घटना-स्थल से थोड़ा दूर गए और टॉर्च से जमीन पर सुराग ढूँढ़ने लगे।

अचानक मेरे एक गार्ड शुक्ला ने आवाज लगाई, "सर, यहाँ पर काफी जूतों के निशान हैं।"

"चलो, इन निशानों पर आगे चलते हैं।" मैंने कहा और पैरों की छाप की तरफ चलते गए। लगभग आधा घंटे के बाद निशान दस-पंद्रह घरों की आबादी के क्षेत्र पर खत्म हुए। हमने एक के बाद एक घरों की तलाशी ली। घरों में लोग जगे हुए थे, क्योंकि सुबह होने लगी थी। पुलिस की तलाशी से वे अचंभित तो थे, परंतु उन्होंने कोई विरोध नहीं किया।

"सर, यह मकान मालिक दरवाजा नहीं खोल रहा है।" इंस्पेक्टर कुणाल बोला। हमने घर को घेरा और दरवाजा तोड़ दिया। एक कोने में कमरे में एक आदमी देशी राइफल और एक कुत्ता लिये बैठा था। उस कमजोर-से आदमी ने इतने सारे पुलिसवाले देखकर राइफल तुरंत फेंक दी।

कुणाल ने उसे पकड़ लिया।

"बताते हैं, सर। हम कैलाश प्रजापत के आदमी हैं। हम ही वेना गाँव में नर-संहार करे हैं।" वह आदमी बोला।

"और सारे लोग कहाँ हैं? प्रजापत कहाँ है?" मैंने पूछा।

"सर, वो तो अपने ठिकाने पर चले गए।" उसने उत्तर दिया।

"तो तुम हमको उसके ठिकाने पर लेकर जाओगे।" मैंने आदेश दिया।

तब तक मेरा ड्राइवर छोटू और अन्य सारे ड्राइवर भी बस्ती में पहुँच गए थे। मैं सबकी मुस्तैदी से काफी प्रभावित था। हाँ, मेरे अंगरक्षक बराबर वायरलेस पर ड्राइवरों के साथ संपर्क बनाए हुए थे। हमने प्रजापत के आदमी को जिप्सी में बैठा लिया।

मैं काफी थक गया था और गाड़ी में कुछ समय के लिए मुझे झपकी आ गई; पर मेरे सेलफोन की तीव्र घंटी ने मुझे जगा दिया।

"सर, मैंने केस सुलझा लिया है और असली अपराधियों को पकड़ लिया

है।" डी.एस.पी. राशिद ने उत्तेजित होकर कहा।

मैं अब अपनी झपकी से पूरा जाग गया था—बिल्कुल तरोताजा, जैसे आठ घंटे की नींद पूरी कर ली हो।

"आगे बताओ।" मैंने कहा। मैं तो बिल्कुल भूल ही गया था कि राशिद भी हत्यारों को ढूँढ़ने निकला था।

"मेरे खबरी ने मुझे कैलाश प्रजापत के ठिकाने तक पहुँचा दिया। वह छोटा-मोटा अपराधी है। उसे सुखू ने कन्हैया के भाइयों की हत्या करने के लिए लगाया था। ये प्रजापत और उसके साथी भारी नशे में थे। बस, तीन लोगों को मारने की बजाय उन्होंने सनक में नौ लोगों को मार दिया। मैं बीस मिनट में अस्थावा पुलिस थाने पहुँच रहा हूँ। हम आपका वहीं इंतजार करेंगे।" राशिद बोला।

"राशिद, तुम ठीक कह रहे हो। हमारे पास भी यही सूचना है।" मैंने उसे घटनाक्रम बताते हुए कहा।

छोटू ने काफी तेज गति से गाड़ी चलाई और हम अस्थावा थाने जल्दी ही पहुँच गए।

"मुख्य आरोपी को मेरे सामने लाओ, प्रजापत को!" मैंने एस.एच.ओ. को आदेशित किया। एक सिपाही ने लॉकअप खोला और एक दाढ़ीवाले कठोर व्यक्ति को मेरे पास लाया। उसकी आँखें लाल थीं—कुछ तो नशे के कारण, कुछ अनिद्रा के कारण। उसको देखकर मैंने सोचा कि न जाने कितने अपराध इसलिए होते हैं, क्योंकि मुजरिम शराब के नशे में होता है! शायद इसीलिए वर्ष 2016 में बिहार सरकार ने राज्य में शराबबंदी कर दी थी। तब से अपराध की दर निश्चित रूप से घट गई थी।

संदिग्ध-से दिखनेवाले कई आदमी लॉकअप में कोने में बैठे थे।

कुछ प्रश्नों के बाद हमें साजिश का पता चल गया। सारे हत्याकांड के पीछे सुखू ही था। राशिद ने खून से लथपथ एक तलवार भी प्रजापत के घर से बरामद की थी। हमने उसे सँभालकर साक्ष्य के रूप में रख लिया। इस बार मैंने तय कर लिया था कि फॉरेंसिक जाँच काम में जरूर लूँगा।

अपनी प्रगति से मैं खुश था। हालाँकि, हम उस रात हत्याओं को तो रोक नहीं पाए, परंतु दोषियों को उसी रात भर में गिरफ्तार कर लिया था।

मैंने सेलफोन में देखा तो सुबह के 7 बज रहे थे। मैंने घर जाकर नहाने का निर्णय किया।

किंतु घर पहुँचते ही मेरा सेलफोन बजने लगा। डी.आई.जी. राजशेखर सर थे।

"अमित, पटना के कमिश्नर और मैं नालंदा पहुँचने वाले हैं। तुम कहाँ हो?"

"सर, मैं अपने घर पर हूँ।" मैंने उत्तर दिया।

"क्या? कैसे? स्थिति कैसी है? तुमको घटना-स्थल पर नहीं होना चाहिए था क्या?" उन्होंने कुछ नाराजगी और कुछ आश्चर्य से कहा।

मैंने उन्हें विस्तार से सब बताया।

"यह तो बड़ी एक्सीलेंट खबर है। सरकार घटना को लेकर बहुत चिंतित थी।"

"धन्यवाद, सर। हम सब मेरे घर पर नाश्ता करके फिर गाँव की तरफ चलेंगे।"

"बिल्कुल, अमित!" राजशेखर सर बोले।

तनु एक मुसकान के साथ मुझे देखने लगी। मैं जब भी घर लौटता हूँ, वो बहुत खुश होती है।

"सबकुछ कैसा है?" उसने पूछा।

"बढ़िया। एकदम नियंत्रण में।" मैंने उसे गले लगाते हुए बताया।

"मैं तो हमेशा की तरह कॉन्फिडेंट थी।" वह बोली।

"अच्छा, यह बताओ, इंडिया के मैच का क्या हुआ?"

"जीत गए।" तनु ने मुसकराते हुए कहा।

युवराज सिंह और मोहम्मद कैफ ने इंडिया को बेहतरीन जीत दिलवाई थी। मैं उसे लाइव तो नहीं देख सका, पर यह वही मैच था, जिसमें इंडिया की शानदार जीत के बाद सौरव गांगुली ने अपनी शर्ट खोल डाली थी।

□

31

केनरा बैंक

अवि अब काफी आत्मनिर्भर होने लगा था। अब वह तीन साल का हो गया था। मुझे अहसास हुआ कि वह मेरे स्टाफ के साथ खुश रहता था, विशेषकर मेरे कंप्यूटर ऑपरेटर विक्रमादित्य झा के साथ। तनु के अलावा मेरा स्टाफ उसकी देखभाल करता था। वे उसे परिवार की तरह रखते थे। मैं तो अवि के साथ बहुत कम वक्त बिताता था। ज्यादातर काम के सिलसिले में बाहर ही रहता था।

नालंदा में सबकुछ ठीक चल रहा था, पर मैं कुछ बोर होने लगा था। ऐसी व्याकुलता पुलिस ऑफिसर्स, विशेषत: युवा ऑफिसर्स, महसूस करते हैं। अगर अपराध ज्यादा हो तो जीवन तनावग्रस्त हो जाता है। अगर कुछ न हो तो ऐसा लगता है कि हम बेरोज़गार हो गए हैं। आप शैतान एवं गहरे नीले समुद्र के मध्य फँस जाते हैं।

दुर्भाग्य से, भगवान् ने मेरे विचार सुन लिये। एक दिन सुबह लाहिरी पुलिस थाने से फोन आया।

"सर, केनरा बैंक में डकैती पड़ गई है।" वह बोला।

"डकैती ? कितना पैसा गया ?" मैंने पूछा।

"सर, 32 लाख रुपए बैंक से लूट लिये गए। चार सशस्त्र आदमी थे।"

"तुमने सब थानों को सचेत कर दिया है ? उनको कहो कि राज्य से बाहर जाने के सारे रास्ते चेक करें।" मैंने कुछ सामान्य निर्देश जारी किए और केनरा बैंक के लिए निकल पड़ा।

'ओह, मैंने क्यों बोला कि बोर हो रहा हूँ ? और बोल!' मैंने अपने आपको कोसा और जिप्सी में बैठ गया।

बैंक भीड़-भाड़ वाली जगह पर था। काफी लोग पुलिस के आने का इंतजार कर रहे थे। पहले तो मुझे अपराध-स्थल पर लोगों का झुंड लगाना पड़ता था। पर मुझे जल्दी ही समझ आ गया कि यह तो होना ही है, क्योंकि लोगों के पास काफी समय बरबाद करने के लिए था और पुलिस को कार्रवाई करते देखना उनके लिए उच्च कोटि का मनोरंजन होता है। मैंने उनको अनदेखा करना शुरू कर दिया।

मेरे अंगरक्षकों ने मेरे लिए निकलने की जगह बनाई। एक काफी भयाक्रांत व्यक्ति कोने में बैठा था और उसको मीडिया कर्मी घेरे हुए थे।

"प्लीज, मैं कोई उत्तर नहीं देना चाहता। पुलिस को मामले को सुलझाने दीजिए।" वह व्यक्ति मीडियावालों से कह रहा था।

"सर, मि. जोशी से मिलिए। ये बैंक मैनेजर हैं।" एस.एच.ओ. लाहिरी ने हम लोगों को आपस में मिलाया।

जैसे ही प्रेस ने मुझे देखा, वे मैनेजर को भूल गए और माइक्रोफोन मेरे चेहरे की ओर धकियाने लगे। कैमरे की लाइटें चमकने लगीं।

"जैसे ही कुछ पता चलेगा, आप लोगों को बता दिया जाएगा।" मैंने विश्वासपूर्वक कहा। एक सीनियर पुलिस ऑफिसर को स्थिति हमेशा काबू में रखनी पड़ती है। कम-से-कम दिखाना तो यही पड़ता है।

"आप लोग प्लीज जाइए, हमको अपना काम करने दीजिए।"

कुछ विरोध के बाद पत्रकार चले गए। मुझे पता था, अगले दिन के अखबार की हेडलाइंस क्या होंगी! पर मुझे उसकी चिंता नहीं थी। मीडिया को भी अपना काम करना होता है।

"जोशीजी, बताइए, क्या हुआ था?" मैंने पूछा।

"सर, चार सशस्त्र आदमी थे। वे हमारे ग्राहक बनकर बैंक में आए। अचानक, उन्होंने अपने हथियार निकाले और हम सबको धमकाने लगे—सारे स्टाफ और कस्टमर्स को।" जोशी ने बताया।

"एक लुटेरे ने मुझे दबोचा और लॉकर खोलने के लिए कहा।" वह आगे बोले।

"और फिर?"

"सर, मैंने उनको भटकाने का प्रयास किया। मैंने उनसे कहा कि लॉकर में पैसा नहीं है, और अगर होता भी तो मैं उसे खोल नहीं सकता। मैंने कहा कि कैशियर के पास जो पैसा है, लेकर चले जाएँ। पर एक लड़के ने मेरे सिर पर गन से मारा, शायद वह उनका सरगना होगा। उसने कहा कि लॉकर की दूसरी चाबी आनंद सोमानी से लाओ।"

"आनंद सोमानी कौन है? क्या आप उसको बुला सकते हैं?"

एस.एच.ओ., लाहिरी उसे बुलाकर ले आया।

"सर, लॉकर की चाबियाँ दो सेट में होती हैं। एक चाबी मैनेजर के पास और दूसरी किसी भी पदासीन स्टाफ के पास—रोस्टर के अनुसार। आज मेरे पास थी।" सोमानी ने बताया।

"लुटेरों ने हमारी ओर बंदूक तान दी। हम सच में बहुत डर गए थे, इसलिए मैनेजर सर और मैंने अपनी चाबियाँ लगाकर ताला खोला। लुटेरों ने सारा पैसा अपने बैग में डाला और भाग गए।" वह आगे बताता गया। इस अनुभव से स्पष्टतः काफी हिला हुआ था।

"ठहरो...एक मिनट रुको। उनको कैसे पता चला कि दो चाबियाँ हैं? और आज वह चाबी दूसरीवाली तुम्हारे पास होगी?" मैं सीधा बैठ गया। सोमानी और मैनेजर एक-दूसरे को देखने लगे।

"और ये बताओ, तुम्हारे पास कोई अलार्म नहीं है?"

"हाँ, सर। हमने उसको एक सप्ताह पहले ट्राई भी किया था।" जोशी बोले।

"फिर तुमने उसे इस्तेमाल क्यों नहीं किया? अलार्म किस जगह है?"

हम बाहर मुख्य कमरे में आए, जहाँ कैशियर और बाकी स्टाफ बैठता है। फिर जोशी मुझे एक काउंटर के पीछे ले गया।

"सर, ये अलार्म है।" वह बोला।

अलार्म काउंटर के पीछे अच्छी तरह छिपा हुआ था। किसी का भी उसे देखना मुमकिन नहीं था। एक आदमी आगे आया और अपना परिचय देने लगा। "सर, मैं राम अवतार सैनी हूँ। मैं काउंटर के पीछे था। जब लुटेरे अंदर घुसे, मैं एकदम सकते में आ गया।" वह बोला, "मैंने अलार्म बटन दबाने की सोची भी

थी, पर मौका ही नहीं मिला। असल में, एक लुटेरा सीधे मेरे पास आया और मुझे अलार्म बटन दबाने से धमकाया। उसने मेरी ओर बंदूक तानी और मुझे काउंटर के पीछे से निकलने के लिए कहा।"

लोगों से बात करने के बाद मैंने फॉरेंसिक टीम के साथ बैंक का मुआयना किया। हमारे पास बहुत ही साधारण उपकरण थे, पर हमें काफी उँगलियों के निशान मिल गए। उन दिनों सी.सी.टी.वी. फुटेज का जमाना नहीं था। मैं लाहिरी पुलिस थाने गया अपने ऑफिसर्स की टीम से विचार-विमर्श करने लगा।

"मुझे पक्का लगता है कि कोई अंदरवाला ही है, जो इस मामले में लिप्त है। नहीं तो किसी को कैसे पता कि अलार्म कहाँ पर लगा है और लॉकर खोलने के लिए दो चाबियाँ चाहिए!" मैंने कहा।

"सर, एक और रोचक बात है। आज लॉकर में सबसे ज्यादा कैश था। यह भी आपके संदेह की पुष्टि करता है।" डी.एस.पी. शंभू बोले।

"यह भी अच्छा है कि किसी भी लुटेरे ने चेहरे पर मास्क नहीं पहना था। नहीं तो बिना संदेह जगाए वे अंदर नहीं घुस पाते।" मैंने कहा।

"इसलिए, अब टीम के पास कुछ तत्काल करने के कार्य हैं। शंभू, पटना आर्ट्स कॉलेज से कोई कलाकार बुलाओ। बैंक स्टाफ को लुटेरों के चेहरे याद होंगे ही, उनके चित्र कलाकार से बनवाओ।" मैंने आगे निर्देश दिए।

"संजय, बैंक के सारे कर्मचारियों की लिस्ट बनाओ—मैनेजर से स्वीपर तक सबकी। सबकी आर्थिक स्थिति देखो, कोई कर्जे में है क्या? किसी को जुए की लत हो वगैरह...और सबकी कॉल डिटेल्स देखकर उसका विश्लेषण भी करो। अगले तीन दिनों में यह सब काम पूरा हो जाना चाहिए।"

कुछ और निर्देश देकर मैंने मीटिंग खत्म कर दी।

तीन दिन काफी लंबा समय था। जब पुलिस को कोई केस सुलझाना हो तो वो बिजली की रफ्तार से काम करती है।

एस.एच.ओ. लाहिरी अगले दिन सुबह मेरे दफ्तर आया।

"सर, एक कर्मचारी, गोवर्धन, उस दिन छुट्टी पर था। पर मेरे सूत्रों के मुताबिक, वह उस दिन, लूट के बाद, बैंक के बाहर देखनेवालों की भीड़ में मौजूद था।" एस.एच.ओ. शिवम बोला।

"सर, इस गोवर्धन की एक महिला मित्र भी है, जो काफी माँगें करती रहती है। मुझे यह भी पता चला है कि गोवर्धन उसे काफी महँगी चीजें भेंट करता है। अभी कुछ समय पहले उसने उसे कलर स्क्रीन सेलफोन दिया था।" उसने आगे बताया।

"गोवर्धन की गहरी तफ्तीश करो। मेरे खयाल से, वही मुख्य व्यक्ति है।"

□

मैंने अपनी पसंदीदा आलू-पूड़ी का बढ़िया डिनर किया। काफी दिनों के बाद खाई थी आलू-पूड़ी।

"आज तो खा लो, पर आपका वजन काफी बढ़ रहा है।" तनु बोली।

"तनु यार, इतना फिट तो हूँ। खाने का मजा लेने दो।"

"अभी नहीं तो जल्दी ही मोटे हो जाओगे।"

"तनु, अब तुम्हें तो मैं ही मिलूँगा, कोई रितिक रोशन नहीं।"

"उसकी पत्नी भी ये ही कहती होगी उसको।"

तनु के साथ जिरह करने का कोई मतलब नहीं था, क्योंकि मैं कभी नहीं जीत सका।

तभी मेरा फोन बजने लगा।

"सर, एस.एच.ओ., लाहिरी आए हैं।" टेलीफोन अर्दली पवन ने कहा।

"किसी लेडीज को लेकर आए हैं।"

मैं अपने आवासीय कार्यालय में उससे मिलने गया।

"सर, यह प्रियंका है, गोवर्धन की महिला मित्र।" शिवम ने कहा।

प्रियंका युवा और सुंदर दिख रही थी। वह काफी महँगी ज्वैलरी पहने थी और राडो घड़ी पहने हुए थी। नालंदा जैसी छोटी जगह में ये सभी दुर्लभ थे।

"लगता है, गोवर्धन तुम्हें राजकुमारी की तरह रखता है।" मैंने कहा।

उसके साथ की महिला कांस्टेबल मुसकरा दी।

"तुम्हें पता है क्या कि वह इतना पैसा कहाँ से लाता है?" मैंने पूछा।

"सर, वह बैंक में काम करता है।" धीरे से उसने जवाब दिया।

"बैंक में काम करता है तो बैंक को ही लूट लेगा?" मैंने जान-बूझकर पूछा, अपनी नाराजगी दिखाने के लिए अपनी भौंहें तानकर।

प्रियंका का चेहरा पीला पड़ा गया।

मेरा संदिग्धों से सीधे प्रश्न पूछने का तरीका ज्यादातर काम करता है। मैंने फिर से कोशिश की।

"प्रियंका, मुझे पता है कि तुम्हारा इस मामले से कोई लेना-देना नहीं है। बस, सच बोलो।" मैं इस बार सहानुभूतिपूर्वक बोला।

"जी सर, गोवर्धन कल रात को आया था। बोला, हमारा अच्छा टाइम शुरू हो गया है।" प्रियंका ने बताया, "उसने कुछ विस्तार से नहीं कहा। बस, कह रहा था—केनरा बैंक ने हमें लखपति बना दिया।"

"शिवम, गोवर्धन को फौरन ले आओ।" मैंने कहा।

एक घंटे में गोवर्धन मेरे सामने मेरे आवासीय कार्यालय में बैठा था।

"चलो, जल्दी से बताओ, कैसे लुटवाया बैंक को?" मैंने कड़ाई से पूछा।

"हम कुछ नहीं किए हैं।" गोवर्धन ने विश्वासपूर्वक कहा।

हम उससे काफी देर तक पूछताछ करते रहे, पर वह बिल्कुल नहीं हिला। वह कई कठोर अपराधियों से भी कठिन था। हमारी पूछताछ की सारी तकनीकें नाकामयाब रहीं। मैंने गोवर्धन को बाहर भेज दिया।

"यह तो कुछ बता नहीं रहा है। कल मेरे पास इसकी कॉल डिटेल्स लेकर आओ। एक बार प्रियंका को फिर से अंदर ले आओ।" मैंने कहा।

"ठीक है, सर।" शिवम ने कहा।

अब हमारे पेशे की दूसरी चाल चलने का समय था। मैंने फिर से गोवर्धन को अंदर बुलाया, मेरे कमरे में। वह अपनी गर्लफ्रेंड को देखकर दंग रह गया।

"देख, सब सही बता। तेरी डार्लिंग ने तेरे हनीमून के सारे शानदार प्लान बता दिए हैं।" शिवम बोला।

फिर अचानक गोवर्धन आगे झपटा और उसने प्रियंका का गला पकड़ लिया।

"मैंने तुझे इतना प्यार किया और तूने मुझे धोखा दिया। तुझे इसकी कीमत चुकानी पड़ेगी।" वह दहाड़ा और उसे गालियाँ दीं।

सिपाहियों ने उसे प्रियंका से अलग किया और पकड़कर रखा।

प्रियंका दहशत में आ गई। महिला कांस्टेबल ने उसे सहारा दिया और बाहर ले गई।

"वह सारा पैसा तुम्हारे किसी काम का नहीं रहेगा, कम-से-कम यह तो हो कि तुम अकेले जेल नहीं जाओ। अब बताओ, और कौन-कौन इसमें शामिल है?" मैंने गोवर्धन के क्रोध का लाभ उठाते हुए कहा।

मैंने उसके कंधे पर हाथ रखा। वह सुबकने लगा। कुछ देर बाद उसने अपने आप को सँभाला।

"सर, मुझे पैसा चाहिए था प्रियंका और अपने लिए घर लेने के लिए। प्रियंका काफी महत्त्वाकांक्षी लड़की है और अच्छी ज़िंदगी चाहती है। वह शादी के पहले सुंदर घर चाहती थी। मैं भारी कर्जे में था, क्योंकि मैंने दोस्तों से पैसा उधार लिया था।" वह बोला।

"मेरे एक दोस्त गुलजारी ने सलाह दी कि अगर मैं बैंक से पैसे चुरा लूँ तो मेरी सारी मुश्किलें खत्म हो जाएँगी। 'तू खुद बैंक में है, तुझे पैसे की क्या दिक्कत होनी चाहिए!' वह बोला।

गोवर्धन रुका। उसका गला सूख गया। शिवम उसके लिए पानी का गिलास लाया।

"गुलजारी ने मुझे शोएब से मिलवाया। वह एक छोटा मौकापरस्त अपराधी है नवादा का। उसने लूट की सारी योजना बनाई। चूँकि वह नालंदा से नहीं है, इसलिए हमें विश्वास था कि कोई उसे नहीं पहचानेगा। असल में, उसके दो साथी पहले भी कस्टमर बनकर दो बार बैंक की टोह लेने गए थे।

"कल सबसे सही मौका था अपनी योजना को पूरी करने का। चोरी के बाद गुलजारी और मैं बैंक देखने गए थे कि पुलिस क्या कर रही है? हमने सोचा, हम बहुत चतुर हैं, पर पकड़े गए।" वह बोला।

"बेटा, पुलिस से होशियार कोई नहीं।" शिवम बोला।

"पैसा कहाँ है?" मैंने पूछा।

इस बीच, शिवम की टीम ने गोवर्धन के घर की तलाशी ले ली थी और उन्हें कुछ नहीं मिला था। हमें तेजी से कार्रवाई करनी थी, जिससे बाकी लोगों को गिरफ्तार कर लें और पैसा भी बरामद कर पाएँ।

"सर, शोएब के पास है। हमें दो दिन बाद हिस्से करने थे।" गोवर्धन बोला।

"गोवर्धन, हमें शोएब से तुम्हारी मुलाकात तुरंत करवानी होगी। बताओ, कहाँ रहता है?" मैंने पूछा।

गोवर्धन ने सहर्ष शोएब का पता बता दिया। जाहिर था कि वह अकेले जेल में नहीं सड़ना चाहता था, जबकि शोएब केनरा बैंक के पैसे का मजा लूटे।

अगले दिन दोपहर तक, शोएब और उसके साथी मेरे दफ्तर लाए गए। 20 लाख रुपए बरामद कर लिये गए। 3 लाख रुपए का शोएब ने ट्रैक्टर खरीद लिया था लूट के बाद, वह भी नालंदा में ही खरीदा था।

पुलिस ने उसके घर से एकदम नया टी.वी. भी बरामद किया।

"सर, यह तो मैंने अपने पैसे से खरीदा है।" वह बोला।

हम सब जोर से हँस पड़े। प्रेस ने सारे दिन शोएब और उसके ट्रैक्टर की फोटो खींचकर खबरें बनाईं।

□

32

भूत बँगला

अंततः हो ही गया। मैंने तीन साल नालंदा में पूरे कर लिये थे और मुजफ्फरपुर ट्रांसफर हो गया था। उत्तर बिहार का वर्ष 2003 में सबसे बड़ा शहर था। चुनाव होना था। चुनाव आयोग का नियम था कि जिस भी अधिकारी के एक स्थान पर तीन वर्ष का कार्यकाल पूरा हो गया हो, उसे स्थानांतरित किया जाए।

जैसा कि बिहार में होता है, मुझे गर्मजोशी से विदाई दी गई। मुझे करीब चार घंटे लगे नालंदा शहर से निकलने में। सैकड़ों लोग, विशेषकर युवा, सड़क पर बाहर आ गए थे मुझे मेरी अगली पोस्टिंग में कामयाबी की दुआएँ देने के लिए। मेरे अंदर मिश्रित भाव हो रहे थे। मैं लोगों के इतने अपार प्रेम से अभिभूत था, पर उनको छोड़ने पर बुरा भी लग रहा था। यह मेरी पहली पोस्टिंग थी और मेरे पास कई खूबसूरत यादें भी जुड़ी थीं।

□

देर रात मैं मुजफ्फरपुर पहुँचा। फ्लाईओवर, रेलवे स्टेशन और कई आधारिक संरचनाएँ देखकर अच्छा लगा। एस.पी. का बँगला एक औपनिवेशिक संरचना थी, गंडक नदी के बिल्कुल पास।

□

"मैं आपकी प्रतिष्ठा या पिछले प्रदर्शन पर नहीं जाऊँगा। मैं आपका काम खुद देखना चाहता हूँ। इसलिए मैं आपको एक महीना दे रहा हूँ परिणाम देने के लिए। देखिए, मैं चाहता हूँ कि आप अपना कार्य पूरी ईमानदारी और लगन से करें। मुझे आप पर पूरा भरोसा है। मैं आपके दैनिक कार्यों में हस्तक्षेप नहीं

करूँगा; पर याद रहे, आपके बारे में मुझे सब पता रहेगा। अगर कोई भी शिकायत आपके खिलाफ साबित हुई तो मैं छोड़ूँगा नहीं। याद रखिए, आप तक पब्लिक को पहुँचने में कोई कष्ट नहीं होना चाहिए।" मैंने अपने अधीनस्थ पुलिस अधिकारियों से कहा। यह मुजफ्फरपुर में मेरी पहली अपराध संबंधी मीटिंग थी।

वे नालंदा में मेरे काम से परिचित थे और पुलिसिया कार्यों में मेरी प्राथमिकताएँ जानते थे।

जल्दी ही, मेरे सारे अधीनस्थ अधिकारियों से अच्छे संबंध बन गए और वे अपना कार्य सुचारु रूप से कर रहे थे। सबकुछ नियंत्रण में था, अतः मैंने कुछ आराम से रहने का विचार किया। अपना खाली समय मैं लंगट सिंह कॉलेज के पुराने टेनिस कोर्ट पर बिताता।

इसी समय, तनु के गर्भ में हमारे दूसरे बच्चे ने पदार्पण किया। उसे काफी जी मिचलाना और मिजाज में उतार-चढ़ाव की समस्या होने लगी।

"चुन, मुझे काफी जोर से उलटी आ रही है। मेरा जी घबरा रहा है।" तनु हर रोज सुबह मुझसे कहती। पिछली बार तनु ज्यादातर जयपुर ही रही थी, इसलिए यह सुबह की समस्या मैंने पहली बार देखी थी। स्वाभाविक था कि मुझे उसकी परेशानी का अंदाजा नहीं था।

"तनु, तुम्हें मजबूत रहना होगा। प्रेग्नेंसी में इस दौर से सब महिलाएँ गुजरती हैं।" मैंने उसे समझाया। उसे सहारा देने की बजाय मैं उसे झिड़क देता था। कुछ दिनों में उसने अपनी समस्याएँ मुझे बतानी बंद कर दीं। हमारी कामवाली मंजू उसे अपनी बेटी की तरह रखती थी और उसका ध्यान रखती थी।

मैं जल्दी ही आनेवाले विधानसभा चुनावों में व्यस्त हो गया।

कुछ वरिष्ठ राजनेता सीधे मुजफ्फरपुर आते थे। एक शक्तिशाली नेता, जो कुछ महीने पहले तक सब मामलों की कमान सँभालते थे, एक स्थानीय उम्मीदवार के घर आए, जिसके साथ मेरे कोई खास अच्छे संबंध नहीं थे। उन नेताजी ने मुझे उसके घर से फोन किया।

"एस.पी. साहब, आपसे कुछ बात करनी है। आप जरा आ जाइए।" वह बोले।

मैं टेनिस खेलने निकल ही रहा था। मेरा किसी से मिलने का मूड नहीं था।

और फिर, इलेक्शन के पहले किसी नेता से मिलना ठीक नहीं था, और वह भी उसके घर पर तो बिल्कुल नहीं।

"सर, अभी मैं व्यस्त हूँ। अगर कुछ महत्त्वपूर्ण हो तो प्लीज बताएँ।" मैं बोला।

"ठीक है, एस.पी. साहब, हमारा भी समय आएगा, तब देख लेंगे।" नेताजी बोले। उनकी आवाज के लहजे से पता चल रहा था कि वे नाखुश हैं।

"ठीक है, सर। ओके!" मैंने कहा और फोन काट दिया। मैंने इसके बारे में आगे नहीं सोचा। पर बाद में मुझे अपने व्यवहार की कीमत चुकानी पड़ेगी। मैं चीजों को और बेहतर तरीके से जरूर कर सकता था, पर मुजफ्फरपुर की पोस्टिंग के बाद मैं अपनी गलतियाँ मानने में संकोच करता था, क्योंकि उस समय तक काफी अहंकारी हो गया था।

□

मेरे भाई निक्की ने अभी आई.आई.टी., मुंबई से बी.टेक. किया ही था। मैंने उसको अपने पास कुछ समय बिताने के लिए बुलाया। वैसे भी, इतना बड़ा बँगला खाली-सा लगता था। ज्यादातर कमरे उपयोग में नहीं आ रहे थे।

निक्की हम सरकारी कर्मचारियों के काम करने के तरीके से काफी विस्मित था।

"भैया, आप लोगों के पास सरकारी सेलफोन क्यों नहीं है? उससे आप ऑफिसर्स व पब्लिक के संपर्क में अच्छी तरह रह पाओगे। जो व्यस्त सड़कें हैं, उन पर ट्रैफिक लाइटें लगवानी चाहिए। लोग अपनी शिकायतें ऑनलाइन क्यों नहीं दर्ज करवा सकते?" निक्की अपने प्रश्नों की बौछार मुझ पर रोज करता और मैं अपने जवाब बनाता रहता। ज्यादातर प्रश्नों का मानक उत्तर, जो मुझे स्वयं को भी नौकरशाही वाला लगता था—"इसकी कार्रवाई की जा रही है।"

कुछ दिनों बाद, मैं इन प्रश्नों से तंग आने लगा तो मैंने उसके साथ शरारत करने की सोची। मेरे घर के सदस्य, विशेषत: मेरे बावर्ची खत्री और तनु को मैंने निक्की के साथ मसखरी करने में अपना सहयोगी बनाया।

ऐसी अफवाह थी कि काफी साल पहले एक एस.पी. का मुजफ्फरपुर की एक महिला के साथ चक्कर था। एस.पी. उसे अपने बँगले पर साथ समय बिताने

के लिए बुलाया करता था। दुर्भाग्य से, एक दिन उनके बीच बहस हो गई। तैश में आकर एस.पी. ने उस महिला के सिर पर चोट मारी और वह वहीं मर गई। वह उसकी लाश को एक कमरे में ले गया और ऐसा दिखाया जैसे उसने आत्महत्या की हो। कहानी में कोई सच्चाई नहीं थी, पर लोगों को अफवाहों को सुनने में मजा आता था और वे विश्वास कर लेते थे। असल में, कुछ स्टाफ और स्थानीय लोग अभी भी कहते थे कि बँगले के किसी कमरे में उन्होंने भूत देखा है।

एक रात खाना खाने के बाद, मुझे मौका मिला।

"निक्की, तुझे पता है, इस घर में एक भूतनी घूमती है।" मैंने गंभीरता दिखाते हुए कहा।

"क्या बकवास है, भैया! आप इन कहानियों पर विश्वास करते हो?" निक्की ने मेरा मजाक बनाते हुए कहा।

मैंने तनु की ओर देखा।

"हाँ, निक्की, भैया सच कह रहे हैं। और असल में, इसी कारण हम घर के कुछ कमरे इस्तेमाल में नहीं ले रहे हैं।" तनु ने मेरा पक्ष लेते हुए कहा। मुझे पता था कि निक्की कमजोर दिल का है। मैंने उसका चेहरा हॉरर मूवी देखते वक्त पीला पड़ता हुआ देखा है।

कुछ देर हमारे साथ गप्पें मारने के बाद निक्की गेस्ट रूम में सोने चला गया। जैसे ही वह लेटा, खत्री कमरे में उसके पलंग के सिरहाने पानी की बोतल रखने गया। तुरंत निकलने की बजाय खत्री पूरे कमरे का चक्कर, कुछ मंत्रोच्चार करते हुए, लगाने लगा।

निक्की हक्का-बक्का रह गया। वह उससे पूछने लगा कि वो क्या कर रहा है?

"कुछ नहीं, साहब, थोड़ा दुष्ट आत्मा को भगा रहे हैं। इस कमरे में तो काफी आती है। शायद यहीं मरी थी।" खत्री ने कहा।

निक्की चिंतित हो गया।

"क्या सच में भूत है?" उसने पूछा।

"बिल्कुल है, सर! हम काहे झूठ बोलेंगे?" खत्री ने सत्यनिष्ठा दिखाते हुए कहा और कमरे से चला गया।

निक्की पलटा, परेशान था कि कमरा प्रेत-बाधित था।

उसी वक्त तेज बारिश होने लगी, और हमेशा टिमटिमाती बिजली भी चली गई। बँगले में घुप्प अँधेरा हो गया। उस दिन हमारी किस्मत काम कर रही थी। सबकुछ मेरी शरारत के अनुरूप ही चल रहा था।

निक्की बिस्तर से उठा और उस विशाल बँगले में घूमने लगा, हरेक कमरे का मुआयना करता रहा। "भैया, भैया···भाभी!" वह चिल्लाते हुए हमें बेतहाशा ढूँढ़ रहा था। हम घर के दूसरे भाग में छिप रहे थे। जब उसने हमारा कमरा देखा और वहाँ कोई नहीं मिला तो वह बुरी तरह घबरा गया।

वह बरामदे में गया। वहाँ जोरों की बरसात हो रही थी। बूढ़ी गंडक नदी उछाल पर थी और पानी जोरों से बह रहा था। उससे अँधेरा और भी गहरा गया था तथा रात ज्यादा भयानक लग रही थी।

तभी निक्की ने बँगले में रोशनी टिमटिमाती हुई देखी। वह उसका पीछा करने लगा। लंबे बरामदे के छोर पर उसे एक स्त्री दिखी—बिखरे, काले लंबे बाल और सफेद लबादा हवा में लहरा रहा था। अब तो निक्की की सिट्टी-पिट्टी गुम हो गई। वह घर में चारों तरफ भागने लगा, भर्राई हुई आवाज में चिल्लाता रहा। वह किसी फर्नीचर से टकराया और उसका टखना मुड़ गया। वह गिर गया।

तनु ने अंततः कहा, "अब बस करो, बहुत डरा दिया।"

फिर उसने अपने बाल बाँधे, सफेद नाइटी पर गाउन पहना। हम दोनों की हँसी का फव्वारा फूट पड़ा।

"खत्री, जेनरेटर चला दो।" मैंने कहा।

फिर तुरंत बिजली आ गई और लाइटें जल पड़ीं। घबराहट उसके पूरे चेहरे पर साफ दिख रही थी।

"मुझे मुजफ्फरपुर बुलाने की क्या जरूरत थी? और उस भुतहे कमरे में मुझे क्यों सुलाया?" वह बोला।

उसका सारा डर, गुस्सा और सारी भावनाएँ ज्वालामुखी की तरह फूट पड़ीं। उसे सामान्य होने में पूरे दस मिनट लगे। जब हम आखिरकार सोने गए तो दरवाजे की दस्तक से उठ गए। निक्की खटखटा रहा था। वह तकिया व गद्दा लिये हमारे कमरे में घुस गया।

गद्दे को नीचे फेंकते हुए वह बोला, "जब तक मैं यहाँ हूँ, इसी कमरे में सोऊँगा।"

"अरे, यहाँ क्यों आ रहे हो? हमें थोड़ी प्राइवेसी चाहिए।" मैंने आपत्ति दिखाई।

"मैं नहीं जानता। नहीं जाऊँगा वहाँ। अब मेरे को डर लग रहा है।" निक्की बोला और गद्दे पर फैलते हुए वहीं लेट गया।

अपनी शरारत से मैं बहुत खुश था; पर अब निक्की का हमारे कमरे में सोना अखर रहा था। वह बिल्कुल नहीं हिला और हर शाम को हमारे कमरे में गद्दा खींचकर ले आता रहा, जोर देता रहा कि उसे पंखे से लटकी औरत दिखाई देता है। शायद मुझे मेरी शरारत की कीमत चुकानी पड़ी।

"लो, हो गया आपका हनीमून!" तनु बोली और हँस-हँसकर लोट-पोट हो गई।

निक्की उसे देखने लगा और बोला, "क्या इनमें भूत की आत्मा आ गई है?"

□

33

तुमको एस.पी. किसने बनाया?

एक दिन मुझे एक आयोग से सन् 1973 में दर्ज की गई एफ.आई.आर. की केस डायरी प्रस्तुत करने का आदेश मिला।

मैंने मामले को सामान्य मानकर अपने स्टाफ को केस डायरी ढूँढ़ने के लिए कह दिया। कुछ दिन निकल जाने के बाद मुझे फिर एक कड़ा सा नोटिस मिला। मेरी टीम को डायरी नहीं मिली। मैंने थाने के इंस्पेक्टर और एस.एच.ओ. को भी उसे खोजने के लिए कहा। कुछ और दिन निकल गए। फिर मैंने भी छोड़ दिया। मुझे पटना में आयोग के समक्ष पहुँचने का आदेश मिला।

मैं थोड़ा चौकन्ना हो गया, क्योंकि किसी आयोग के सामने जाने का यह मेरा पहला अनुभव था। कमरे में काफी भीड़ थी और सबकी नजरें मेरी ओर केंद्रित थीं। ज्यादातर लोग मुझे नहीं जानते थे, इसलिए वरदी पर लगी नाम की पट्टी पर उनकी आँखें गड़ी जा रही थीं।

"अच्छा, तो ये अमित लोढ़ा हैं, मुजफ्फरपुर के एस.पी.!" मुझे उनकी बातचीत सुनाई दे रही थी।

जब आयोग के प्रमुख कक्ष में आए तो वहाँ चुप्पी छा गई थी।

"तो, एस.पी. मुजफ्फरपुर, केस डायरी कहाँ है? मैंने दो सप्ताह में प्रस्तुत करने के लिए कहा था।" अधिकारी ने मेरी ओर भौंहें चढ़ाते हुए पूछा।

"सर, हमने पूरी कोशिश की, पर हमें वह नहीं मिली।" मैंने उत्तर दिया।

"पूरी कोशिश की? तुमको एक केस डायरी नहीं मिली! पंद्रह दिन में लाओ, नहीं तो तुम्हारी खैर नहीं है।" वह गुस्से से बोले।

मैंने सैल्यूट किया और चैंबर से बाहर निकल गया। पहली बार मेरे कॅरियर

में मुझ पर कोई चिल्लाया था। मुझे बहुत बुरा लगा।

मैंने अपने दफ्तर को जितनी फाइलें थीं, सारी निकालने को कहा; पर हमें वह केस डायरी नहीं मिली। हर सुबह, मेरा ऑफिस स्टाफ लाल कपड़े में लिपटी सैकड़ों फाइलें बाहर बिछा देता, क्योंकि किसी भी कमरे में उनको फैलाने की जगह नहीं थी। कुछ को तो कीड़े खा गए थे, कुछ के कागज पीले पड़ गए थे। सभी से दुर्गंध आ रही थी चूहे व छिपकली की गंदगी की वजह से।

अच्छी बात यह थी कि हमारे ऑफिस में से कई बिल्कुल व्यर्थ की फाइलें निकल गई थीं। एस.पी. ऑफिस में फिजूल पत्राचार का ढेर देखकर मैं विस्मित था। एक लाल पुलिंदा था, जिस पर 'पंजाब टेररिज्म केस' लिखा था। उत्सुकतावश, मैंने उसे खोला तो पाया कि मेरा ऑफिस 'निल' की रिपोर्ट पिछले पंद्रह वर्षों से रोजाना डी.जी. ऑफिस भेज रहा था। '90 के दशक में पंजाब के आतंकियों ने बिहार में कोई छोटा-मोटा आतंकी कृत्य किया था। इसलिए उस समय के डी.जी. ने एस.पी. को आतंकी घटनाओं की विस्तार से जानकारी रोज डी.जी. को भेजने के आदेश दिए थे। अब पंजाब की आतंकी घटनाएँ कई दिनों से बंद हो गई थीं, इसलिए मैंने अपने कार्यालय को वह रिपोर्ट भेजने से तुरंत प्रभाव से रोक दिया। इसके अलावा, अन्य निरर्थक पत्राचार को भी मैंने बंद करवा दिया।

□

मुझे फिर आयोग के प्रमुख के चैंबर में बुलाया गया। अब, लोग मुझे पहचानने लगे थे।

"तो कहाँ है वो? अब यह मत कहना कि नहीं मिली!" प्रमुख दहाड़ते हुए बोले?"

"सर, मैं माफी चाहता हूँ। मुझे डायरी नहीं मिली। फाइल बहुत पुरानी है और हमारे पास इतने पुराने रिकॉर्ड्स नहीं हैं। मैं तो असल में तब पैदा भी नहीं हुआ था।"

"पैदा भी नहीं हुआ था? इस तरह बोलने की तुम्हारी हिम्मत कैसे हुई? इतने छोटे लड़के को जिले का एस.पी. किसने बना दिया?" प्रमुख चिल्लाए।

"जमीन-आसमान एक कर दो, पर केस फाइल निकालो, नहीं तो···" वह पूर्णतः घृणित स्वर में बोले।

मैं बड़ा अपमानित-सा बाहर निकला।

मैं मुजफ्फरपुर लौटा। भाग्य में क्या लिखा है, सोचता रहा। मैं अपने दफ्तर में बैठता, काम करने की कोशिश करता, पर मन बिल्कुल नहीं लगता। मेरे चेहरे पर परेशानी दिखने लगी, जो पूरे कार्यकाल में कभी नहीं हुई थी।

एक दिन, मुजफ्फरपुर के प्रसिद्ध डॉक्टर डॉ. श्यामनंदन मुझसे मिलने आए। मेरी शक्ल देखकर पूछने लगे कि क्या वजह है?

मैंने पूरी स्थिति उन्हें बताई और कहा, "डॉक्टर साहब, मुझे डायरी मिल ही नहीं रही है। मेरी कोई गलती नहीं है, पर पता नहीं क्या सजा मिलेगी!"

"इतनी सी बात! हम सुलझा लेंगे।" वह बोले।

"कैसे?" मैंने पूछा।

"अरे, मेरे सबसे अच्छे मित्र आयोग प्रमुख के भतीजे हैं। और वह भी उसी आयोग में काम करते हैं। वह सबकुछ बैठा देंगे तुम्हारे लिए।" वह मुसकराए।

मेरी अगली पेशी पर प्रमुख का भतीजा मेरे साथ गया।

प्रमुख ने मेरी ओर परिचित त्योरी चढ़ाकर देखा। वह मेरे पीछे पड़ने के लिए तैयार थे, पर अपने भतीजे को मेरे साथ प्रवेश करते देखकर रुक गए।

"अंकल, लोढ़ाजी को क्षमा कर दीजिए। ये बहुत अच्छे अफसर हैं। वह मामला बहुत पुराना है और बंद किया जा सकता है।" उनका भतीजा बोला।

"तुमको पक्का मालूम है?" प्रमुख ने पूछा।

"हाँ, अंकल, पक्का।" भतीजे ने जवाब दिया।

"ठीक है, फिर केस क्लोज्ड।" चीफ ने एक बड़ी सी मुसकान भरते हुए कहा। मुझे विश्वास नहीं हो रहा था कि वे अपने मुँह की मांसपेशियाँ मुसकराने के काम में भी ले सकते थे!

लौटते समय मैं मंद-मंद मुसकरा रहा था। मैं समझ रहा था कि अपने पेशे के बाहर भी लोगों से मुझे अच्छे संबंध बनाने पड़ेंगे। पता नहीं, मुसीबत में कौन काम आ जाए!

□

34

आप अपने बॉस का चयन खुद नहीं कर सकते

मुजफ्फरपुर की सुखद ज़िंदगी एक बार फिर एक बड़ी घटना से बाधित हो गई। तड़के सवेरे एक पेट्रोल पंप को लूट लिया गया। एस.एच.ओ. संजीव चिंतित दिखाई दे रहा था। वह एक प्रतिभाशाली अधिकारी था और हम दोनों ने साथ काम किया था।

"सर, करीब 4 लाख रुपए लूट लिये गए हैं। पेट्रोल पंप के एक कर्मचारी को गोली भी लगी है। छह लुटेरे थे। वे मोटर साइकिलों पर आए थे।" वह बताने लगा।

"वो बच जाएगा?" मैंने पूछा।

"हाँ, सर। हमने उधर से जाती हुई एक सवारी में उसे अस्पताल भेज दिया है।"

"ठीक है, तुम उन लुटेरों का पीछा करो। मैं सारे थानों को बैरीकेड लगाने के लिए कहता हूँ सड़कों पर और संदिग्धों की पड़ताल करने को बोलता हूँ।" मैंने कहा।

मैं घर पर ही था और तैयार होने के लिए जा रहा था। पर मैं एक इंच भी नहीं चल पा रहा था। मेरा कूल्हा बहुत दर्द कर रहा था। फिर से 'एंकिलॉजिंग स्पॉण्डिलाइटिस' का अटैक आ गया था। यह एक स्व-प्रतिरक्षित रोग होता है, जो समय-समय पर भड़क जाता है—बिना वजह के ही। आधुनिक मेडिसन अभी भी नहीं समझ पा रहा है कि यह क्यों होता है?

उस पीड़ादायक दर्द ने मुझे पूर्णतः गतिहीन कर दिया था। मैंने किसी तरह हिम्मत की और अपने अधिकारियों को पेट्रोल पंप लूट के बारे में महत्त्वपूर्ण निर्देश दिए।

तनु भी उठ गई थी और अपनी उबकाइयों से ध्यान हटाने की कोशिश कर रही थी। वह मेरी पीड़ा देखकर मेरी पीठ की मालिश करने लगी।

"तनु, थैंक्यू सो मच। पर इस मालिश से कोई फर्क नहीं पड़ेगा। यह दर्द मेरी हड्डियों में जा रहा है।" उसके गालों पर प्यार से हाथ फेरते हुए मैंने कहा।

"तो क्या हुआ? कम-से-कम कोशिश तो कर सकती हूँ।" वह बोली।

एक क्षण के लिए अहसास हुआ कि मैं कितना स्व-केंद्रित था और वह कितनी अनुरागी! मेरे विचार फोन की घंटी से टूट गए। ए.डी.जी. थे।

"लोढ़ा, मैंने सुना है कि तुम्हारे जिले में पेट्रोल पंप लूट लिया गया है और तुम अभी तक मौके पर नहीं पहुँचे हो!" उन्होंने काफी रूखेपन से पूछा।

"सर, मुझे एंकिलॉजिंग स्पॉण्डिलाइटिस का अटैक आया है। मैं बिल्कुल हिल नहीं पा रहा हूँ।" मैंने उत्तर दिया।

"यह क्या है एंकिलॉजिंग...वगैरह?" खीजते हुए उन्होंने कहा।

पता नहीं क्यों, किसी वजह से ए.डी.जी. और मेरी नहीं बनती थी। मुझे पता था कि मेरे समझाने का उन पर कोई असर नहीं होगा।

"सर, मैंने निर्देश दे दिए हैं और मैं बराबर खबर ले रहा हूँ। मैं अगर दुरुस्त होता भी तो पेट्रोल पंप नहीं जाता। मेरे वहाँ जाने से मेरे लोगों का काम से ध्यान बँट जाएगा। डी.एस.पी., इंस्पेक्टर सभी वहाँ मेरा इंतजार करेंगे, मुझे बार-बार वही बताते रहेंगे। इससे अच्छा है कि अपराधियों का पीछा करें।" एक साँस में मैं बोला।

बेशक, ए.डी.जी. को मेरी व्याख्या अच्छी नहीं लगी और उन्होंने फोन बंद कर दिया। हमारे काम में हरेक प्रकरण अलग तरीके से निपटाया जाता है। कोई सटीक सिद्धांत नहीं होते, कोई निर्देश पुस्तिका नहीं होती। मैं चाहता था कि मेरे पहुँचने के पहले मेरे आदमी काम पर लग जाएँ। किसी और के लिए पेट्रोल पंप जाना ज्यादा कारगर हो सकता था।

मैंने संजीव को फिर फोन किया, "कुछ प्रगति हुई?"

"सर, कुछ लीड तो मिला है। स्थानीय लोगों ने कुछ सूचना दी है कि लुटेरे किस दिशा में गए हैं। पर बारिश तेज हो रही है। उनका पीछा करना मुश्किल हो रहा है।" उसने बताया।

"संजीव, उन लुटेरों के लिए भी बारिश हो रही है। उन्होंने भी कहीं शरण ली होगी। फिर, वे तो मोटर बाइक पर हैं। सारे निकास के रास्ते बंद कर दिए गए हैं। वे निकल नहीं सकते हैं।"

"जी हाँ, सर। अगर वे अपने जिले में हैं तो मैं वादा करता हूँ कि उन्हें पकड़ लूँगा।" संजीव ने कहा।

मैं अपने कमरे में बैठा बाहर बारिश देखता रहा। मेरे बगीचे में बहुत सुंदर फूल खिल रहे थे इस समय; परंतु मेरे दर्द ने उनकी सुंदरता का मेरे दिल पर असर नहीं होने दिया। मैं सिवाय संजीव द्वारा दी गई खबर का इंतजार करने के कुछ नहीं कर सकता था।

अंततः मेरा फोन बजा।

"सर, एस.एच.ओ. संजीव सर का लुटेरों से एनकाउंटर हो रहा है। डी.एस.पी. साहब भी वहाँ पहुँच रहे हैं।" मेरे टेलीफोन अर्दली ने बताया।

मैं अच्छी खबर का तनाव के साथ इंतजार करता रहा। जाहिर था कि मैं संजीव को फोन नहीं कर सकता था, क्योंकि वह शूट आउट के बीच में होगा। मैंने डी.एस.पी. को और सूचनाओं के लिए फोन किया।

"सर, संजीव को लुटेरों की लोकेशन मिल गई है। पुलिस टीम ने उन्हें घेर लिया है। मैं भी जल्दी पहुँच रहा हूँ।" डी.एस.पी. ने बताया।

मुझे पूर्ण विश्वास था कि मेरी टीम सफल होगी। आधा घंटे बाद जिस कॉल का इंतजार था, वह आ गई। संजीव था।

"सर, सब पकड़ा गया है। एक घायल हुआ है।" संजीव ने उत्तेजित होकर कहा।

"बहुत अच्छे, संजीव। मुझे गर्व है तुम पर!" मैंने कहा।

इस खबर ने आश्चर्यजनक रूप से दर्द-निवारक का काम किया। हालाँकि, दर्द अभी भी था, पर मैं उसे भुला पा रहा था। मैं किसी तरह जिप्सी पर बैठा और एनकाउंटर की जगह पहुँच गया।

डी.एस.पी. चारण, संजीव और पूरी पुलिस टीम मेरा इंतजार कर रही थी। संजीव और उसके जवान पूरी तरह भीग चुके थे। उनके कपड़े मिट्टी व कीचड़ से लथपथ थे।

मैंने सबसे हाथ मिलाया और सबको बधाई दी।

"सर, आप ठीक कह रहे थे। उन लुटेरों को बारिश में चलना मुश्किल हो रहा था। बहुत जोर से बारिश हो रही थी, सर। उनमें से एक की मोटर साइकिल फिसल गई। ड्राइवर और पीछे बैठी सवारी दोनों को चोट लगी। बाइक भी खराब हो गई, इसलिए उन्होंने उसे सड़क पर ही छोड़ दिया।" संजीव साँस लेने के लिए बीच में रुकता हुआ बता रहा था।

"वे दोनों लुटेरे भी बाकी दोनों बाइक पर बैठ गए।" उसने आगे बताया।

"ट्रिपलिंग, सर।" डी.एस.पी. ने जोड़ा।

मैंने 'हाँ' में अपना सिर हिलाया।

"उसके बाद वे लोग बिजनारा गाँव की ओर मुड़े और वहाँ छुप गए।" संजीव ने बताया।

"बारिश में ज्यादा तेज नहीं चला सकते थे। और वैसे भी, एक पर तीन सवार थे। कीचड़वाले, गीले व कच्चे रास्ते पर संतुलन बैठाना मुश्किल था। उनके पास कोई विकल्प नहीं था नीचे उतरकर एक खेत में छिपने के अलावा।" जफर ने कहा। वह संजीव का गहरा मित्र था और बहुत बहादुर अफसर था। वह हमेशा कार्रवाई में संजीव के साथ रहता था।

"हम पीछा करते हुए आगे बढ़े तो सड़क पर उनकी बाइक गिरी देखी।" संजीव बोला, "और फिर, हमको दो बाइक के जाते टायर के निशान कच्चे रास्ते पर दिखे। हम उन निशानों के जरिए गाँव तक पहुँचे। कुछ गाँववालों ने हमको उनका सुराग दिया। फिर जफर और मैंने दो टीमें बनाकर उनको घेर लिया।" संजीव ने अपना समय लेते हुए पूरी घटना क्रमवार बताई। वह बहुत ही थका हुआ दिख रहा था।

जफर उसकी थकान समझ रहा था, इसलिए उसने संजीव की बात को आगे बढ़ाते हुए कहा, "हम आगे की चाल सोचते, उसके पहले ही उन बदमाशों ने हम पर गोलियाँ चला दीं। भाग्यवश, हमको अच्छा कवर मिला

हुआ था। एक किसान गोदाम बना रहा था, इसलिए जगह-जगह पर ईंटों का ढेर था। हमने भी फायर किए। एक गोली एक अपराधी के पेट में जा लगी। इस बीच में डी.एस.पी. सर की टीम बैकअप सपोर्ट के लिए पहुँच गई थी। गोलियों की आवाज से उन्हें आसानी से हमारी स्थिति पता चल गई थी। जब अपराधियों ने देखा कि वे चारों तरफ से घिर चुके थे तो वे बाहर निकले और समर्पण कर दिया।"

"बहुत अच्छा काम किया तुम लोगों ने। वंडरफुल!" मैंने प्रसन्नता जाहिर की। हमने लुटेरों के हथियार जब्त किए और उनको पुलिस स्टेशन भेज दिया।

मैंने ए.डी.जी. को फोन करके पूरी घटना की जानकारी दी।

"सर, हमने लूटा गया रुपया बरामद कर लिया और छह लुटेरों को गिरफ्तार कर लिया है।" मैंने बताया।

"बहुत अच्छा!" वे बोले। मुझे बहुत आश्चर्य हुआ कि उन्होंने मेरी टीम को और मुझे तुरंत प्रशस्ति-पत्र भेजा। बाद में, मैंने अपनी मूर्खता पर विचार किया। मैंने कहा-सुनी के आधार पर ए.डी.जी. सर के बारे में नकारात्मक सोच बना ली थी। मेरे पूर्वग्रह के कारण उनके प्रति मेरा व्यवहार बदल गया था। इसलिए, सहज ही उनका मेरे प्रति विरोधात्मक रवैया रहा था और हमारी एक-दूसरे के प्रति घृणा बढ़ती गई। पर अब मैंने अपना रवैया बदल लिया। मुझे पता था कि मैं अपना बॉस खुद तो चुन नहीं सकता, अतः मैंने अपने ही ढंग से काम करना चालू रखा और ए.डी.जी. सर की शिकायतें करना बिल्कुल बंद कर दिया।

कुछ दिनों बाद, पटना से एक आई.जी. मुझसे मिलने आए।

"तुम्हें पता है, ए.डी.जी. तुम्हारे बारे में बहुत अच्छी बात नहीं कर रहे थे।" आई.जी. बोले।

"सर, मैं बस, अपना काम करता हूँ। दूसरे मेरे बारे में क्या सोचते हैं, उसका मैं क्या कर सकता हूँ? मुझे बस, यह पता है कि वे मेरे सीनियर हैं। कुछ बातों में वे सही सोचते होंगे।" मैंने उत्तर दिया।

आई.जी. ने मेरी ओर मुसकराते हुए देखा—"अमित, यह तो तुम में बहुत अच्छा बदलाव दिख रहा है। हाँ, ए.डी.जी. सर काफी अनुभवी हैं और

अच्छा सोचते हैं। कभी-कभी यह होता है कि हमारी पेशेवर असहमति हमारे निजी संबंध खराब कर देती है। मुझे विश्वास है कि अब तुम दोनों के संबंध आगे अच्छे हो जाएँगे।" वे बोले।

इसके बाद मेरे वरिष्ठ अधिकारियों से मेरे रिश्ते हमेशा ठीक रहे।

□

35

पूरी ज़िंदगी पढ़ाई की है!

वर्ष 2004 के चुनाव का परिणाम त्रिशंकु विधानसभा का रहा। हम फिर से आनेवाले चुनाव की तैयारियों में जुट गए। चुनाव के आसपास आपराधिक घटनाएँ दिलचस्प रूप से कम हो ही जाती हैं। हो सकता है कि पुलिस बल अधिक संख्या में होता है और निरंतर पेट्रोलिंग भी होती रहती है, इसलिए हमें काफी अर्धसैनिक बलों की सहायता मिलती है या हो सकता है, अपराधी कुछ उम्मीदवारों के समर्थन में चुनाव अभियान में व्यस्त हों। उनकी अपनी पेशेवर प्रतिबद्धताएँ भी तो होती हैं।

चूँकि मैंने पहले भी चुनावों में मुजफ्फरपुर में शांतिपूर्ण कार्रवाई कर रखी थी, इसलिए मैं आश्वस्त था कि इस बार भी सब अच्छी तरह कर पाऊँगा। पर मुझे जोर का झटका लगने वाला था।

सितंबर की एक शाम के करीब 9 बजे थे। मेरे पास चुनाव आयोग के पटना कार्यालय से फोन आया। दीपक सर थे, जो एक वरिष्ठ आई.ए.एस. अधिकारी और बड़े प्रशंसनीय आचरणवाले व्यक्ति थे।

"अमित, तुमको भभुआ ट्रांसफर कर दिया गया है। तुरंत ज्वॉइन करो। वहाँ चुनाव पहले चरण में होंगे।"

"भभुआ ? पर क्यों, सर ?" मैंने करीब-करीब हकलाते हुए पूछा।

"यह एक सामान्य प्रशासनिक आदेश है।" उन्होंने उत्तर दिया।

कुछ समय चुप रहने के बाद मैं फट पड़ा।

"सर, यह तो बिल्कुल ठीक नहीं है। मैंने पहले चुनाव इतनी अच्छी तरह करवाए थे। पिछले कुछ सप्ताह से मैं पूरी तैयारी में लगा हूँ। मुजफ्फरपुर में सब

अच्छा है। कुछ ही दिन बचे हैं अब चुनाव में। और आप उम्मीद करते हैं कि मैं भभुआ जाकर फिर से पूरी तैयारियाँ करूँ?" मैंने गुस्से से कहा।

"हाँ, पर मुझे यकीन है, तुम फिर से कर लोगे। तुम तो युवा हो, ऊर्जावान् अधिकारी हो।"

तनु मुझे फोन पर चिल्लाते हुए सुनकर उसी वक्त कमरे में आई।

"सर, मेरी पत्नी सात महीने की प्रेग्नेंट है। मेरे लिए अब दूसरी जगह जाना मुश्किल होगा। पैकिंग कौन करेगा? वह किसी भी जोखिमवाले काम की अवस्था में नहीं है और भभुआ इतना छोटा शहर है, कोई चिकित्सा सुविधाएँ भी नहीं हैं वहाँ। वह कैसे बच्चे को जन्म देगी?"

मैं सर के अच्छे व्यवहार का पूरा लाभ उठा रहा था, नहीं तो जूनियर अधिकारियों की शिकायतें सीनियर अधिकारी इतने संयम से नहीं सुनते हैं।

"ओह! मुझे यह सब नहीं पता था। पर अब तो कुछ भी बदलना संभव नहीं है। बहुत देर हो चुकी है। तुमको मेरी शुभकामनाएँ।" दीपक सर बोले।

पूरे दिन मैं परेशान रहा। तनु भी बहुत निराश रही। मैंने चुनाव के लिए बहुत मेहनत की थी। तनु पहले ही डिलीवरी को लेकर बहुत दबाव में थी और अब ये तनाव और आ रहा था! हम मुजफ्फरपुर में आराम से रहने लगे थे। अवि भी प्ले स्कूल जाने लगा था। मैं शाम को टेनिस खेलने लगा था। घर सुंदर था। सब एकदम सही चल रहा था।

तनु और मैं एक-दूसरे का हाथ पकड़े सुंदर ड्राइंग रूम में अवि को खेलते हुए देख रहे थे। मैंने अपने सुंदर परदे, जिनको मैंने बाकी सब अपहोल्स्टरी से मैच किया था; सारे सुंदर गमले, जिनको पूरे घर में सजाया था, सब चीजों को अरमान भरी निगाहों से निहारा।

"चुन, यह ज़िंदगी का हिस्सा है। हम इसका कुछ भी नहीं कर सकते। मैं जयपुर चली जाऊँगी।"

"हाँ, तुम ठीक कह रही हो। पर मुझे बुरा लग रहा है अभी तो।" मैंने कहा। एक सिविल सर्वेंट के लिए ट्रांसफर व पोस्टिंग होना सामान्य बात थी; पर यह अप्रत्याशित स्थानांतरण और वह भी इतनी छोटी जगह! बुरा तो लगता ही।

दो दिन बाद मैंने सामान बाँधा और भभुआ के लिए रवाना हो गया। मेरे

मित्रों ने फर्नीचर आदि पैक करने में तनु की सहायता की। एक सप्ताह बाद, उन्होंने तनु को पटना एयरपोर्ट छोड़ा। उसके अगले दिन तनु ने मुझे जयपुर से फोन किया।

"चुन, कैसे हो? तुम्हारी याद आ रही है।" वह बोली।

"मैं भी तुमको मिस कर रहा हूँ। अवि कैसा है?" मैंने पूछा।

"वह ठीक है, पर हर वक्त आपको ढूँढ़ता रहता है। पहले तो इतने दिन कभी आपसे दूर नहीं रहा है ना!"

कुछ देर और बातें करने के बाद हमने फोन काट दिया। मुझे बहुत खराब लग रहा था। मेरे कॅरियर का ग्राफ ऊपर ही चढ़ रहा था। मुझे ऐसे छोटे से, गुमनाम शहर में पोस्टिंग की उम्मीद नहीं थी।

भभुआ—मुजफ्फरपुर से एकदम अलग था। बहुत छोटा, मुजफ्फरपुर की एक कॉलोनी के बराबर। कोई सोशल लाइफ नहीं थी, और पुलिसवाले की हैसियत से कोई चुनौतियाँ नहीं। घर एकदम वीरान-सी जगह पर था, अलग-थलग, शहर के एक कोने में। एकांत की वजह से मैं उदास रहने लगा था।

"यहाँ कोई टेनिस कोर्ट है क्या?" मैंने एस.एच.ओ. से पूछा।

पहले तो वह मेरे प्रश्न को समझ नहीं पाया, पर मुझे उम्मीद थी कि जल्दी ही वह कोई अच्छी खबर लाएगा। आखिर, पुलिस महकमे में 'नहीं' का कोई स्थान नहीं था।

"सर, टेनिस का खेला मिल गया।"

मैं इस खबर से उत्साहित हो गया। कम-से-कम शाम को कुछ करने को तो होगा! मैं जिप्सी में बैठकर एस.एच.ओ. के पीछे चल पड़ा।

"बड़ा बाबू, कहाँ है कोर्ट? यह तो बिल्डिंग है।" मैंने कुछ खीजते हुए कहा।

"यही है सर, अंदर आइए।" उसने बड़ी सी मुसकराहट के साथ कहा। वह मुझे टूटे-फूटे हॉल में ले गया, इस तरह, जैसे विंबल्डन के प्रतिष्ठित कोर्ट में ले जा रहा हो!

अंदर घुसते ही मेरा उत्साह ठंडा पड़ गया। एक टेबल थी, जिसकी दो ही टाँगें थीं, बाकी दो ईंटों के सहारे खड़ी थीं।

"यह तो टेबल टेनिस है!" मैंने निराश होकर कहा।

"सर, भभुआ में तो ये ही वाला टेनिस है।" एस.एच.ओ. ने कहा। वह निराश था कि उसकी सारी मेहनत से 'साहब' खुश नहीं हो सके थे।

"तो कोई सिनेमा हॉल है क्या? मैंने 'स्पाइडर मैन' के पोस्टर दीवार पर लगे देखे हैं!" मैंने पूछा।

"सर, एक ही हॉल है—श्याम टॉकीज; पर वो बहुत गंदा है। आपके जाने के लायक नहीं है।" एस.एच.ओ. ने उत्तर दिया।

"कोई बात नहीं, मुझे तो कुछ मनोरंजन चाहिए।" मैंने उत्तर दिया।

मैं सिनेमा हॉल पहुँचा। बेशक गंदा था, चिप्स व समोसे वगैरह के पैकेट पड़े हुए थे, टूटी-फूटी कुर्सियाँ! पर कचरे से मुझे कोई दिक्कत नहीं थी। मैं एक ब्लॉक बस्टर 'स्पाइडर मैन' देखने वाला था। मैं अपनी टूटी कुर्सी पर ठीक से बैठा। हॉल के मालिक ने मुझे आराम से बैठने के लिए कुर्सी पर तौलिया भी लगाया था, जिसे देखकर मैं मुसकराया। पर मेरी मुसकराहट तब गायब हो गई और मैंने कोसना शुरू कर दिया, जब देखा कि टाइटल 'मक्कड़ मानव' था। वह एक भोजपुरी में डबिंग फिल्म थी।

मैं जल्दी से हॉल के बाहर निकला। वहाँ हॉल का मालिक मिला।

"सर, क्या कोई काम आ गया इमरजेंसी में? अगले सप्ताह आइए, हम 'ई ना हो पाई, भइया' दिखा रहे हैं।" उसने 'मिशन इंपॉसिबल' का पोस्टर दिखाते हुए कहा।

मैंने अपने आपको भाग्य के हवाले कर दिया। एक पंचिंग बैग घर पर लटका लिया और सारी कुंठा उस पर निकाल दी। एक तरह से उससे मेरे मार्शल आर्ट्स के हुनर को निखार मिला।

□

9 अक्तूबर को तनु ने हमारे दूसरे बच्चे को जन्म दिया। मैं फिर उसके साथ नहीं था, क्योंकि भभुआ में चुनाव होने वाले थे। देर रात को जब उसने थोड़ा आराम कर लिया था। मैंने उसे फोन किया।

"हाय तनु! तुम कैसी हो? छोटी कैसी है? तुम्हारी तरह सुंदर है क्या?"

"हाँ, हम दोनों ठीक हैं। पर हम सब आपको मिस कर रहे हैं। मेरी दोनों डिलीवरीज में आप साथ नहीं थे।"

अपने बचाव में मेरे पास कुछ भी कहने को नहीं था। मैं चुप रहा।

□

"अजीत, मेरे बिटिया हुई है। कुछ मिठाई के डिब्बे ले आओ और पूरे स्टाफ में बाँट दो—सारे गाड्‌र्स को, सभी को।" मैंने मुसकराते हुए कहा।

अजीत समझ रहा था। वह बिल्कुल मेरी परछाईं की तरह रहता था। उसे पता था कि हालाँकि, मैं अपनी स्वयं की संगत में भी खुश था, पर फिर भी परिवार के लिए तरसता था।

तनु और मैं हर रात बात करते थे; पर ज्यादातर हमारी बात मेरी बेवकूफी की वजह से अचानक खत्म हो जाती थी। तनु की डिलीवरी फिर से सी-सेक्शन से हुई थी। उसके काफी दर्द था।

"चुन, मैं ठीक से सो नहीं पा रही हूँ। ये स्टिच मुझे परेशान कर रहे हैं। बहुत पेनफुल है। अवि के भी बुखार हो रहा है। अवि का ध्यान रखने में मुझे बहुत दिक्कत आ रही है, क्योंकि ऐश्वर्या को सारे टाइम देखना पड़ता है। काश, कि आप यहाँ होते!" वह बोली।

कुछ देर तो मैं सुनता और फिर धैर्य खोने लगता।

"तनु, यार, थोड़ा सहन करो। जब भी फोन करता हूँ, तुम शिकायतें ही करती रहती हो।"

"चुन, मैं शिकायत नहीं कर रही हूँ। बस, ये कह रही हूँ कि आपको मिस कर रही हूँ।" वह अपनी आवाज धीमी करके बोली। मुझे लग रहा था कि वह सचमुच मुझे अपने पास बुलाना चाहती थी, पास में उसका हाथ पकड़कर उसकी आँखों में देखते हुए। पर मैं तो अपनी पोस्टिंग की भड़ास उस पर निकाल रहा था। मैं अपने परिवार के पास नहीं होने का अपराध-बोध उसके सामने, दुर्भाग्यवश, नहीं जाहिर होने दे सकता था।

भभुआ में चुनाव जितनी शांतिपूर्वक हो सकते थे, हो गए। अंततः ऐश्वर्या के जन्म के एक महीने बाद मैं जयपुर पहुँचा अपने परिवार से मिलने। तनु मुझे देखकर बहुत प्रसन्न थी। अवि मेरे ऊपर कूदता रहा, मुझसे लिपटता रहा। मैंने

ऐश्वर्या को आहिस्ता से गोद में लिया और प्यार से चूमा। इस बार नवजात को सँभालना मुझे आता था।

पर मेरी यात्रा अचानक स्थगित कर दी गई। कुछ ही दिनों के बाद मेरे पास पटना के ए.डी.जी. मुख्यालय से फोन आया।

"अमित, नक्सली जहानाबाद तक पहुँच गए हैं। यह गंभीर स्थिति है। तुम तुरंत भभुआ पहुँच जाओ। तनु से मेरी तरफ से माफी माँग लेना।" ए.डी.जी. ने विनम्रता, परंतु कड़ाई से कहा।

मैंने टी.वी. का स्विच ऑन किया। सभी न्यूज चैनल जहानाबाद पर नक्सल हमले की खबर दे रहे थे। हजारों नक्सली राइफलें और मशीनगन लेकर, पुलिस की वरदी पहने एक साथ कई पुलिस लाइंस पर हमला कर रहे थे। जेल और जहानाबाद के बीचोबीच स्थित सी.आर.पी.एफ. कैंप पर भी हमले हुए। इतना भीषण हमला पहले कभी नहीं हुआ। उस दिन जेल से 341 कैदी भाग निकले थे।

भभुआ भी नक्सल-प्रभावित क्षेत्र था। मेरे पास वापस जाने के सिवाय कोई चारा नहीं था। भारी मन से तनु एवं बच्चों को जयपुर में ही छोड़कर मैं वापस रवाना हो गया।

भभुआ पहुँचते ही मैंने सारे पुलिसकर्मियों की एक मीटिंग की। हमने पुलिस थानों के चारों ओर मिट्टी के बोरे बिछा दिए और छतों पर संतरी तैनात किए। अगर फायर करने की जरूरत पड़े तो यह बेहतर स्थिति रहती है। हमने कुछ आवारा कुत्तों को भी थाने पर अनजान लोगों को देखकर भौंकने के लिए रखा, जिससे जवान सतर्क हो जाएँ।

"सर, जिले का तो ठीक है, अपनी कोठी का भी सिक्योरिटी देख लीजिए।" अजीत ने गंभीरता से कहा।

"ठीक तो है। बँगला सुरक्षित नहीं है क्या?" मैंने पूछा।

"सर, अगर नक्सल हमले में एस.पी. कोठी पर ही हमला कर दें तो? कौन रोकेगा उनको? एस.पी. पर अटैक हुआ तो जिले की पुलिस के लिए वह बहुत बड़ी असफलता होगी। और नक्सलियों की हिम्मत बढ़ ही जाएगी।"

"तुम ठीक कह रहे हो।" मैंने कहा। बिहार में कई एस.पी. पर काफी हमले हुए थे और कुछ युवा आई.पी.एस. अधिकारियों की मौत भी हो गई थी।

जो कुछ भी बुनियादी चीजें मेरे पास थीं, उनसे मैंने घर को सुरक्षित किया। संतरी पोस्ट के पास रेत से भरी बोरियाँ रखवाईं। दीवारों पर टूटे काँच लगवा दिए, जिससे कोई चढ़ न सके। जिप्सी भी बुलेटप्रूफ ले ली और अपने अंगरक्षकों को ए.के.-47 बंदूकें उपलब्ध करवा दीं। मैंने सोचा कि नक्सली हमले का सामना करने के लिए हम तैयार थे। भाग्य से, भभुआ में कुछ भी नहीं हुआ। जल्दी ही ज़िंदगी पटरी पर आ गई। सब सामान्य चलने लगा।

तनु और बच्चे कुछ दिनों बाद भभुआ आ गए। मेरा घर फिर जीवंत हो उठा। मेरे पास कुछ खास करने को नहीं था, इसलिए सोचा कि चलो, परिवार के साथ काफी अच्छा समय गुजरेगा। मैं कई फिल्मों की सी.डी. पटना से ले आया था तनु के साथ देखने के लिए।

"तनु, मेरे पास शम्मी कपूर व देवानंद की कई ब्लैक एंड व्हाइट फिल्में, तुम्हारी पसंदवाली, रखी हैं। अवि के लिए 'टॉम एंड जेरी' कार्टून भी लाया हूँ।" मैंने अपने सी.डी. के ढेर पर इतराते हुए कहा।

"चुन, तुम सोचते हो, मुझे मूवीज देखने का टाइम मिलेगा? ऐश्वर्या के साथ मैं इतनी थक जाती हूँ कि मेरे लिए इससे अच्छा होगा कि कुछ नींद ले लूँ। और जहाँ तक अवि की बात है, तो उसे किसी अच्छे स्कूल में दाखिला दिलाना चाहिए। साढ़े चार साल का हो गया है। उसकी पढ़ाई की तरफ ध्यान देना जरूरी है अब।" तनु ने कहा। उसे आश्चर्य था कि मैंने यह सब क्यों नहीं सोचा?

मेरी मूवीज में तनु की रुचि की कमी देखकर मैं निराश हुआ। पर उसे भी मेरी अवि की पढ़ाई में अरुचि से निराशा हुई होगी।

तनु बच्चों की परवरिश को लेकर बहुत सतर्क थी। वह अवि को रोज दो घंटे सिखाती और स्कूल से आने के बाद उसका काम चेक करती—और ऐश्वर्या के पास तो हमेशा रहती ही थी। अब वह कभी-कभार ही कुछ शिकायत करती थी।

"चुन, कभी तो अवि को पढ़ा दो। कम-से-कम ए बी सी डी तो पढ़ा ही सकते हो।"

मेरे पास बच्चों को पास बिठाने और सिखाने का सब्र नहीं था। अपने चिर-परिचित तरीके से मैंने जवाब दिया।

"तनु, यार, पूरी ज़िंदगी पढ़ाई की है। अब भी पढ़ाओ ?"

उसने आगे कुछ नहीं कहा, अवि की किताबें उठाईं और उसे पढ़ाने लगी।

रात में ज्यादातर सबकुछ और मुश्किल हो जाता था।

"चुन, टी.वी. बंद कर दो, कम-से-कम आवाज तो बंद कर दो। ऐश्वर्या जाग जाएगी।" तनु बोली।

मैं चिढ़ जाता, पर कुछ कहता नहीं। जब मैं सो जाता तो ऐश्वर्या के रोने की आवाज से जाग जाता। वह हमारे कमरे में सोती थी।

"तनु, इसे चुप करवा दो। मैं सोने वाला हूँ। मैं दूसरे कमरे में शिफ्ट कर लूँ क्या ? मुझे कुछ नींद लेनी है। कल एक जरूरी मीटिंग है।" मैं चिल्लाता। मेरी 'बुरी' पोस्टिंग की निराशा हर बार बुरी तरह से प्रकट हो रही थी।

पर कुछ ही दिनों में सबकुछ बदलने वाला था।

अचानक मेरा बी.एम.पी. (बिहार मिलिट्री पुलिस) की उस बटालियन में ट्रांसफर कर दिया गया, जो अभी तक थी ही नहीं। हम पटना शिफ्ट हो गए। कोई बँगला नहीं, कोई बॉडीगार्ड नहीं, कोई खानसामा नहीं, इंटरव्यू लेने के लिए कोई मीडिया नहीं। पर अब खेलने को टेनिस मिल गया था।

उस समय मुझे मालूम पड़ा कि मेरे कितने अच्छे समय के दोस्त थे! सबकुछ गौण था, पोस्टिंग्स होती रहती हैं, पर महत्त्वपूर्ण होता है अपना चरित्र और स्वभाव। लोग आपकी इज्जत आपके अपने व्यक्तित्व के कारण करते हैं, पोस्टिंग के लिए नहीं।

□

36

नक्सलियों की आशिकी

पटना की उस बटालियन, जो कभी अस्तित्व में आई ही नहीं, से मेरी पोस्टिंग शेखपुरा, एक और सुस्त कस्बे, में हो गई। उस क्षेत्र के खूँखार लुटेरों के एक गिरोह के सरगना को, किस्मत से, मैंने गिरफ्तार किया था और उस क्षेत्र में संगठित अपराध का तब अंत हुआ था। तब मुझे बेगूसराय का पुलिस अधीक्षक बनाया गया था।

बेगूसराय एक व्यस्त शहर था। वहाँ इंडियन ऑयल कॉरपोरेशन का कॉम्पलेक्स था। काफी सारे व्यवसाय वहाँ प्रस्फुटित हो गए थे आई.ओ.सी. के कर्मचारियों की जरूरतें पूरी करने के लिए। मैं पोस्टिंग से खुश था, विशेषकर इसलिए, क्योंकि भभुआ छोटी जगह थी और वहाँ कोई खास सुविधाएँ भी नहीं थीं।

मैं बिना किसी काम के व्यस्त रहता था, जो किसी भी जिले में आम बात थी। कभी-कभार मेरे पास कुछ, नक्सल कार्रवाई की विशेष शाखा से, संदेश व चेतावनियाँ आती रहती थीं। मैं इस मामले में गहराई से देखने लगा तो मैंने पाया कि नक्सली, विशेषकर एक खूँखार एरिया कमांडर दयानंद मालाकर, बेगूसराय के कुछ क्षेत्रों को छिपने के लिए और आसपास के जिले मुंगेर व जमुई जाने के रूट का इस्तेमाल कर रहे थे। नक्सलवादियों के लिए ये खास जिले थे। वर्ष 2004 में एक दुर्भाग्यपूर्ण घटना में आई.पी.एस. ऑफिसर के.सी. सुरेंद्र बाबू और उनकी टीम मुंगेर में बारूदी सुरंग के विस्फोट में मारे गए थे। उसके पहले मुंगेर को नक्सली घटनाओं से नहीं जोड़ा जाता था। नक्सली घटनाओं को गंभीरता से नहीं लेना आगे जाकर बड़ी समस्या बन जाता है और फिर उसे काबू करने में

काफी प्रयत्न और नुकसान झेलना पड़ता है। बेगूसराय ऐसी स्थिति के कगार पर बैठा था।

हमारे मुखबिरों की सहायता से, हमें दयानंद मालाकर और उसके कुछ साथियों के मोबाइल नंबर आसानी से मिल गए। उनमें एक महिला शीला भी शामिल थी। वह उस क्षेत्र के सी.पी.आई. माओवादी के महिला प्रकोष्ठ की प्रमुख थी। वह बहुत क्रूर और अपने पुरुष समकक्षों से भी खतरनाक थी।

मैंने शीघ्र ही उनके नंबर टेप किए और उनकी स्थिति पता कर ली। माओवादी महीने में एक बार बेगूसराय आते थे। वे एक विशेष राह पर रहते थे, पर किसी विशिष्ट गाँव में नहीं रहते थे। हो सकता है, उन्हें गाँव में कुछ खास समर्थन नहीं मिला होगा, इसलिए किसी स्थायी जगह पर नहीं रहते थे।

हालाँकि, नक्सली अपने सेलफोन बहुत कम उपयोग में लाते थे, पर कुछ खास सतर्क भी नहीं थे। हो सकता है कि मालाकर और उसके साथियों को यह उम्मीद नहीं थी कि पुलिस उनकी बातचीत सुनेगी। उन्हें बेगूसराय से निकलते तीन-चार साल हो गए थे और कभी पुलिस का सामना नहीं करना पड़ा था।

मैंने अपने दो सबसे होशियार सिपाहियों को उनकी वार्त्ताएँ सुनने के लिए लगा रखा था। मैंने पुलिस मुख्यालय से खास तौर पर कंप्यूटर मँगवाया, जिससे उनकी कॉल्स का ब्योरा और वार्त्तालाप की रिकॉर्डिंग रख सकूँ।

कुछ दिनों बाद, मेरे एक कांस्टेबल मिट्टू सिंह ने मालाकर की बातचीत सुनी और बड़े मनोरंजक तरीके से मेरे पास आया।

"सर, ये दयानंद तो फोन पर ज्यादा बातें नहीं करता है।" वह बोला।

"तो?" मैंने मिट्टू के हाव-भाव देखकर पूछा। वह ज्यादातर शांत और गंभीर रहता था।

"सर, पर माओवादी भी दिल रखते हैं।" मिट्टू बोला।

"दिल? दयानंद ने इतने लोगों की नृशंस हत्या की है। जमुई जिले के प्रतापपुर की बारूदी सुरंग विस्फोट की घटना याद है ना, जहाँ हमने अपने छह वीर जवानों को खोया था?" मैंने कड़े स्वर में पूछा।

"अरे नहीं, सर, मेरा मतलब है कि दयानंद की शीला से सेटिंग है और वह उससे मिलने बेगूसराय आने वाला है।" मिट्टू मुसकराते हुए बोला।

"दयानंद सिवाय शीला के और किसी को बहुत कम कॉल करता है। और उसके साथ कोई कोड वर्ड्स नहीं होते हैं, केवल सीधे प्रेमालाप। जैसे हीरो-हिरोइनवा करते हैं।" मिट्ठू आगे बोला।

"बहुत खूब! तो हम उन्हें जल्द ही पकड़ लेंगे।" मैंने कहा।

"पर सर, वे बेगूसराय क्यों आते हैं?"

"सीधी बात है। वे अलग जिलों के एरिया कमांडर हैं और उनको पता है कि उनके अपने जिले की पुलिस उन्हें निरंतर देखती है, कभी कोई गलत कदम लिया तो उसका इंतजार करती है। उनको यह विश्वास है कि बेगूसराय पुलिस उनको पकड़ने के लिए कोई विशेष प्रयास नहीं करेगी। आखिरकार, यहाँ तो उन्होंने कोई समस्या नहीं खड़ी की है।" मैंने मिट्ठू को समझाया।

"बात तो सही है, सर। आशिकी तो शांत जगह में फुरसत से ही हो सकती है।" मिट्ठू ने कहा।

मैंने उसे तीखी नजरों से देखा।

मिट्ठू ने जल्दी से सैल्यूट किया और बाहर निकल गया। पर उसे भी दिख रहा था कि मैं भी उसकी इन रसपूर्ण बातों पर मुसकरा रहा था।

एक सप्ताह निकल गया। एक रविवार को मैं घर पर आनंद-मग्न था कि मिट्ठू ने मुझे कॉल की, "सर, दयानंद रामनगर पुलिस थाने के पास वीरपुर गाँव में आया हुआ है और शीला मिलने की जगह पहुँचने वाली है।"

मैं खुश और नाराज दोनों हुआ। खुशी थी कि दयानंद को पकड़ने का मौका मिला था और नाराज इसलिए, क्योंकि वीरपुर करीब 50 किलोमीटर दूर था। मेरे पास डी.एस.पी., सदर पंकज को तुरंत कॉल करने के सिवाय कोई विकल्प नहीं था।

"पंकज, वीरपुर रामनगर में नक्सलियों का एक ग्रुप है। तुम उस क्षेत्र के काफी नजदीक हो। तुरंत पहुँचो और उस क्षेत्र की घेराबंदी कर दो। सावधान रहना, क्योंकि नक्सलियों को उनके कमांडर लीड कर रहे हैं। मैं जल्दी-से-जल्दी पहुँचता हूँ।" मैंने पंकज को विस्तार से सारी कार्रवाई की जानकारी दी।

मैंने यूनिफॉर्म पहनी और अपनी ग्लॉक पिस्टल निकाली। तनु समझ गई कि कुछ गंभीर बात है। एस.पी. होने पर भी मैं अपनी पिस्टल बहुत कम

निकालता था, जब तक कि कोई गंभीर संकट न हो। आमतौर पर, एस.पी. बंदूक नहीं रखते थे, क्योंकि उनके चारों तरफ पर्याप्त सुरक्षा होती थी। इसके अलावा, अपने साथ पिस्टल या गन रखना खतरनाक भी होता है, क्योंकि अचानक गोली चल जाना संभावित होता है। मैं अपनी पिस्टल बच्चों से दूर सुरक्षित रखता हूँ।

तनु ने चुपचाप मेरी पानी की बोतल ड्राइवर के हाथों में दे दी।

"रामविलास, गाड़ी धीरे चलाना।" वह बोली।

"आज तो तेज चलानी पड़ेगी, तनु।" मैं बोला।

"अजीत, मेरी बुलेटप्रूफ वेस्ट ले आओ। सभी बॉडीगार्ड्स को भी बुलेटप्रूफ जैकेट्स और पर्याप्त गोला-बारूद लेने के लिए कहो। एक एक्स्ट्रा मैगजीन भी ले लेना।" मैंने निर्देश दिए। अब तनु समझ गई कि किसी महत्त्वपूर्ण कार्रवाई के लिए जा रहा हूँ।

"अजीत, साहब के साथ रहना, उनका ध्यान रखना।" तनु ने शांत स्वर में अजीत को कहा। उसे नहीं पता था कि मैं उसकी बात सुन सकता था।

जैसे ही मैं सूमो में बैठा, तनु भागती हुई मेरी ओर आई। मैंने रामविलास से रुकने के लिए कहा।

"क्या हुआ, तनु?" मैंने पूछा।

मैंने बस, उसके गाल पर हाथ फेरा और निकल पड़ा। रास्ते में, मैं यह सोचकर मुसकराया कि वह मेरा कितना खयाल रखती है! सामान्य दिनों में वह हमेशा मुझे तले हुए व्यंजन, जिनका मुझे बहुत शौक था, खाने के लिए डाँटती थी; पर आज वह खुद ही मेरे लिए आलू-पूड़ी बनाने के लिए कह रही थी—ऐसी चीज, जो तली हुई और मोटापा बढ़ानेवाली थी। और 8 बजे की सीमा रेखा इसलिए कि उसका पति तब तक घर लौट आए, सुरक्षित!

मैंने कार में बैठे सभी जवानों की पत्नियों के बारे में सोचा। कुछ जवानों के परिवार बेगूसराय में थे। उनकी पत्नियाँ भी तनु की तरह ही सोचती होंगी। कुछ जवानों के परिवार दूसरे शहरों या राज्यों में थे। उनको तो खबर भी नहीं होगी कि उनके पति खतरनाक मिशन पर जा रहे हैं, जान का खतरा मोल ले रहे हैं। मैं यह सोचकर सिहर उठा कि पुलिसकर्मी की पत्नी को उसके साथी की शहादत का

कैसे पता चलता है! सारा संसार चारों ओर से ढह जाता है। उस एक क्षण में ही सबकुछ बदल जाता है।

मैंने अपना ध्यान अपने मिशन पर केंद्रित किया। पंकज का नंबर मिलाने के लिए अपना सेलफोन उठाया, इस उम्मीद के साथ कि वह गाँव पहुँच गया होगा और हमारे पहुँचने तक वहाँ की घेराबंदी कर ली होगी। किंतु नंबर मिलाने से पहले ही उसका नंबर स्क्रीन पर आ रहा था।

"सर, जल्दी पहुँचिए। हम घिर गए हैं। क्रॉसफायर में हमारा एक जवान जख्मी हो गया है। काफी खून बह रहा है उसका।" पंकज की आवाज थर्रा रही थी।

"ओह! जवान सेफ है ना? उसका ज्यादा खून ना बहे। मैं कुछ ही मिनटों में पहुँच रहा हूँ। तब तक डटे रहो।" मैंने उत्तर दिया।

मेरे निर्देश देने के पहले ही रामविलास ने एक्सीलरेटर दबाया और सूमो पूरी रफ्तार से वीरपुर की ओर दौड़ा दी।

कुछ मिनट बाद, मैंने कार की खिड़की के बाहर देखा, पंकज एवं चार-पाँच पुलिसवाले एक गड्ढे में लेटे हुए थे। वे मिट्टी व कीचड़ में लथपथ थे। पर वह उनकी समस्या बिल्कुल नहीं थी।

"सर, सर, जल्दी कूदिए।" पंकज ने दबी आवाज में कहा।

सूमो से उतरकर आदतन मैंने अपनी यूनिफॉर्म ठीक की। सोच रहा था कि पंकज मुझे उस गड्ढे में कूदने के लिए क्यों कह रहा था? मैं बस, एक सेकंड ही सोच सका, क्योंकि एक गोली मेरे सिर के ऊपर से निकली। फिर बिना सोचे मैं गड्ढे में कूद पड़ा।

"ये गोली कहाँ से चली?" मैंने विस्मय से पूछा।

"सर, सामने के घर से। 50-60 मीटर की दूरी पर है।" पंकज बोला।

मैं बहुत हैरान था। मैंने उम्मीद की थी कि रामविलास वीरपुर गाँव से कम-से-कम 500 मीटर पहले गाड़ी रोकेगा। हम वहीं से गाँव की घेराबंदी कर लेते, पूरे एहतियात के साथ। मेरा रामविलास को डाँटने का मन कर रहा था, कि वह हमें पूरे गाँव तक ले आया और वह भी फायरिंग जोन के बीचोबीच।

मेरे आश्चर्य को पंकज समझ गया। वह बोला, "सर, वह सड़क अभी

स्टेट फंड से बनी है। हमको भी इस रोड का आज ही पता चला है। इसलिए, हम भी सीधे गाँव में पहुँच गए। ये समझ ही नहीं आया कि हम पहुँच चुके हैं। नक्सलियों और हम दोनों को ही आश्चर्य हुआ। चूँकि नक्सली घर के अंदर सुरक्षित बंद थे, उन्होंने हम पर आसानी से फायरिंग करनी शुरू कर दी। हम जब पोजीशन ले रहे थे, तभी एस.ए.पी. के एक जवान बहादुर प्रसाद के पेट में गोली लग गई।"

मैंने गड्ढे के ऊपर देखा। जिस घर से नक्सली गोलियाँ दाग रहे थे, वह हमारे बिल्कुल सामने था। इस बार तो मैंने सोचा कि सरकार ने गाँव की सड़क क्यों बनाई? कुछ मीटर दूर, एस.ए.पी. जवान बहादुर प्रसाद जमीन पर पड़ा था। वह दर्द में लग रहा था। पर पिछले अनुभव से मुझे लग रहा था कि उसका घाव जानलेवा नहीं होना चाहिए। उसका एक साथी जवान एक कपड़े को कसकर घाव पर लपेटकर खून बहने से रोक रहा था। किस्मत से, कुछ पेड़ों का उनको संरक्षण मिल रहा था। मुझे बहादुर को तुरंत बेगूसराय इलाज के लिए पहुँचाना था। उसे गोलीबारी की सीमा से अलग करना जरूरी था और नक्सलियों का ध्यान बँटाना तथा कवरिंग फायर देना जरूरी था।

"चलो भूषण, चलते हैं। हम दाईं ओर और पंकज, तुम व तुम्हारी टीम बाईं ओर से चलो।" मैंने पंकज और भूषण, मेरे बॉडीगार्ड, से कहा। जैसे ही हम गड्ढे के बाहर निकलने वाले थे, निखिल व संतोष का फोन आया, जो अतिरिक्त बल के साथ पहुँच गए थे।

"सर, हम भी पहुँच गए हैं। हम पीछे से आ रहे हैं। आपको हम देख सकते हैं।" एस.आई. संतोष बोला।

"ग्रेट! इन सबको घेरे में ले लेते हैं। सब धैर्य रखना, अपना संतुलन बनाए रखना। और याद रखना, हम एक-दूसरे की फायरिंग लाइन में हैं। बिना देखे फायर मत करना। हमारे अपने आदमी क्रॉसफायर में जख्मी नहीं हो जाएँ।" मैंने संतोष से कहा। तभी मुझे याद आया कि हम सबके पास बुलेटप्रूफ जैकेट्स हैं।

"पंकज, अपनी बुलेटप्रूफ जैकेट पहन लो। तुम सबने क्यों नहीं पहनी है?" मैंने गड्ढे में मोरचा जमाए सब सिपाहियों से नाराज होते हुए कहा।

"सर, बहुत वजनी है।" पंकज बोला। जो बुलेटप्रूफ जैकेट जवानों को दी जाती है, वह करीब 7 से 10 किलो वजनी होती है। मूलत: जैकेट में दो थैलों में स्टील की दो प्लेटें होती हैं, जो जवान की छाती और पीठ को सुरक्षित रखती हैं। केवलर जैकेट्स, जो काफी हलके फाइबर की होती हैं, हमारे देश में सामान्य तौर पर नहीं मिलती हैं।

पंकज और उसके आदमियों ने अनिच्छा से जैकेट्स पहनीं। मैंने अजीत को कार में से मेरी जैकेट लाने का इशारा किया। वह गड्ढे में से निकला और गाड़ी की ओर लपका, जो गड्ढे के पास ही खड़ी थी।

"सर, इसको पहन के तो बाहर निकलना मुश्किल हो रहा है।" एक सिपाही ने कहा। वह ठीक कह रहा था।

"ठीक है, उतार लो।" पंकज बोला।

अजीत मेरी जैकेट भी ले आया था; पर मुझे भी वह बोझिल लगी। कुछ देर बाद एक सिपाही, फिर एक के बाद एक सारे आदमी, पंकज समेत, उठे और घर की ओर चल पड़े। देखकर दहशत-सी लगी।

एक सेकंड के लिए मेरा मन भी किया कि खड़ा हो जाऊँ। क्यों? क्योंकि मैं अपने आदमियों के समक्ष ऐसे दुबककर बैठना नहीं चाहता था। मेरी बेवकूफी भरी सोच क्षण भर में प्राकृतिक मौत मर गई। मैंने एक तीखी आवाज सुनी। पंकज की टीम के एक बी.एम.पी. जवान को गोली लग गई थी। वह सिपाही नीचे गिरा दर्द में करहाते हुए। मैंने एक नक्सली की छाया-आकृति देखी, जिसके हाथों में राइफल साफ दिखाई दे रही थी।

"सब के सब नीचे लेटो! रेंगो!" अपनी पूरी शक्ति से मैं चिल्लाया। मैं अपने ऊपर सबसे ज्यादा और अपने सब आदमियों से बहुत क्रोधित था। मैं तो प्रशिक्षित प्रोफेशनल था। मुझे अपना उदाहरण देकर अपने आदमियों को लीड करना था। और यहाँ मैं इन मूर्ख सिपाहियों की नकल करने का विचार कर रहा था।

अब हमारे पास दो घायल सिपाही थे और सामने घर में फँसे नक्सली थे।

"रुक-रुककर गोली चलाओ!" मैंने फिर चिल्लाकर कहा। हमारी टीमें बीच-बीच में शूट करती रहीं। पर हम कुछ खास प्रगति नहीं कर पा रहे थे। हम तो खुले में थे और नक्सली घर के अंदर सुरक्षित थे।

मैं आशा कर रहा था कि संतोष और निखिल दूसरी ओर जल्दी से पहुँचकर, घर की तरफ दूसरी ओर से फायरिंग करेंगे। मेरी प्रार्थना जल्द ही सुन ली गई—मैंने दूर से गोलियों की आवाजें सुनीं। आवाज से पता लग रहा था कि अतिरिक्त पुलिस बल नक्सलियों पर हमारी स्थिति से 200 मीटर दूर से गोलीबारी कर रहे थे।

मालाकर और उसके आदमी असमंजस में पड़ गए। यह काफी था पंकज और उसकी टीम के बी.एम.पी. जवान तक पहुँचने के लिए। पंकज की टीम के एक जवान ने साहस का अनुकरणीय उदाहरण दिखाया। उसने बी.एम.पी. जवान को उठाया और कंधे पर रखकर गड्ढे की ओर भागा। हाँ, यह उसका साहस तो था, पर यह मूर्खता भी थी। पर शायद परिस्थिति को देखते हुए यह सबसे उचित कदम था।

इस बीच, अजीत एस.ए.पी. जवान बहादुर प्रसाद को गड्ढे में ले आया। मेरे ड्राइवर रामविलास ने तुरंत मेरी जिप्सी तैयार की और दोनों घायलों को पीछे लिटाया। सबको यह देखकर राहत मिली कि दोनों जवानों के घाव जानलेवा नहीं थे। गोली ने किसी भी महत्त्वपूर्ण अंग को चोटिल नहीं किया था।

रामविलास जिप्सी को पूरी रफ्तार से बेगूसराय की ओर ले गया। उसके नजदीक तेघरा थाने के इंस्पेक्टर इमैनुएल किस्तोपा की जीप चल रही थी। अब, जब गाड़ियाँ नक्सलियों की गोलीबारी की सीमा से बाहर निकल गई थीं तो मैं नए जोश के साथ रेंगने लगा।

सारी टीम में जोश आ गया। हमने उस मकान को घेरे में ले लिया था और नक्सलियों को कहीं भी जाने की जगह नहीं बची थी। कुछ और देर रुक-रुककर गोलीबारी होती रही, फिर सबकुछ शांत हो गया। यह भी खतरनाक था। मुझे बिल्कुल समझ नहीं आ रहा था कि हमें आगे बढ़ना चाहिए या नहीं! यह मालाकर की चाल हो सकती थी कि हमें जीत का झूठा अहसास दिलाए और फिर जैसे ही हम उनके पास पहुँचें, वे हम पर गोलियाँ चला दें।

हमने कुछ मिनट तनाव में इंतजार में निकाले।

"सर, आ जाइए। हम अंदर आ गए।" उल्लसित निखिल बोला।

निखिल सब में से एक अत्यंत साहसी अधिकारी था। वह घर में पीछे से

घुस गया और मालाकर एवं उसके साथियों को चौंका दिया।

हम सब अपनी रेंगनेवाली और लेटी हुई स्थितियों से उठकर उस मकान की ओर भागे। मुझे बहुत प्रसन्नता थी कि हमारी कार्रवाई अच्छी प्रगति कर रही थी। मैं चौक में घुसा, फिर उस गोदाम में, जहाँ सारे नक्सली छिपे हुए थे। मैंने मालाकर को अपने समक्ष हाथ ऊपर उठाए, खड़े हुए देखा। कारतूसों की एक पेटी उसकी कमर पर लटक रही थी। लग रहा था कि उसने हाथ खड़े कर दिए हैं। मैं मुसकराया और खिड़की के साथ कुछ आराम करने के लिए टिक गया।

अचानक भूषण के चिल्लाने की आवाज आई।

"निकलो बाहर! हम बताते हैं, ऑपरेशन कैसे होता है?" भूषण अपनी संगीन एक युवती पर तानते हुए बोला। वह शीला थी, नक्सली महिला कोष्ठ की प्रमुख! तीन और नक्सली भूसे के ढेर में छिपे हुए थे।

भूषण के अभिमान से मुझे काफी परेशानी हुई, पर अब वह कुछ गर्व करने योग्य तो था ही। एक प्रशिक्षित कमांडो की तरह उसने घर की तलाशी लेनी शुरू कर दी थी। जब उसने भूसे के ढेर में संगीन से टटोला तो उसी ने शीला और उसके साथियों को ढूँढ़ निकाला था।

हे भगवान्! उस शाम हमने कितनी गलतियाँ की थीं! मुझे अहसास हुआ कि मैं बहुत जल्दी आत्म-संतुष्ट हो गया था। मैंने तुरंत प्राथमिक चिकित्सक को दोनों घायल जवानों के बारे में पूछने के लिए फोन किया।

"सर, दोनों खतरे से बाहर हैं। पर उन्हें पटना रेफर कर दिया है।" आजम, शहर के डी.एस.पी., ने बताया।

यह एक सामान्य प्रक्रिया थी कि छोटे शहरों के डॉक्टर गंभीर मरीजों को बड़े शहर भेज देते थे, और यह उचित भी था। चिकित्सा व्यवस्थाएँ छोटे शहरों की अपेक्षा बड़े शहरों में अच्छी होती हैं। यह किसी भी राज्य के लिए सत्य है, चाहे बिहार हो या राजस्थान।

बेगूसराय—पटना से ज्यादा दूर नहीं था और सड़कें बेहतरीन थीं।

"एंबुलेंस के साथ दो और सवारियाँ भेजो। बेगूसराय जिले के सारे पुलिस थानों को सूचित कर दो कि पटना तक की सारी सड़कें निर्बाध रखें। कोई ट्रैफिक जाम नहीं होना चाहिए।" मैंने कहा।

पटना तक के सारे थाने चौकन्ने हो गए। एंबुलेंस सायरन बजाती हुई तीव्र गति से पटना गई।

मैंने अगली कॉल डॉ. जॉन मुखोपाध्याय को किया, जो पटना के एक प्रसिद्ध सर्जन थे। उनसे मेरे घनिष्ठ संबंध थे। उनके साथ काफी दिन पहले मैं स्कवॉश खेलता था। काफी व्यस्त डॉक्टर थे और ज्यादातर कॉल उठा नहीं पाते थे। पर आज मेरा भाग्यशाली दिन था। न केवल उन्होंने मेरी कॉल उठा ली, उन्होंने कुछ अच्छी खबरें भी दीं।

"अमित, क्या आप विश्वास करोगे ? कल हमारी एक अंतरराष्ट्रीय कॉन्फ्रेंस है। फ्रांस के एक अग्रणी सर्जन आए हैं। मैं उनसे तुम्हारे आदमियों का ऑपरेशन करवा दूँगा।" डॉ. मुखोपाध्याय ने सौम्यता से कहा।

मैं और आश्वस्त नहीं हो सकता था।

उस दिन हमने नौ नक्सलियों को गिरफ्तार किया, जिनमें मालाकर और शीला शामिल थे। हमने उनसे लूटी गईं छह राइफलें व कारबाइंस बरामद कीं। बिहार पुलिस के लिए यह एक बड़ी उपलब्धि थी। उसके बाद बेगूसराय में कभी नक्सली वारदातें नहीं हुईं।

मैं 8 बजे के बहुत बाद में घर पहुँचा।

तनु मेरा इंतजार कर रही थी और अपने पिछले कुछ घंटे के तनाव को शांत भाव-भंगिमा के पीछे छिपा रही थी।

"आलू-पूड़ी बनाई क्या ?" मैंने काफी उम्मीद से पूछा।

"नहीं, मैंने खीरे की सब्जी बनाई है। आलू से मोटापा बढ़ता है।" वह बोली।

"खीरा ? चलो, कम-से-कम लौकी तो नहीं बनाई।" मैंने कहा। मेरी सारी उम्मीदें ढह गई थीं।

मैं मेज पर बैठा और बड़ी अनिच्छा से खीरे की सब्जी खाने लगा।

"यार, यह स्वाद तो बिल्कुल लौकी के जैसा है; पर चलो, खाने लायक तो है।" मैं बड़ी निराशा से खाना खाते हुए बोला।

अवि अपनी हँसी नहीं रोक पाया और वह बोला, "पापा, लौकी ही है।"

मैं उठा और तनु के पीछे भागा। दोनों डाइनिंग टेबल के चारों ओर भागते

रहे। अंत में, मैंने उसे पकड़ लिया और उसका गला दबाने का नाटक करने लगा। फिर उसकी ओर देखा और कसकर गले लगा लिया।

□

जैसा कि अकसर होता है, मेरा एस.पी. रेलवेज के तौर पर मुजफ्फरपुर स्थानांतरण हो गया। मैं कुछ अचंभित हुआ, क्योंकि अभी हाल ही में मैंने बेगूसराय में नक्सल ऑपरेशन में सफलता प्राप्त की थी। किंतु, हमारे कॅरियर में तो ट्रांसफर तभी हो जाते हैं, जब हमें उनकी सबसे कम उम्मीद होती है।

फिर भी, यह नई पोस्टिंग आमतौर पर कहें तो ज्यादा महत्त्वपूर्ण नहीं थी, पर मेरे लिए अप्रत्यक्ष कृपादान थी। मेरा एंकिलॉजिंग स्पॉण्डिलाइटिस बहुत पीड़ा दे रहा था और मैं बिल्कुल भी सो नहीं पा रहा था। जैसे ही मैं लेटता, मेरी पीठ व कूल्हों में चीरता हुआ दर्द होने लगता। चूँकि अधिकतर मुझे घूमना नहीं पड़ता था, इसलिए मेरा काम ज्यादा बोझिल नहीं था। मैं काफी समय घर पर अपने परिवार के साथ ही बिताता। अपने बच्चों को बड़ा होता देखने में बहुत खुशी मिलती थी। उनकी हँसी मेरे दर्द पर मरहम का काम करती थी। मुझे समझ आ गया कि अंततः आपका परिवार ही आपके लिए सबसे महत्त्वपूर्ण होता है। मैं अपने पुराने शौक पूरे कर पा रहा था, किशोर कुमार के गाने गाना सीख रहा था। यह अलग बात है कि मेरे परिवार को मेरी कर्कश ध्वनि को सहन करना पड़ रहा था।

पोस्टिंग और ट्रांसफर सभी के कॅरियर में होते ही हैं। उनके बारे में सोचना व्यर्थ है। मैंने महसूस किया कि हमें हर पोस्टिंग में उम्मीद की किरण ढूँढ़नी चाहिए।

□

37

अच्छे घर की लड़की

"सर, कोई इंजीनियर साहब आपसे मिलने आए हैं। मैंने उनसे कहा कि काफी देर हो गई है, पर वे तो अडिग हो रहे हैं।" मेरे टेलीफोन अर्दली ने कहा।

"ठीक है। चैंबर में बैठा दो।" मैंने कहा।

मेरी सबसे मिलने की आदत थी, चाहे कितने भी बजे हों। मुझे पता था कि कोई भी एस.पी. से बेवजह नहीं मिलने आएगा। ज्यादातर लोग पुलिस से मिलने से वैसे भी डरते हैं। और दुर्भाग्य से, कुछ पुलिसवाले लोगों से दूरी बनाए रखते हैं—वही लोग, जिनको लोगों की सेवा करनी चाहिए।

'शक्ति का अर्थ यह नहीं कि किसी को अपने ऑफिस के बाहर दो घंटे खड़ा रखें। शक्ति वह है, जिससे आप किसी परेशान व्यक्ति को अपनी न्यायोचित कार्रवाई से राहत दिलाएँ।' मेरे ए.डी.जी. शास्त्री सर ने मेरे कॅरियर के शुरुआत में मुझसे कहा था और वह बात मुझे याद रही।

मेरी आसान पहुँच की वजह से मैं जनता की समस्याओं को प्रत्यक्ष रूप से समझ पाता था। उससे मेरा लोगों से सीधा संपर्क भी बना, जिससे कानून व व्यवस्था की स्थितियों में मुझे काफी लाभ मिला।

जैसे ही मैं चैंबर में पहुँचा, इंजीनियर साहब खड़े हो गए और हाथ जोड़कर रोने लगे।

"क्या बात है, इंजीनियर साहब? प्लीज, शांत हो जाइए।"

"सर, प्लीज, ये इ-मेल्स देखिए।" वह बोले, मुझे सैकड़ों के प्रिंट आउट देते हुए।

मैंने इ-मेल्स पढ़नी शुरू कीं। वह दो लोगों के बीच की बातचीत थी, जिसमें अश्लील विवरण एवं यौन कृत्यों का वर्णन था। मुझे पढ़ते हुए असहजता-सी हो रही थी।

"इंजीनियर साहब, ये इ-मेल्स सारी भद्दी हैं। पर आप मुझे ये क्यों पढ़ा रहे हैं?"

"सर, ये इ-मेल्स..." वह कुछ झिझक रहे थे।

"मेरी बेटी शिखा और उसके कॉलेज के प्रोफेसर के बीच हैं। मुझे अभी इनका पता चला है।"

"सच में? पर क्यों?"

"मुझे नहीं पता, सर। आप ही बुलाकर पूछिए। हमारी तो इज्जत खत्म हो गई।"

"यह तो पुलिस की समस्या जैसी नहीं है। मैं इसमें क्या कर सकता हूँ?"

"मुझे पता है, सर; पर मुझे आप पर भरोसा है। हो सकता है, वह पुलिस से डर जाए और सच बोल दे। मुझे तो कुछ नहीं बता रही है। प्लीज, प्रोफेसर को धमकाएँ। उसे यह बकवास बंद करनी चाहिए।" इंजीनियर ने विनती की।

मैं हलके से मुसकराया। 'पुलिस का डर! हम क्या 'शोले' के गब्बर सिंह हैं?' मैंने सोचा।

मैं समझ पा रहा था कि इंजीनियर छोड़ेगा नहीं। उसने पुलिस से काफी उम्मीदें लगा रखी थीं।

"ठीक है, ठीक है। मैं आपकी बेटी को अभी कॉल करता हूँ।"

आधा घंटे बाद एक महिला सब-इंस्पेक्टर मेरे चैंबर में इंजीनियर की बेटी को अपने साथ लेकर आई।

"नमस्ते, सर!" वह बोली। काफी व्यवहार कुशल और परिष्कृत लग रही थी। मैं हैरान था कि ये इ-मेल्स उसने लिखी हैं।

"शिखा, तुम यह इ-मेल्स को समझा सकती हो क्या?" मैं सीधे मुद्दे पर आया।

वह लड़की थोड़ा हिचकिचाई, फिर पूरे आत्मविश्वास से बोली, "सर, ये तो थोड़े ऐसे ही चैट्स हैं।"

"ऐसे ही चैट्स? ये तो बड़ी विस्तृत हैं।" मैंने कहा।

"सर, सच कहूँ तो मैं अपने प्रोफेसर को इन संदेशों से लुभाना चाहती थी। मैंने अपनी परीक्षाओं के लिए पढ़ाई नहीं की थी। सोचा, प्रोफेसर को अपने आकर्षण से जीत लूँगी तो अच्छे नंबर मिल जाएँगे। इसलिए पहले मैंने कुछ मैसेज भेजे; पर जब मुझे अच्छा रेस्पॉन्स मिला तो मेरी हिम्मत बढ़ गई।" वह बोली।

"तो तुमने प्रोफेसर से शारीरिक संबंध बनाए, सिर्फ अच्छे नंबर लेने के लिए?" मैंने गुस्से से कहा।

"नहीं-नहीं सर, बिल्कुल नहीं। मेरे टीचर बड़ी उम्र के हैं, बल्कि मेरे पिताजी की उम्र के। मैं तो बस, उनको लुभा रही थी। शारीरिक संबंध कभी नहीं थे। वैसे भी रिजल्ट आने के बाद मैं यह सब बंद कर देती। मैं अच्छे घर की लड़की हूँ।"

शिखा की धृष्टता देखकर मैं अचंभित रह गया।

'अच्छे घर की लड़की! लोग किसी भी हद तक गिर सकते हैं अपने मतलब के लिए।' मैंने सोचा।

मैंने उसे भेज दिया और एक अफसर को उसके टीचर को ले आने के लिए भेजा। जल्दी ही एक गंजा, थका हुआ-सा व्यक्ति मेरे चैंबर में आया। वह मेरे सामने तोंद खुजलाता हुआ खड़ा हुआ। मैं चकित रह गया, 'इस आदमी को शिखा वैसी इ-मेल्स कैसे भेज सकती है?'

"शर्म नहीं आ रही है तुमको? अपनी उम्र देखो और अपना पेशा देखो!" मैं गुस्से से उस आदमी पर चिल्लाया।

"सर, मुझे शिखा से प्यार हो गया था।" अपना सिर शर्म से झुकाकर वह टीचर बोला।

"प्यार? इसे हवस कहते हैं। शिखा से दूर रहना और अपने आपको सुधारो। शिक्षक को तो छात्रों के लिए प्रेरणा-स्रोत होना चाहिए। अपने पेशे को बदनाम मत करो।" मैंने कुर्सी से उठते हुए कहा।

प्रोफेसर बहुत डर गया, जैसे कि मैं उसे मारने वाला हूँ!

"डरो मत, मैं तुमको मारने वाला नहीं हूँ; पर जो कहा है, वो याद रखना!" मैंने कहा।

□

इंजीनियर ने मुझे बहुत धन्यवाद दिया। उसकी भीगी आँखों में राहत दिख रही थी। दरवाजे तक जाकर वह फिर से मुड़ा और मुझे धन्यवाद दिया।

अचानक, टीचर वापस मेरे चैंबर में घुसा और मेरे पीछे छिपने की कोशिश करने लगा।

“सर, मुझे बचा लीजिए। मेरे दोनों बेटे और मेरी बीवी मुझे मारने आए हैं।” वह डरते हुए बोला।

मैं कुछ प्रतिक्रिया देता, उसके पहले ही एक महिला अंदर आई। उसने एक चप्पल पैर से निकाली और टीचर को मारने लगी।

मैं रास्ते से हट गया। एक दिन के लिए यह पारिवारिक ड्रामा झेलने को बहुत था।

‘एक और दिन पुलिसवाले की ज़िंदगी का।’ मैंने सोचा।

□

38

ब्लास्ट हो गया

"सर, क्या इनका हर जगह जाना जरूरी है? हर नक्सल ऑपरेशन के लिए?" क्रांति ने पूछा।

मैं उससे नजरें नहीं मिला पा रहा था और उसके प्रश्न को इसलिए टालता रहा।

"सर, ऐसे ही कुछ बोल देती है। कृपया इसे क्षमा कर दें।" क्रांति का पति दिलबाग बोला।

दिलबाग, एक युवा हँसमुख सरदार था, जो अभी गया जिले में मेरे सिटी एस.पी. के पद पर आया था। गया एक कट्टर नक्सल-प्रभावित जिला था और देश का सबसे मुश्किल क्षेत्र था।

"क्रांति ने अभी हाल ही में गर्भ धारण किया है। वह अपने पति के इतने खतरनाक कार्य पर जाने से काफी तनाव में रहती होगी। आप उसके लिए कुछ नहीं कर सकते हैं क्या? एक गर्भवती के लिए इतना तनाव ठीक नहीं है।" दिलबाग के घर से लौटते समय तनु बोली।

"तनु, एक सीनियर पुलिस ऑफिसर को सभी नक्सल संबंधी ऑपरेशंस में फोर्स को आगे से लीड करना होता है। तुमको पता है कि मैंने भी गया पुलिस एवं सी.आर.पी.एफ. टीम को पंद्रह दिनों में एक बार लीड किया था। हम यह नहीं कर सकते कि जब सबऑर्डिनेट अफसर और सिपाही अकेले इतने खतरनाक क्षेत्र में जाएँ, तब हम अपने ऑफिस में बैठकर निर्देश देते रहें।" मैंने उत्तर दिया।

हम आगे की यात्रा में चुप रहे। मैं क्रांति के आग्रह पर विचार करता रहा।

चुनाव आने वाले थे। डी.एम. और मैंने कई महीनों पहले हरेक परिस्थिति

का आकलन करके तैयारियाँ शुरू कर दी थीं। मैंने पोलिंग बूथ को प्राथमिकता के आधार पर क्रमबद्ध किया और खतरे की आशंका के अनुसार अर्धसैनिक बल एवं स्थानीय पुलिस घटक तय कर दिए। गया को अर्धसैनिक बलों की 108 कंपनियाँ दी गई थीं, जिनमें बी.एस.एफ., सी.आर.पी.एफ. एवं आई.टी. बी.पी. शामिल हैं। उनके लिए रहने की पर्याप्त व्यवस्था, वह भी सुरक्षित स्थान पर, करना बहुत मुश्किल था। जिला प्रशासन ने तय किया कि यूनिफॉर्म वाले कार्मिक पोलिंग बूथों के पास स्थानीय स्कूलों में रहेंगे। डुमरिया पुलिस स्टेशन में एक बूथ बनाया गया था, जो केवल छह मतदाताओं के लिए था। पर वहाँ हमने बी.एस.एफ. के करीब 80 जवानों की पूरी कंपनी और 20 सिपाही राज्य पुलिस बल के तैनात किए, जिससे लोग मतदान करें और अपने लोकतांत्रिक अधिकार का प्रयोग करें।

डुमरिया एक ऐसी अलग-थलग और सुनसान जगह थी, जहाँ इक्के-दुक्के ही पुलिस अफसर कभी गए होंगे। पिछले कई वर्षों में एक ही सड़क थी—सीधे डुमरिया तक, मुख्यालय से सबसे दूरस्थ पुलिस स्टेशन। शेरघाटी के बाद 45 कि.मी. का कच्चा रास्ता था, जो बारूदी सुरंग के लिए आदर्श स्वरूप था। सड़क के दोनों ओर स्थित पहाड़ मोटर कारों की किसी भी कतार पर हमले के लिए मुफीद थे। नक्सलियों को गुरिल्ला युद्ध के लिए उस क्षेत्र में बड़ा लाभप्रद वहाँ की स्थलाकृति थी।

एक दिन डुमरिया पुलिस थाने के निकट एक गैस सिलेंडर फट गया। पुलिसकर्मियों ने अपना-अपना स्थान ले लिया, यह सोचकर कि नक्सलियों ने हमला कर दिया है। डुमरिया एस.एच.ओ. अरुण पाल सकते में आ गया। ऐसा नहीं था कि वह बहादुर नहीं था, पर नक्सल-प्रभावित क्षेत्रों में वर्षों से काम करने की वजह से वो हानि-रहित छोटी सी घटनाओं पर भी, हलकी सी संदिग्ध कार्रवाई से सतर्क हो जाता था।

"सर, आप एक बार आ जाइए। हमको नक्सल का भूत दिख रहा है। मैं सबको मार डालूँगा।" अरुण पूरी तरह से हिल गया था।

"रिलेक्स अरुण, थोड़ी हिम्मत रखो।" मैं उसे ढाढ़स बँधाने की कोशिश कर रहा था।

पर अरुण फोन पर बड़बड़ाता ही रहा। मुझे पता था कि मुझे स्थिति का जायजा लेने तुरंत जाना होगा, अपने आदमियों का हौसला बढ़ाने के लिए।

मैंने अपने ड्राइवर नरेंद्र को बुलाया।

"सिविल गाड़ी निकालो और चार कमांडोज को तैयार करो।" मैंने कहा।

□

"चलो शेरघाटी की तरफ।" कार में बैठते हुए मैंने कहा।

शेरघाटी तक का रास्ता काफी व्यस्त था, इसलिए उस सड़क पर बारूदी सुरंग के विस्फोट की कम ही संभावना थी। नक्सलियों को कोई सार्वजनिक मौत नहीं चाहिए थी। वे भारतीय गणराज्य के खिलाफ एक आदर्शवादी लड़ाई लड़ रहे थे, और पुलिस राज्य का सबसे प्रत्यक्ष चेहरा था, इसलिए वे नक्सलियों के निशाने पर रहते थे।

"सर, शेरघाटी आ गई है।" नरेंद्र ने कहा।

"सीधे डुमरिया चलो।" मैंने गंभीरता से कहा।

"सर, एस्कॉर्ट ले लेते, या कम-से-कम गाड़ी की नंबर प्लेट बदल लें। गया के एक एस.पी. तो कई नंबर प्लेट्स साथ लेकर चलते थे और जहाँ जाते थे, उसके मुताबिक बदल देते थे।" नरेंद्र ने कहा। उसका चेहरा फक्क हो गया था। वह बिना कारण चिंतित नहीं था। यह रास्ता जोखिम भरा था, क्योंकि नक्सलियों ने पहले काफी पुलिस वाहनों को निशाना बनाया था और काफी जनहानि हो चुकी थी।

"चिंता मत करो। एक तो हमारे पास आश्चर्य का लाभ है। हम छह के अलावा किसी को नहीं पता कि हम डुमरिया जा रहे हैं। नक्सली बारूद बेतरतीब नहीं बिछा सकते। वे हमारे वापसी के रास्ते में बिछा सकते हैं, जब उन्हें पता चले कि हम वहाँ पर गए हैं।" मैंने पूरे आत्मविश्वास से कहा।

"और यह भी तो है कि हम सिविल गाड़ी में हैं; न तो वी.आई.पी. लाइट है, न ही एस.पी. की नेम प्लेट।" मैंने जोड़ा।

फिर भी, जैसे ही हमारी गाड़ी खतरे वाले क्षेत्र में पहुँची, सारे बॉडीगार्ड्स सतर्क हो गए। मुझे भी पेट में कसावट महसूस होने लगी। हम तनाव में थे, परंतु किसी भी स्थिति का सामना करने को तैयार थे। अब नरेंद्र ने एक्सीलरेटर

बिना किसी झिझक के दबा दिया। जब हम एकजुट होकर काम करते हैं तो हम सबकी हिम्मत बढ़ जाती है। शायद संगठन की शक्ति है। सभी लोग साथ होकर अपना सर्वश्रेष्ठ समर्पित करते हैं। मैंने कभी नहीं देखा कि कोई पुलिसकर्मी कभी भी संकट से दूर भागता हो।

उस कच्चे रास्ते पर एक घंटे चलने के बाद हम डुमरिया पहुँचे। थाना तो किले जैसा था, हालाँकि अभेद्य नहीं था।

मैंने थाने का मुआयना किया और सभी पुलिसकर्मियों से मिला।

"बड़ा बाबू, घबराओ मत। हम सब तुम्हारे साथ हैं।" मैंने अरुण की पीठ थपथपाई। वह अब काफी शांत दिखाई दे रहा था।

"मैं तुम्हारे लिए अतिरिक्त बल, कुछ बुलेटप्रूफ जैकेट्स और एंटी-लैंडमाइन गाड़ियाँ भेज दूँगा।" मैंने आगे कहा।

मुझे पता था कि इन सबसे सुदृढ़ीकरण होगा और स्थिति भी सुधर जाएगी। पर फिर भी, पुलिसवाले हर समय जान के खतरे में रहते हैं—हर रोज।

"अरुण, चुनाव करवा दो। तुम गया के सबसे दिलेर ऑफिसर रहे हो। तुम्हें तो सामने से नेतृत्व करना है।"

मेरे शब्दों से अरुण ऊर्जावान् हो गया। "हुजूर, बढ़िया से इलेक्शन हो जाएगा।" उसने विश्वासपूर्वक कहा।

मैंने थाने के सिपाहियों से बात की। सबके ऊँचे मनोबल से मैं प्रभावित हुआ।

"और दरवाजे के पास रेत से भरी कुछ बोरियाँ दो। और छत पर भी सिपाही तैनात कर दो। वह नक्सली हमले पर पलटवार के लिए अच्छा स्थान रहेगा।" गाड़ी में बैठने से पहले मैंने कहा।

इस बार नरेंद्र ने और तेज गाड़ी चलाई। हम सभी को मालूम था कि नक्सलियों को हमारी यात्रा के विषय में पता चलने की संभावना काफी ज्यादा थी। हम सभी सतर्क थे और चारों ओर देख रहे थे। करीब 20 मिनट बाद अचानक हमारी गाड़ी रुक गई। नरेंद्र ने कई बार इग्निशन चलाया, पर इंजन स्टार्ट नहीं हुआ। अंततः कार से उतरकर उसने बोनट खोला।

"सर, गाड़ी खराब हो गई है। हमें टो करनी पड़ेगी।" वह बोला।

हम सब तुरंत नीचे उतर गए। समस्या स्पष्ट थी। सारे बॉडीगार्ड्स ने अपने हथियारों के सेफ्टी कैच हटा लिये और उन्हें तान लिये। सबके हृदय की गति तेज हो गई।

मैंने अपने चारों ओर स्थित पहाड़ों को देखा। अगर, किसी संयोग से, थोड़े से भी नक्सली पहाड़ पर बैठे हुए होते तो हम उनके लिए आसान निशाना बन सकते थे।

भाग्य से, हमें एक मारुति 800 हमारी ओर आती दिखी। आमोद, मेरा बॉडीगार्ड, ने तुरंत गाड़ी रोकी और ड्राइवर को बाहर निकलने के लिए कहा। उस सड़क पर बहुत कम सवारियाँ चलती थीं और शायद दूसरी गाड़ी काफी देर तक नहीं मिल सकती थी। अन्य कोई चारा नहीं था, सिवाय हमें अपनी गाड़ी वहीं छोड़ने के।

हम सब जल्दी से गाड़ी में ठुँस गए। नरेंद्र चलाने के लिए ड्राइविंग सीट पर बैठ गया।

"ठहरो, गाड़ी के मालिक को तुम्हारे साथ बैठा लेते हैं। शेरघाटी पुलिस स्टेशन पहुँचकर गाड़ी वापस कर देंगे।" मैंने कहा।

मुझे चिंता थी कि वह आदमी लोगों को हमारे दौरे के बारे में बता देगा।

अगले आधे घंटे तक, हर क्षण हमें अनंत काल प्रतीत हो रहा था। हर बार जब गाड़ी कच्ची सड़क के गड्ढे से उछलती, हमारे दिल की धड़कन रुक जाती। उन गड्ढों में से कोई भी एक विशाल गड्ढा बन सकता था, अगर नक्सलियों ने वहाँ पर आई.ई.डी. (Improvised Explosive Devices) लगा दिया तो।

जैसे ही हम शेरघाटी पहुँचने वाले थे, मेरे पास दिलबाग का कॉल आया। मैंने सेलफोन देखा, अंततः सिग्नल फिर से आ रहा था।

"सर, एक पोलिंग बूथ के पास हमें तीन आई.ई.डी. मिले हैं।" उसने बताया।

"दिलबाग, तुरंत बिल्डिंग खाली कराओ। आई.ई.डी. को सैंडबैग्स से घेर दो। बॉम्ब डिस्पोजल स्क्वॉड से उनको डिफ्यूज करने के लिए कहो, अगर संभव हो तो। और तुम उस स्थान से दूर रहना। सुन रहे हो ना मुझे?" मैंने दिलबाग से कहा।

"पर सर, मुझे यहाँ रहकर प्रबंध करना है।" उसने दृढ़तापूर्वक कहा।

"यह ऑर्डर है, दिलबाग। उस क्षेत्र को सैनिटाइज करो और वहाँ से चले जाओ।" मैंने सख्ती से कहा।

हमारी मारुति 800 शेरघाटी पहुँचने वाली थी। हम पूरी तरह से पसीने में भीग चुके थे, विशेषकर बॉडीगार्ड्स, जो पीछे बैठे थे। किस्मत से खिड़की में से थोड़ी सी हवा आ रही थी।

जैसे ही हम शेरघाटी थाने पहुँचे, हमें राहत मिली। पर तभी मैंने शेरघाटी एस.एच.ओ. अमजद को मेरी ओर भागते आते हुए देखा।

"सर, सर! ब्लास्ट हो गया। मतदान केंद्र पर एक आई.ई.डी. फूट गया। मेरे खयाल से, कम-से-कम दो लोग हताहत हुए हैं।"

एक घड़ी के लिए मैं सुन्न हो गया। कई तरह के विचार मस्तिष्क में आने लगे।

'क्रांति को क्या कहूँगा? मृतकों के परिवारों का कैसे सामना करूँगा?'

"सर, सर···" अमजद मुझसे बात करने की कोशिश कर रहा था, पर मैं अपने ही विचारों में खो रहा था। मैंने अपना मानसिक संतुलन ठीक किया और दिलबाग को कॉल करने लगा। कुछ मिनटों के बाद कॉल मिल गई।

"जय हिंद, सर! बॉम्ब-डिस्पोजल स्क्वॉड का एक सदस्य नहीं रहा। एक और सिपाही भी मारा गया है।" दिलबाग की आवाज थरथरा रही थी।

"तुम कहाँ हो? पूरी तरह बताओ, क्या हुआ था?" मैंने पूछा।

"सर, आपके निर्देशानुसार मैं उस जगह से हट गया था। पूरा क्षेत्र खाली कर दिया गया था और सभी को पहुँच से दूर करना था। पूरे एहतियात से बॉम्ब-डिस्पोजल टीम ने काम करना शुरू कर दिया था। दुर्भाग्य से, एक सदस्य बॉम्ब डिफ्यूज कर रहा था, तभी कुछ गड़बड़ हो गई और बॉम्ब फट गया। एक क्षण में सब खत्म हो गया।"

मैंने आँखें बंद करके उस क्षण के बारे में सोचा, जब बॉम्ब फटा होगा! बॉम्ब एक्सपर्ट का शरीर तो चीथड़े होकर बिखर गया होगा। पर अपनी मृत्यु में भी उसने अपने आसपास के कितने ही लोगों का जीवन बचाया होगा! उसने आई.ई.डी. का संघात अपने ऊपर झेल लिया था।

मुझे समझ आया कि नक्सलियों ने आई.ई.डी. पर बूबी ट्रैप लगा दिया

होगा, इसलिए बॉम्ब सक्रिय हो गया होगा। मुझे अपने जवानों को खोने का बहुत दुःख हुआ। उनकी क्या गलती थी? वे तो साधारण लोग थे, जो अपना कर्तव्य निभा रहे थे। जवान ग्रामीण क्षेत्र से भी आते हैं। कई जवान तो अपने परिवार के अकेले कमानेवाले थे। उनमें से कुछ नक्सलियों का साथ देना चयनित कर सकते थे, पर उन्होंने अपने देश की सेवा करने का तय किया।

बॉम्ब-डिस्पोजल एक्सपर्ट एवं सिपाही को खोने का मुझे बेहद दुःख हुआ। अपने दस साल के कॅरियर में मैंने पहली बार अपने किसी आदमी को खोया था।

मैंने डी.आई.जी., गया रेंज को कॉल की और हादसे की जानकारी दी।

"मुझे घटना की जानकारी है—बड़ी दुःखद घटना है। अमित, बड़ा मुश्किल वक्त है, पर तुम अपना हौसला बनाए रखना। तुम्हें चुनाव संपन्न करवाने हैं। तुम्हें निरुत्साहित नहीं होना है।" डी.आई.जी. जीत साही ने कहा।

□

"मेजर साहब, दोनों जवानों के लिए ताबूत मँगवाओ। गया के हर पदासीन कर्मचारी को कम-से-कम एक दिन की तनख्वाह देने के लिए कहो। मैं वह पैसा उन जवानों के परिवारों को भेजूँगा, जो शहीद हो गए हैं। जब सारे इंतजाम हो जाएँ तो मुझे इत्तला कर देना।" मैंने सार्जेंट मेजर को निर्देश दिए।

मैं पुलिस लाइंस पहुँचा। शहीदों को नमन करने सैकड़ों पुलिसकर्मी वहाँ पहुँचे हुए थे। सभी की यूनिफॉर्म पसीने से लथपथ और आँखें आँसुओं से भीगी हुई थीं।

"सर, सब पैसे इकट्ठे हो गए हैं। कई लोगों ने एक दिन की सैलरी से ज्यादा पैसा दिया है।" सार्जेंट मेजर ने गंभीरता से कहा।

मैंने सिर हिलाया। कितना भी पैसा बहादुर सिपाही की ज़िंदगी वापस नहीं ला सकता; पर हम शहीद को श्रद्धांजलि अर्पण करने के लिए कम-से-कम इतना तो कर ही सकते थे।

कुछ देर बाद, एक और कॉल आई मेरे पास—"अमित, हम गया पहुँच गए हैं। तुम कहाँ हो?" शर्मा सर, आई.जी. ऑपरेशंस, ने पूछा।

"सर, पुलिस लाइंस आ जाइए। हम शवों को भेजने ही वाले हैं।" मैंने उत्तर दिया।

"पक्का पता है तुमको? पुलिस लाइंस में स्थिति नियंत्रण में है? जवान उत्तेजित तो नहीं हैं?"

"हाँ, बिल्कुल, सर। कोई समस्या क्यों होगी?" मैंने पूछा।

असल में, वे कुछ साल पहले की वारदात के बारे में सोच रहे थे, जब ऐसा ही हादसा हुआ था और कुछ जवानों ने विरोध-स्वरूप सीनियर अधिकारी के घर पर तोड़-फोड़ कर डाली थी।

"अमित, बहुत अच्छा! हमेशा जवानों को अपने परिवार के समान ही समझना और उनकी देखभाल करना। वे ही तो हैं, जो अपने सीनियर ऑफिसर के आदेश पर अपने कर्तव्य के लिए अपनी जान तक कुरबान कर देते हैं।"

कुछ मिनटों बाद, आई.जी. ऑपरेशंस और कई वरिष्ठ अधिकारी पुलिस लाइंस पहुँच गए। हम सबने शव ट्रकों में रखने से पहले शहीदों को अंतिम बार नमन किया। पूरी पुलिस लाइंस 'अमर रहे! जिंदाबाद!' के नारों से गूँज उठी।

□

39

पुलिस से तो सभी डरते हैं

"सर, एस.एच.ओ. आमस, आलोक कुमार आपसे मिलने आए हैं।" मेरे रीडर ओम प्रकाश ने कहा। मैं विधानसभा चुनावों के लिए पुलिस बल की तैनाती की योजना को अंतिम रूप दे रहा था।

"उसे जल्दी से अंदर भेजो। मुझे पूरी योजना चुनाव आयोग के पर्यवेक्षकों को देनी है। आज काफी व्यस्त दिन है।" मैंने अपने सामने पड़े कागजों के ढेर को देखते हुए कहा।

एस.एच.ओ. आमस, एक चुस्त व युवा अफसर, मेरे दफ्तर में अंदर आया और साथ में चेहरे पर हुड पहने हुए पाँच व्यक्तियों को ले आया।

"सर, मैं चुनाव के मद्देनजर अपराधियों के खिलाफ अभियान चला रहा था। मैंने इन पाँच आदमियों को घूमते हुए देखा। जब चेक किया तो इनसे तीन देसी पिस्तौल और कुछ लूटे हुए सेलफोन बरामद हुए हैं। यह वही गैंग है, जो गया रेलवे स्टेशन पर लूट की वारदातें कर रहा था।" एस.एच.ओ. ने बताया।

"बहुत अच्छा काम किया, आलोक। कीप इट अप।" मैंने कहा।

"अगर आप आज्ञा दें तो मीडिया को बता दें? वैसे भी, चुनाव की तैयारियों का ब्योरा लेने के लिए अधिकतर मीडियावाले आपके ऑफिस के बाहर खड़े हैं।" आलोक बोला।

"ठीक है, मीडिया कर्मियों को अंदर बुला लो। अपनी टीम की फोटो खिंचवाने के लिए अपराधियों के साथ बुला लो। और मुझे उनके नाम भी दे दो, जिससे मैं उनके प्रशस्ति प्रमाण-पत्र भी जारी कर सकूँ।" मैंने कहा।

मैंने मीडिया के साथ बातचीत करनी शुरू कर दी थी और पुलिस की

विशेष उपलब्धियों के बारे में प्रेस कॉन्फ्रेंस करना शुरू कर दिया था। बेगूसराय के अनुभव के बाद यह सीख मिली थी।

"सर, बेगूसराय में आपका बहुत नाम नहीं हो रहा है।" प्रदीप तोलानी, एक नामी व्यवसायी, ने कहा था।

"क्यों, तोलानीजी? यहाँ तो सबकुछ नियंत्रण में है। अपराध दर भी कम हो गई है।" मैंने निराशा से उत्तर दिया था। उनकी टिप्पणी से मैं हतोत्साहित महसूस कर रहा था।

"सर, वो तो ठीक है, पर पुलिस का काम लोगों को दिख नहीं रहा है।"

"आपका क्या मतलब है?" मैंने पूछा।

"सर, आप अखबारों में बिल्कुल नहीं दिखते हैं। पुलिस की कोई भी सफलता प्रेस में रेखांकित नहीं होती है। आपने बहुत ज्यादा प्रेस से दूरी बना रखी है। खबरों के नहीं होने से आपकी छवि एक निष्क्रिय एस.पी. की बन गई है।"

मुझे मेरे प्रशिक्षक जयशंकर सर की भी बात याद थी, 'अमित, तुम्हें मीडिया में कभी-कभार दिखते रहना चाहिए, जिससे लोगों को पता रहे कि तुम काफी मेहनत कर रहे हो। इससे लोगों में तुम्हारे प्रति विश्वास बनता है।' जयशंकर सर ने कहा था।

फिर मैंने अपनी भूल को समझा और जब भी पुलिस बल कोई अच्छा कार्य करता तो मैंने प्रेस कॉन्फ्रेंस करनी शुरू कर दी।

आलोक ने मीडिया कर्मियों को अंदर बुलाया और उन्हें घटना के बारे में ज्ञापित किया। मैं बहुत व्यस्त था। मैं अपना काम करता रहा, कैमरे की तरफ देखा भी मुश्किल से। कॉन्फ्रेंस के बाद आलोक ने चेहरों से नकाब उतारे और अपराधियों को बाहर निकालने लगा। अपनी आँख के किनारे से मैंने देखा, एक बहुत छोटा लड़का था—मुश्किल से किशोर वय के बाहर आया होगा, उस ग्रुप में था।

"हे, यू!" मैंने उसको इशारा किया। आलोक और अन्य सभी रुक गए।

"तुम इतने छोटे हो और काफी सभ्य लग रहे हो। अपनी ज़िंदगी इन अपराधियों के गैंग से जुड़कर क्यों खराब कर रहे हो?" मैंने पूछा।

"सर, हम कहाँ क्राइम किए हैं? मैं तो इन लोगों को जानता भी नहीं हूँ।"

लड़के ने अपराधियों की ओर आँसुओं से भरकर देखा।

"यह लड़का तुम लोगों के साथ काम करता है?" मैंने गिरफ्तार किए हुए लुटेरों से पूछा।

"नहीं, सर, नहीं। हमें नहीं मालूम, यह आपके दफ्तर में क्या कर रहा है हमारे साथ?" एक बदमाश ने जवाब दिया।

"फिर, आलोक? यह क्या है?" मैंने आमस थाने के एस.एच.ओ. से पूछा।

"सर, यह लड़का भी वहीं था। हमें देखकर भाग रहा था, इसलिए मैंने इसे भी गिरफ्तार कर लिया।" आलोक ने उत्तर दिया।

"सर, हम डर गए थे। पुलिस से तो सभी डरते हैं। इसीलिए मैं भाग रहा था।" लड़के ने कहा।

"आलोक, ऐसा नहीं करना चाहिए था। इस लड़के को तुरंत जाने दो।" मैंने कहा।

"पर सर, हमने प्रेस कॉन्फ्रेंस कर ली है और इस लड़के समेत सब अपराधियों के नाम भी मीडिया को दे दिए हैं, और ऊपर से कोर्ट के लिए चालान भी भर दिया है। इसका नाम कैसे हटाऊँ?" आलोक ने झेंपते हुए कहा।

"आलोक, तुम एक निर्दोष बालक का जीवन कुछ कागजी कार्रवाई के लिए नहीं बिगाड़ सकते हो। मीडिया से बात कर लो। मुझे विश्वास है कि वे सब समझ जाएँगे। और पहलेवाले चालान को फाड़ दो, नया चालान बनाओ।" मैंने निर्देश दिए।

"बेटे, घर जाओ। सॉरी, गलतफहमी के लिए।" मैंने लड़के से कहा।

वह लड़का मुसकराया और ऑफिस के बाहर दौड़ गया, जैसे उसे नई ज़िंदगी मिली हो!

प्रेस ने काफी समझदारी दिखाई और उस लड़के का नाम खबरों से निकाल दिया। दो दिन बाद मेरे पास जिला जज का फोन आया।

"एस.पी. साहब, आपको न्यायपालिका की ओर से बहुत-बहुत बधाई। हमें छोटे लड़के की गलत गिरफ्तारी के बारे में पता चला कि आपने उसे छोड़ दिया। यह बहुत अच्छा किया आपने!"

मैंने कोई महान् काम नहीं किया था। मैंने ऐसी प्रक्रिया, जिसमें उस लड़के के जीवन पर दुष्प्रभाव पड़ता, को करने की बजाय अपनी अंतरात्मा की आवाज सुनी और तुरंत निर्णय लिया। सही कदम उठाना जरूरी है, चाहे वह गलत कदम को ठीक करने के लिए ही हो।

□

40

जान बचेगी तो नौकरी करेंगे

"सर, पूरा थाना जल गया!" धमदाहा पुलिस थाने का एस.एच.ओ. बोला।

मैंने तभी एस.एस.पी., गया का पदभार लिया था।

"क्या ? सच में ? सारे जवान तो सुरक्षित हैं ना ?" मैंने पूछा। मैं टोस्टर में से ब्रेड की स्लाइस लेने ही वाला था, जब यह खबर आई। ब्रेड जलकर एकदम काली पड़ गई थी। किनारों से धुआँ निकल रहा था। इस विडंबना को देखकर बिल्कुल खुशी नहीं हो रही थी।

"हाँ सर, सब बिल्कुल सुरक्षित हैं।" एस.एच.ओ. ने जवाब दिया।

मैंने राहत की साँस ली। हालाँकि, ये बहुत बिरला ही हादसा था, पर यह पहला वाकया नहीं था, जब पुलिस थाना जल चुका था। उस वक्त मैं अपने लोगों की हिफाजत और कानून-व्यवस्था की स्थिति के बारे में ही चिंतित था।

"क्या हुआ ? विस्तार से बताओ।" मैंने कहा।

"सर, सुबह-सवेरे एक लाश पुलिस स्टेशन के पास तालाब में तैरती हुई मिली थी। दुर्भाग्यवश, लोगों ने सोचा कि उस आदमी की हत्या करके पुलिसवालों ने तालाब में फेंक दिया है। उत्तेजित भीड़ ने पुलिस थाने तोड़-फोड़ करके उसे जला दिया।"

मैं तुरंत स्थिति समझ गया। मेरे सहज बोध ने कहा कि शायद वह आदमी नशे में धुत्त होकर तालाब में गिर गया होगा और डूब गया होगा। कोई भी पुलिसवाला किसी आदमी की नृशंस हत्या करके शव को पुलिस थाने के पास तालाब में नहीं फेंकेगा। मुझे यह भी पता था कि एक स्थानीय छुटपुट राजनेता

अपने वोट बैंक को बढ़ाने के लिए हंगामा खड़ा करने का बहाना ढूँढ़ रहा था। और एक विशेष जाति के आदमी के शव का मिलना बिल्कुल सही मौका था विवाद उत्पन्न करने का।

मैंने तुरंत सदर और शहर के सभी डी.एस.पी. को अतिरिक्त बल लेकर धमदाहा पुलिस स्टेशन पहुँचने के लिए कहा। उपद्रव की तीव्रता, थाने को जलाने के बाद कम तो हो गई थी, पर वापस ज्वलंत हो सकती थी। डी.एस.पी. धमदाहा, जो थाने पहुँच चुके थे, किसी तरह से भीड़ को शांत करने में सफल हुए। मैंने अपने ड्राइवर और गार्ड्स को तुरंत तैयार होने के लिए कहा।

"सर, आज हम भी चलेंगे।" मेरे सबसे भरोसेमंद और ईमानदार अंगरक्षक अजीत ने कहा, जो मेरे साथ पिछले दस साल से था। वह ज्यादातर मेरे परिवार को देखने मेरे पीछे घर पर रुक जाता था, जब मैं किसी संगीन स्थिति को सँभालने जा रहा होता था।

"अजीत, तुम मैडम का ध्यान रखना।" मैंने उससे कहा।

"नहीं चुन, अजीत को अपने साथ जाने दो।" तनु बोली।

"तनु की आँखों में गंभीरता मैं भाँप गया। एक पत्नी को अंत:करण से पता चल जाता है कि कब उसका पति मुसीबत में पड़ने वाला है! पहले भी कई बार वह सही साबित हुई थी।

मैंने जिरह नहीं की और अजीत को सूमो में बैठने के लिए कहा। गार्ड कमांडर ने सारी राइफलें और गोला-बारूद भी चेक कर लिया था। अपने पहले के तजरबे के बाद मैंने बॉडी प्रोटेक्टर्स, हेलमेट, शील्ड और हाँ, लाठियाँ अपने साथ की जिप्सी में रखना शुरू कर दिया था।

मैं वायरलेस से लगातार स्थिति के बारे में पूछता रहा।

करीब पैंतीस मिनट बाद लोगों की एक भीड़ दिखी, जो अशांत परंतु नियंत्रित थी और रोड पर तालाब के पास एकत्र थी। उस क्षेत्र में पर्याप्त पुलिस बल तैनात था। पुलिस स्टेशन का जला हुआ मुखौटा मेरे सामने खड़ा था। मुझे बहुत बुरा लगा, क्योंकि हाल ही में हमने पूरा थाना नवीनीकृत करवाया था और सार्वजनिक योगदान से आगंतुकों के लिए एक कमरा भी बनवाया था।

"बॉस, यह तो ठीक नहीं हुआ।" डी.एम.एम. मुथु वहाँ पहुँचकर बोले। यह तीसरी बार था कि मुथु और मैं साथ काम कर रहे थे। हमारी एक-दूसरे के प्रति स्वत: ही अच्छी समझ थी।

"अब तो हो गया।" मैंने कहा।

"अभी फिलहाल स्थिति को नियंत्रण में करते हैं और उपद्रवी लोगों पर बाद में, एक-दो दिन में, कार्रवाई करेंगे।" मुथु ने कहा। कई बार प्रशासन जान-बूझकर उपद्रवियों पर कोई कार्रवाई एकदम नहीं करता, क्योंकि यह पता नहीं होता कि जनता क्या प्रतिक्रिया देगी? प्रशासनिक दृष्टि से, हम चाहते हैं कि सबकुछ पहले शांत हो जाए और सामान्य स्थिति बन जाए।

हमने इलाके का निरीक्षण किया और कुछ लोगों से बात की। हालाँकि, हम थाने को जला देने पर लोगों से खुश नहीं थे, फिर भी उनकी भावनाओं को शांत करने की कोशिश की।

"ठीक है, बॉस। अब कुछ सामान्य हो रहा है। हो सकता है, उपद्रवियों को समझ आ गया हो कि वह आदमी नशे में तालाब में डूब गया होगा।" मुथु बोले।

मैंने कुछ हद तक बात मान ली, पर मेरे अंदर का पुलिस मैन फिर भी सतर्क था।

"ठाकुर, सुनिश्चित करना कि पुलिस बल को कुछ खाना-पानी मिल जाए। सार्जेंट मेजर को पुलिस लाइंस से खाने के पैकेट भेजने को कहो।" मैंने डी.एस.पी., टाउन को आदेश दिए।

मुझे पता था कि अभी दिन लंबा बाकी है।

"चलो बॉस, आओ, बी.डी.ओ. के दफ्तर में बैठते हैं और अगले कदम पर चर्चा करते हैं। आहा, और सुशांत बाजवा से मिलो, युवा प्रोबेशनर है। अपनी ट्रेनिंग के लिए इसने पूर्णिया ज्वॉइन किया है।" डी.एम. बोले।

मैंने उस युवक को देखा, जो भीड़ और जले हुए थाने को देखकर बहुत विचलित दिखाई दे रहा था।

"सब ठीक है, बाजवा। तुम ऐसी कई घटनाओं को आगे और देखोगे।" मैंने उसकी पीठ थपथपाते हुए कहा। वह सिर्फ निराशा से नीचे देखता रहा। शायद उसे नहीं मालूम था कि हमारे सेवाकाल में कई आलोचनाएँ मिलती हैं।

असल में, वे सराहना से अधिक ही होती हैं।

हम बी.डी.ओ. के दफ्तर में बैठे ही थे कि अजीत भागता हुआ अंदर आया। उसका चेहरा देखते ही मैं समझ गया कि कुछ बहुत बुरा हो गया है।

"सर, भीड़ फिर से इकट्ठा हो गई है और हमारी तरफ आ रही है। सर, आप लोग यहाँ से जल्दी से निकलिए। तुरंत चले जाइए।" अजीत ने कहा। वह तनावग्रस्त दिख रहा था।

"बॉस, क्या हो गया? मैंने तो सोचा था कि सब ठीक हो गया है। मैंने स्थानीय एम.एल.ए. से बात की थी। अन्य नेताओं और संबंधित लोगों ने भी आश्वस्त किया था कि अब कोई समस्या नहीं होगी।" हक्के-बक्के मुथु ने कहा।

"जल्दी निकलते हैं। अभी पता चल जाएगा।" मैंने मुथु और बाजवा को इशारा किया।

बी.डी.ओ. के दफ्तर से बाहर निकलते ही जो नजारा दिखा, वह हमेशा मेरी स्मृति में अंकित रहेगा। सैकड़ों लोग हमारे खून के प्यासे हो रहे थे।

स्वूश! एक बोतल मेरी कनपटी के पास से निकली। मैं स्वत: ही नीचे झुक गया, पर पत्थरों व ईंटों की बरसात भी हमारी तरफ आ रही थी। भीड़ पास आ रही थी। कई उपद्रवियों के हाथों में 'मोलोतोव कॉकटेल्स' दिख रही थीं, जो पेट्रोल से भरी बोतलें होती हैं और जलाने के काम में आती हैं। उसे 'गरीबों का ग्रेनेड' भी कहा जाता है। इस बार तो हम गरीब व बेसहारा लोग थे। चारों तरफ से घिरे थे, कहीं भी नहीं निकल सकते थे। अगर बी.डी.ओ. के दफ्तर वापस जाते तो संभवत: जिंदा जला दिए जाते। बाहर, बी.डी.ओ. दफ्तर की चारदीवारी के पीछे हमने शरण ली।

"पुलिस फोर्स कहाँ है?" मैंने अजीत को चिल्लाकर पूछा।

"सर, ज्यादातर लोग खाना खाने गए हैं। मुट्ठी भर ही हैं यहाँ। वे दुबके हुए हैं। कोई कमांड करने के लिए चाहिए।" अजीत ने बताया।

मैंने अपशब्द कहे। 'इन सारे लोगों को क्यों जाना था? सार्जेंट मेजर को खाने के पैकेट सिपाहियों को यथास्थान ही देने चाहिए थे।' खैर, यह सार्जेंट मेजर की गलती के बारे में सोचने का समय नहीं था। पहले तो अपनी ज़िंदगी बचानी थी।

"अजीत, तुम और शंकर जाकर हवा में फायर करो। उससे भीड़ डर जाएगी और हम सुरक्षित स्थान पर चले जाएँगे।" मैंने अजीत व शंकर को आदेश दिया। शंकर डी.एम. का अंगरक्षक था।

अजीत ने अपनी पिस्तौल तानी और चिल्लाता हुआ बाहर भागा। उसने शंकर को देखा, पर शंकर जरा भी नहीं हिला।

"शंकर, तुम कर क्या रहे हो? दिमाग खराब हो गया है क्या?" वह शंकर पर चिल्लाया।

शंकर अपनी भारी-भरकम डील-डौल के बावजूद एक डरपोक सिपाही था।

"शंकर, शंकर!" मैं उसे उकसाता रहा।

"शंकर, मूर्ख आदमी! अजीत को कवर फायरिंग क्यों नहीं दे रहे?" डी.एम. ने आवाज लगाई।

फिर मुझे समझ आ गया कि शंकर जाकर गोली नहीं चला सकता। वह बहुत डरा हुआ था। मुझे मामला अपने हाथों में लेना पड़ेगा। मैंने उसके हाथों से कारबाइन छीनी और तान ली।

"तुम कहाँ जा रहे हो?" डी.एम. ने अविश्वसनीय रूप से पूछा।

"मैं भीड़ को चुनौती देने जा रहा हूँ। जैसे ही मैं इशारा करूँ, आप निकल जाना!" मैं चिल्लाया।

"मैं कहीं नहीं जा रहा हूँ।" मुथु ने कहा।

हम दोनों, अजीत और मैं, भीड़ की ओर भागे, अपने सिपाहियों को साथ आने के लिए कहते हुए। अजीत ने दो गोलियाँ हवा में दागीं। भीड़ फिर भी निश्चिंत थी, क्योंकि उसको पता था कि पुलिस सामान्यत: निर्दोष लोगों पर फायर नहीं करती। यह सच था। कोई प्रशासन पुलिस कार्रवाई में लोगों को मारना नहीं चाहता। अगर लोग हिंसा भी करें तो भी पुलिस को संयम से काम लेना होता है।

पर आज की बात अलग थी। डी.एम. और मुझे पता था कि हमें मार डाला जाएगा। डी.एम. बिल्कुल डिगे नहीं। वह मेरे बिल्कुल पीछे खड़े रहे।

"एस.पी. साहब, जरूरत पड़े तो शूट करो उन पर, नहीं तो हम लोग जिंदा

नहीं बचेंगे।" मुथु ने अपनी प्यारी बिहारी और साफ दक्षिण भारतीय लहजे में कहा। मैंने सिर हिलाया और कारबाइन से एक बंद दुकान की दीवार पर फायर कर दिया। गोली के टकराकर लौटने की आवाज से उपद्रवी, कुछ क्षण के लिए, किसी तरह डर गए। मुझे बस, ये ही चाहिए था। मैं आगे बढ़ा और सिपाहियों को ढूँढ़ने लगा। कुछ सिपाही एक ठेले के पीछे अपनी राइफल ताने छिपे हुए थे।

"अरे, उठो, फायर करो। नहीं तो हम सब मारे जाएँगे!" मैंने पुरजोर आवाज में कहा।

सिपाही झटके में हरकत में आ गए और फायर किया।

"नहीं-नहीं, भीड़ पर फायर मत करो। आसमानी फायर करो!" मैंने आदेश दिया। भीड़ लौट रही थी। अब काफी पुलिसकर्मी दिखाई देने लगे।

डी.एस.पी. सदर और धमदाहा भी आ गए। अब बाजी पलट गई थी। हमने अपनी लाठियों से भीड़ को खदेड़ना शुरू कर दिया।

जब पुलिस चार्ज ले रही थी, डी.एम. के पास लगातार राज्य की राजधानी से फोन आ रहे थे कि संयम बरतें, पर डी.एम. बिल्कुल बख्शने के मूड में नहीं थे।

"अरे, हम मर जाएँगे तो कल हमारी लाश पर फूल चढ़ाएँगे। मैं बिना वजह शहीद नहीं होना चाहता। पुलिस कार्रवाई चालू रखें।" गुस्से में डी.एम. ने कहा।

दो घंटे तक पुलिस कार्रवाई चलती रही। हमने लगभग 50 दंगाइयों को पकड़ा और न्यायिक हिरासत में भेज दिया। पुलिस ने कई वीडियो बनाए और दंगा करनेवालों के खिलाफ काफी सुबूत इकट्ठा कर लिया था। मीडिया भी, परिवर्तन स्वरूप, हमारे साथ थी। भीड़ ने मीडिया के कुछ वाहनों को भी जला डाला था, जो हमारे हित में रहा।

मैं बी.डी.ओ. के दफ्तर पहुँचा और स्थिति का फिर से जायजा लिया। मैं पसीने से लथपथ था। यूनिफॉर्म पूरी भीगी हुई थी। मुझे देखकर हैरत हुई कि बाजवा बनियान में खड़ा था, जो कुछ जगहों से फटी हुई थी। उसकी कमीज लपेटकर सिर पर साफे की तरह रखी हुई थी। मुथु बाजवा की ओर जोर से घूर रहे थे।

"क्या हुआ तुमको ?" मैंने युवा प्रोबेशनर की ओर देखकर कहा।

"यह लड़का सर्विस में रहने लायक नहीं है। तुम्हें विश्वास नहीं होगा, यह क्या कर रहा था! बाजवा, तुम खुद ही क्यों नहीं बताते ?" मुथु ने गुस्से से कहा।

"सर, असल में, मैं बहुत तनाव में आ गया था। ऐसी विनाशक परिस्थिति मैंने पहले कभी नहीं देखी थी। मैंने सोचा, भीड़ से बचने का तरीका यही है कि भीड़ में शामिल हो जाओ। इसलिए मैंने अपने कपड़े थोड़े से फाड़ लिये, जिससे साधारण जनता लगूँ। अपनी फटी बनियान एवं पगड़ी से मैं भी मजदूर जैसा ही दिखूँगा और मैं बच निकलूँगा। जान बचेगी, तभी तो नौकरी करूँगा।" बाजवा ने झेंपते हुए कहा।

"आओ, ये पत्थर भी ले लो, मारो हमको। इससे तो पक्का ही भीड़ में शामिल हो जाओगे।" डी.एम. ने उस पर व्यंग्य कसा।

मैं कुछ देर चुप रह गया। बाजवा की हरकत पर मुझे विश्वास नहीं हो रहा था।

"प्लान तो बुरा नहीं था!" मैंने मुथु से कहा। फिर हम दोनों की हँसी फूट पड़ी। कम-से-कम उसने कुछ हास्यपूर्ण हरकत तो की, आज की दु:खद घटना के बाद।

□

41

सा रे गा मा पा लिटिल चैंप्स

"एस.पी. साहब, आप में वो बात नहीं रही।" पूर्णिया के एक प्रतिष्ठित डॉक्टर डॉ. देवी राम ने कहा।

"क्यों? मैं तो अपना काम ठीक कर रहा हूँ। जिला शांतिपूर्ण है।" मैंने आश्चर्य से कहा।

"नहीं, सर, आपको पब्लिक में दिखाई देना चाहिए। आपका काम प्रचारित होना चाहिए। आपकी तसवीरें मीडिया में और आनी चाहिए।" डॉक्टर ने कहा।

"मैं तो सेवा में काफी दिनों से हूँ। अब तो डी.आई.जी. के पद पर प्रमोट होने वाला हूँ। छोटी-छोटी बातों के लिए अखबारों में फोटो छपवाने की अवस्था से निकल चुका हूँ। हाँ, अगर कुछ बड़ा काम होता है तो मीडिया खुद ही आएगा।"

"सर, एक और आइडिया देता हूँ। आप मेन चौराहे पर खड़े होकर निगरानी करें कि कौन ट्रैफिक नियमों को तोड़ता है। जैसे ही किसी को सिग्नल लाँघते हुए देखो या लोगों को बाइक पर तीन सवारियाँ ले जाते देखो, अपनी बेल्ट उतारकर पूरी जनता के सामने धुनाई कर दो।" डॉ. देवी राम ने कहा।

मैं दंग रह गया। डॉ. राम उच्च शिक्षित योग्य डॉक्टर थे, जो लंदन से अभी लौटे थे। और वह इतनी बेवकूफी भरी बात कह रहे थे!

मैंने विनम्रता से उनका नायाब तरीका नकार दिया। हमारे देश में लोग अभी भी सामंती पुलिसिंग तरीकों का समर्थन करते हैं। कई शिक्षित लोगों ने मुझे उनके नौकरों पर तीसरी डिग्री के तरीके इस्तेमाल करने की सलाह दी है, जब वे उन पर चोरी करने का संदेह कर रहे हों। इस रवैए को बदलना चाहिए और शुरुआत हम सीनियर पुलिस अफसरों से होनी चाहिए।

कई देशों में पुलिसकर्मी जनता को 'सर' या 'मैडम' से संबोधित करते हैं। कई बार सोचता हूँ कि हमारी पुलिस को भी यही करना चाहिए। पर, फिर क्या लोग ट्रैफिक नियमों का पालन करते हैं? जब कोई देखनेवाला नहीं हो तो क्या लोग लाल बत्ती पर रुकते हैं? जब बिना हेलमेट के वाहन चलाते पकड़े जाते हैं तो खुशी से चालान भरने के बजाय क्या हम यह कहकर दबाव डालते हैं, 'जानते हो, मैं कौन हूँ?' मैं सोचता हूँ, पब्लिक का व्यवहार भी ऐसा होना चाहिए कि स्वत: ही 'सर' या 'मैडम' से संबोधित किया जाए।

□

"सर, एक ग्यारहवीं कक्षा का लड़का गायब है कल से।" सराय पुलिस थाने के एस.एच.ओ. ने कहा।

"मेरे खयाल से वह घर से भाग गया है। मैंने स्कूल में पूछा है। इन दिनों उसके परिणाम अच्छे नहीं आ रहे थे।" एस.एच.ओ. खालिद ने आगे बताया।

"और कुछ है? पिता की आर्थिक स्थिति? परिवार का द्वंद्व, किसी से लड़ाई, वैर?" मैंने विशिष्ट प्रश्न पूछे। अपहरण के मामलों को सुलझाने के दौरान यह आदत बन गई थी।

"सर, उसके पिताजी मेरे साथ बैठे हैं। मैं उन्हें आपके ऑफिस फौरन ले आता हूँ।"

□

प्रताप साहू एक ठेठ मध्य वर्गीय व्यवसायी था। एक सीधा सा आदमी। वह काफी संयमित लग रहा था, जबकि अभी उसका इकलौता बेटा खोया हुआ था। मानव जाति इस बात को सोचने के लिए प्रोग्राम किए हुए होते हैं कि कोई नुकसान नहीं होगा, जब तक कि हो ही न जाए। फिर, उनको समझ नहीं आता कि क्या प्रतिक्रिया होनी चाहिए! मैंने उनसे बात की—परिवार के बारे में, आर्थिक स्थिति के बारे में तथा और भी कई चीजों के लिए। अंततः मैंने पूछा, "आपके पास फिरौती के लिए कोई कॉल आई क्या? आपका बेटा अपहृत भी हो सकता है।"

"सर, हम कमाकर खाते हैं। मेरी रोजमर्रा की जरूरतों की एक किराना की दुकान है। मेरे बेटे का अपहरण कोई क्यों करेगा? मेरी किसी से कोई दुश्मनी नहीं है।" किडनैप का 'क' बोलते ही वह टूट गया। जैसे ही सच्चाई अंदर उतरी,

उसकी भावनाओं का बाँध टूट पड़ा।

"अब तो सिचुएशन सुधर गई है। अब तो सब काफी ठीक है। मैंने सोचा, किडनैपिंग तो पुरानी बात है।" वह सुबकने लगा।

मैं अपने आपको कोसने लगा—क्यों मैंने संदेह किया कि उसका बेटा किडनैप हो गया है! पर एक पुलिसकर्मी की हैसियत से मैं हमेशा सबसे बुरा होने से डरता था।

"रोज स्कूल कैसे जाता है वह?"

"सर, साइकिल से। घर से 100 मीटर दूर मिली। स्कूल का बैग भी उस पर लगा था।" साहू ने बताया।

"अगर कोई लड़का भागना चाहता तो वह अपने घर के इतने पास साइकिल क्यों खड़ी करता? वह तो साइकिल पर ही भाग सकता था। और अगर भागना होता तो स्कूल जाने के लिए तैयार ही क्यों होता? और वैसे भी, उसका रिजल्ट तो पंद्रह दिन पहले ही आ चुका था। कोई भागने का कारण तो नहीं दिख रहा है। उसका अपहरण ही हुआ होगा।" मैंने तथ्यात्मक तरीके से कहा।

प्रचलित समझ के विपरीत, अपहृत व्यक्ति को ढूँढ़ना खोए हुए को ढूँढ़ने से ज्यादा आसान होता है; क्योंकि अपहरण में किसी की फिरौती के लिए तो कॉल आती है, जिससे कुछ सुराग आगे बढ़ने के लिए मिल जाते हैं। पर अगर कोई खो गया हो तो उसको ढूँढ़ना मुश्किल होता है।

□

कुछ साल पहले की एक घटना मुझे याद आई। जब मैं बेगूसराय का एस.पी. था, तब तीन बच्चे गुम हो गए थे और बहुत मुश्किल पड़ गई थी। हुआ यों था कि एक प्रतिष्ठित डॉक्टर के दो बेटे एवं कंपाउंडर का एक बेटा खो गए थे। टाउन एस.एच.ओ. अरविंद ने पूरी तफ्तीश कर ली थी, जैसे ही उसे खबर मिली। उन लड़कों के क्लास के बच्चों ने बताया कि वह टी.वी. के रियलिटी शो 'सा रे गा मा पा लिटिल चैंप्स' में भाग लेना चाहते थे, विशेषकर डॉक्टर का बड़ा बेटा, और कई दिनों से मुंबई जाने की योजना बना रहे थे।

एस.एच.ओ. रेलवे स्टेशन भी गया था, यह पता करने के लिए कि बच्चों ने मुंबई की ट्रेन पकड़ी थी क्या? एक रिक्शेवाले ने उसके संदेह की पुष्टि की थी।

"हुजूर, मैं इन तीनों बच्चों को स्टेशन पर छोड़ा हूँ।" फोटो देखकर रिक्शेवाले ने विश्वासपूर्वक कहा था।

साफ लग रहा था कि बच्चे अपने आप भागे हैं—टी.वी. शो में भाग लेने के लिए; पर डॉक्टर मानने को तैयार ही नहीं था।

"एस.पी. साहब, कंपाउंडर के बेटे सौरभ ने मेरे बेटों को किडनैप किया है। वो बिगड़ा हुआ लड़का है। उसके बाप गोवर्धन को जेल भेजो। सौरभ पर दबाव पड़ेगा मेरे बेटों को छोड़ने का।" डॉक्टर बोला।

"पर डॉक्टर साहब, पुलिस मामले की पूरी गंभीरता से तहकीकात कर रही है। सारे सबूत आपके बच्चों के भागने की तरफ इशारा कर रहे हैं। हाँ, मानता हूँ, सौरभ आपके बच्चों के साथ गया होगा; पर इसमें गोवर्धन की क्या गलती है?" मैंने डॉक्टर के साथ तर्क करने का प्रयास किया।

"गोवर्धन के नेपाल के स्मगलर्स के साथ संबंध हैं। वह पहले भी जेल जा चुका है।" डॉक्टर ने बताया।

"लेकिन डॉक्टर साहब, ये सब अफवाहें हैं। वह कभी नेपाल गया ही नहीं। हमने सारे इल्जामों की जाँच की है। और उसको जेल बहुत पहले हुई थी, क्योंकि उसको पड़ोसी द्वारा गलत फँसाया गया था। हम उसकी ज़िंदगी निराधार आरोपों के बूते पर कैसे खराब कर सकते हैं? उसका अपना बेटा भी तो गायब है।"

"मैं कुछ नहीं जानता। आप तो गोवर्धन को सलाखों के पीछे करो।" डॉक्टर अड़ गया था। मुझे ऐसा कुछ भी नहीं दिख रहा था, जो यह इंगित करे कि गोवर्धन 'किडनैपिंग' में शामिल था।

लेकिन जल्दी ही मामला तूल पकड़ गया और बेगूसराय के सभी डॉक्टर मेरे खिलाफ हो गए। मेरे पुतले जलाए गए और रोज मेरे विरोध में नारे लगाए जाने लगे। मेरे बेटे को भी स्कूल में 'तेरे पापा कुछ नहीं करते', उसकी क्लास के एक साथी ने कहा। मुझे हर रोज बुरा लगता। मुख्यमंत्री ने भी मुझे बच्चों को ढूँढ़ने की कार्रवाई तेज करने के लिए कॉल किया।

□

"लोढ़ा, तुम कंपाउंडर को जेल क्यों नहीं भेज देते? कम-से-कम तुम्हें कुछ तो शांति मिलेगी।" मेरे ए.डी.जी. ने गंभीरता से कहा।

"लेकिन सर, वह निर्दोष है। आप स्वयं भी इंक्वायरी कर सकते हैं।" मैंने दृढ़ संकल्प ले लिया था कि निर्दोष व्यक्ति को जेल नहीं भेजूंगा।

ए.डी.जी. काफी निर्भीक व्यक्ति थे। एक बार जब उनको विश्वास हो गया कि लड़के अपनी मरजी से भागे थे तो उन्होंने मुझे पूरा समर्थन दिया, इतने विरोध के बावजूद भी।

मैं बहुत चिंताग्रस्त था—कहीं बच्चों के साथ कुछ अनहोनी न हो गई हो! एक पुलिस अफसर और पिता होने के नाते मैं नहीं चाहता था कि उनको कोई नुकसान पहुँचे। मैंने प्रमुख अखबारों में इश्तहार दिया, जिसमें मेरा नंबर था और अपील थी कि कोई इन बच्चों को देखे तो मुझे कॉल करे।

कुछ स्थानीय नेता, जिनसे मैंने वैर मोल ले लिया था, मुझे नीचा दिखाने का मौका ढूँढ़ रहे थे।

"बेगूसराय में आग लग जाएगी, अगर बच्चों को कोई नुकसान पहुँचा तो!" मुझे धमकी मिलने लगी। मुझे पता था कि वे मेरा कॅरियर खराब करने का मौका ढूँढ़ रहे हैं। मुझे बच्चों को ढूँढ़ने का कोई सुराग नहीं मिल रहा था। उनके पास कोई सेलफोन नहीं था और कोई फिरौती की कॉल भी नहीं आई थी। मैं दैवीय हस्तक्षेप की उम्मीद कर रहा था, बेहद तनावग्रस्त हो गया था। मेरा सोना भी रातों को मुश्किल हो गया था।

□

"सर, क्या आप बेगूसराय के एस.पी. बोल रहे हैं? मैं जुहू बीच, मुंबई से बोल रहा हूँ।" एक व्यक्ति, जिसका लहजा एकदम मराठी था, बोला। मैंने घड़ी देखी, सुबह के 4.10 हुए थे। वैसे भी, बिस्तर पर करवटें बदल रहा था।

"हाँ, मैं एस.पी. बेगूसराय हूँ।" मैंने उत्तर दिया।

"सर, अभी मुझे तीन बच्चे मिले हैं बीच पर। लगता है, घर से भागकर आए हैं। काफी भूखे भी हैं। मैंने अखबार में आपका विज्ञापन देखा था, इसलिए कॉल कर रहा हूँ। शायद ये वही बच्चे हैं।" उस व्यक्ति ने कहा।

"प्लीज, अपना पता दीजिए। बच्चों को सुरक्षित रखिए। आपको अच्छा इनाम मिलेगा। और आपको बहुत-बहुत धन्यवाद।" मैं सच में बहुत उत्साहित था। मेरा दिल जोरों से धड़क रहा था। यह अविश्वसनीय किस्मत का करिश्मा

था। मैंने तुरंत अरविंद, टाउन एस.एच.ओ, को बुलाया और सारी सूचना दी।

"पहली फ्लाइट से मुंबई जाओ। जैसे ही बच्चे मिलें, बेगूसराय वापस ले आना, सीधे मेरे दफ्तर। अभी पैरेंट्स को बताने की जरूरत नहीं है।" मैंने एस.एच.ओ. को निर्देश दिए।

मैंने तुरंत कुछ गुप्त सेवा राशि एस.एच.ओ. को भेजी, उसके यात्रा खर्च के लिए।

मैंने मुंबई में नियुक्त अपने बैचमेट को भी फोन किया और सारी खबर उसे बताई, "विशाल, इस खबर को छिपाकर रखना। मैं नहीं चाहता, किसी को पता चले कि बच्चे मिल गए हैं।" मैंने अनुरोध किया।

उसने तुरंत कार्रवाई की और बच्चों को मुंबई पुलिस की हिरासत में ले लिया।

शाम को अरविंद का फोन आया।

"सर, बच्चे मिल गए हैं।" उसने उल्लासपूर्वक कहा, मैंने एक लंबी साँस ली और भगवान् का शुक्रिया अदा किया। मेरी प्रार्थना सफल हुई।

उस समय, मैं जान-बूझकर नहीं चाहता था कि डॉक्टर अपने बेटों से मिले। वह एक सख्त पिता था और मुझे पता था कि आसानी से बच्चों को 'किडनैपिंग' की कहानी बनाने के लिए बाध्य कर सकता है।

अगले दिन मैं बच्चों से मिला। मेरे मन में अनेक भावनाओं का मिश्रण था। एक ओर तो बहुत गुस्सा आ रहा था उनकी बेवकूफी पर और दूसरी ओर, उनके मिल जाने पर राहत महसूस हो रही थी।

मैंने उसके थोड़े समय बाद में प्रेस कॉन्फ्रेंस की। बच्चों ने सारे प्रश्नों के उत्तर पूरे विश्वास से दिए।

"क्यों भाग गए थे?" एक पत्रकार ने पूछा।

"लिटिल चैंप्स में गाना था। मैंने घर से कुछ पैसे चुराए थे। हमें शो का वैन्यू नहीं मिला और हमारे पैसे भी खत्म हो गए थे।" डॉक्टर के बड़े बेटे ने कहा।

मुझे कोई गर्व नहीं था; पर हाँ, यह लगा कि मैं साबित कर पाया हूँ। पूरा शहर, जो मेरे खिलाफ हो गया था, अचानक क्षमाशील हो गया। और स्थानीय नेताओं को अपनी बात निगलनी पड़ी।

□

कुछ दिनों बाद, मेरे घर के बाहर गोवर्धन, उसकी पत्नी एवं सौरभ खड़े थे। जैसे ही मैं कार से उतरा, वे मुझसे लिपटकर रोने लगे।

“सर, हम आपको हमेशा याद रखेंगे। आपने हमारे परिवार को कलंकित होने से बचा लिया है और हमारे बच्चे को ‘अपराधी’ के दाग से भी बचाया है।” सौरभ की माँ बोली, “जीवन में सौरभ कुछ भी बने, हम आपको याद रखेंगे। आपने उसे नया जीवन-दान दिया है।”

एक पुलिसवाले को अपना कर्तव्य पूरी निष्ठा के साथ निभाना होता है, चाहे उसे कितनी भी परीक्षाएँ देनी पड़ें, पीड़ा उठानी पड़े, विरोध का सामना करना पड़े, तब भी, अपने जाँच करने के तरीकों के खिलाफ। वे कुछ दिन तो मेरे लिए बड़े भारी निकले; पर खुशी थी कि अंततः सबकुछ ठीक हो गया।

और फिर, यह विडंबना ही थी कि जब ‘सा रे गा मा पा लिटिल चैंप्स’ के आयोजकों को बच्चों के भागने का पता चला उनके शो के लिए, तो उन्होंने उन्हें विशेष तौर पर मुंबई आने का निमंत्रण दिया। और वे लड़के पहले ही राउंड में बाहर कर दिए गए। उनका गाना बहुत बेसुरा था।

□

पर, प्रताप साहू का मामला अलग था। मेरी अंतरात्मा कह रही थी कि यह एक अपहरण का मामला है। मैंने लड़के के पिता का नंबर ‘कॉल ऑब्जर्वेशन’ पर डाल दिया। मैं साहू की बातचीत सुनने लगा अपहर्ता की कॉल के इंतजार में। पर कुछ दिनों तक कोई संदिग्ध क्रिया नहीं हुई।

“तेरा बेटा मेरे पास है। अगर जिंदा चाहता है तो 25 लाख रुपए की फिरौती दे। मुझे पता है कि पुश्तैनी जमीन बेचकर तुझे अभी काफी पैसा मिला है। पुलिस को बताना बेकार है। वे मुझे नहीं ढूँढ़ सकते।” आवाज काफी प्रभावशाली थी।

‘तो यह कोई ऐसा व्यक्ति था, जिसको साहू की डील के बारे में पता है।’ मैंने सोचा।

मुझे कुछ अच्छा महसूस हुआ कि अपहरण का मेरा अनुमान सही था। मैंने चुपचाप साहू को अपने दफ्तर बुलाया।

“तो अपहर्ता ने तुमको कॉल किया। अच्छा डेवलपमेंट है।” मैंने कहा।

साहू को झटका लगा कि अपहर्ता की कॉल के बारे में मुझे पता है।

"सर, आपको कैसे पता? आप मेरे बेटे की ज़िंदगी खतरे में डाल देंगे।" उसने विरोध किया।

"साहू, तुमको मुझ पर विश्वास करना पड़ेगा और मेरे निर्देश के अनुसार चलना पड़ेगा। अगली बार जब वह फोन करे तो कहना कि तुम पैसे का इंतजाम कर रहे हो। पर अपने बेटे से बात करने पर जोर देना। इससे तुम्हारे बेटे की सुरक्षा और उसका जीवन सुनिश्चित हो जाएगा।" मैंने उससे कहा।

मैंने तुरंत अपहर्ता का नंबर साहू के फोन से लिया और गृह सचिव के ऑफिस से कॉल ऑब्जर्वेशन की अनुमति माँगी। मैंने IMEI नंबर चलाया और देखा कि अपहर्ता के सेलफोन में दूसरा सिम नहीं डाला गया था। कॉल डिटेल में केवल एक कॉल, जो उसने साहू को की थी, मिली। मैंने निष्कर्ष निकाला कि अपहर्ता एक शातिर बदमाश था। उसे पुलिस का सेलफोन द्वारा अपराधियों को ट्रैक करने का तरीका पता था। मुझे जल्दी से कोई तरीका सोचना था अपहर्ता तक पहुँचने का।

तीन दिन और निकल गए, अभी भी अपहर्ता के फोन पर कोई गतिविधि नहीं हुई। मुझे लीक से हटकर कोई योजना बनानी थी।

"इंदु, मेरे लिए कुछ करो। एक कॉलगर्ल बनकर एक नंबर पर कॉल करो।" मैंने इंदु को कहा, उसे किडनैपर का नंबर देकर कहा, वह एक महिला होमगार्ड थी, जो मेरे आवासीय कार्यालय में काम करती थी।

"सर, क्या कह रहे हैं? हमसे नहीं होगा।" उसने प्रतिवाद किया।

"इंदु, एक बच्चे का अपहरण हो गया है। मुझे असल में यह नहीं पता कि वो बच्चा अगले कुछ दिनों के लिए जिंदा भी रहेगा या नहीं। तुम्हें अपहर्ता को लुभाना है।" मैंने स्थिति की नाजुकता से उसे अवगत कराया।

"और हाँ, तुम सबसे स्मार्ट हो मेरे स्टाफ मेंबर्स में से। तुम कर सकती हो।" मैंने उसका मनोबल बढ़ाने के लिए कहा।

"ठीक है, सर।" उसने अनिच्छा से कहा।

"फोन को लाउडस्पीकर पर कर देना, जिससे मैं भी बातचीत सुन सकूँ।" मैंने कहा।

उसने अपहर्ता का नंबर मिलाया और साँस रोककर इंतजार करने लगी।

कुछ सेकंड बाद, बिल्कुल अनंत समय लग रहा था, एक कठोर पर नियंत्रित आवाज आई, "कौन बोल रहा है ?"

"अरे, सर, कल मैं कटिहार स्टेशन पर आई थी। आपने मेरे काम का पैसा देने का वादा किया था। आप आए क्यों नहीं ? मैंने लाल साड़ी और बिना बाँह का ब्लाउज पहना था, आपने जैसा कहा था।" इंदु ने नकली लहजे में कहा।

मैं उसकी चतुराई पर मुसकराया। इतने कौशल से झूठ बोल रही थी कि बिल्कुल सामान्य सी वार्त्ता लग रही थी।

पुलिस के काम में स्थिति के अनुसार कुछ भी बनना पड़ता है; पुलिसवाले किसी भीड़ को शांत कराने के लिए सुलह करानेवाला व्यक्ति बन सकता है और संदिग्ध को मूर्ख बनाने के लिए अभिनेता भी बनना पड़ सकता है।

"लगता है, गलत नंबर मिल गया है। फिर कॉल मत करना।" अपहर्ता ने कठोरता से कहा और कॉल काट दी।

मुझे कुछ निराशा हुई, क्योंकि अपराधी हमारे जाल में नहीं फँसा था।

"कोई बात नहीं, तुम हर दो या तीन घंटे में कॉल करती रहो। शायद पट जाए।" मैंने उम्मीद बँधाते हुए कहा।

कुछ देर बाद उसने फिर से नंबर मिलाया—"हेलो जानेमन, नाराज हो क्या ?" इंदु ने सेक्सी आवाज में कहा।

"मैंने कहा था ना, कॉल मत करना। लगता है, तुमको कोई गलतफहमी हुई है।" अपहर्ता ने नाराजगी से कहा।

"नहीं-नहीं, ये नंबर मुझे मेरे दलाल ने दिया है। एक बार मुझसे मिल लो, राजा। मैं तुमको खुश कर दूँगी।" इंदु ने अविचलित भाव से कहा।

फोन शांत हो गया। फिर से कोई कॉल नहीं मिली।

"ठीक है। धन्यवाद, इंदु, तुमने अच्छी सहायता की। चलो, दूसरा आइडिया सोचता हूँ।" मैं बोला।

सारी योजनाएँ समाप्त हो गई थीं। कोई नया सुराग नहीं था। मैंने सोने की कोशिश की।

□

मैं बिस्तर पर लेटा सोने ही वाला था कि दरवाजे पर तेज दस्तक सुनी। मैंने आनेवाले को कुछ कोसा और करवट बदली। फिर भी, बराबर दरवाजा भड़भड़ाता रहा। कुछ आश्चर्य भी हुआ और चिंता भी। जब कभी आपात स्थिति होती है, जो हमारे काम में कई बार होती है, तो ज्यादातर टेलीफोन अर्दली मुझे फोन करता है या सीधे मेरे सेलफोन पर कॉल आ जाती है। इस समय कौन दरवाजा भड़भड़ा रहा है?

मैंने दरवाजा खोला तो इंदु सहमी हुई खड़ी थी। मैंने सोचा कि बच्चे तो ठीक हैं ना! कई बार इंदु ऐश्वर्या की देखरेख करती है, क्योंकि वह उससे काफी लगाव रखती थी।

"सर, कुछ मिनट पहले अपराधी ने मुझे फोन किया है।" वह दबी आवाज में बोली। सेलफोन में 3 बजे थे। किसी भी सामान्य व्यक्ति के लिए यह असाधारण समय था। पर हाँ, हम तो अपराधी का सामना कर रहे थे।

"क्या बोला वह?" मैंने पूछा।

"सर, उसने बस मुझसे मेरे रेट पूछे। दूसरी बार वह किसी दूसरे सेलफोन से कॉल कर रहा था। जो नंबर आपने दिया था, उससे कॉल नहीं आई थी। मैंने फोन यह कहकर काट दिया कि मैं रेट अपने बॉस से पूछकर बताऊँगी। मैंने सोचा, आप जैसा कहेंगे, वैसे कहूँगी।"

मैंने उसे मुसकराते हुए देखा। यह तो वाकई चतुर पुलिसवाली थी!

"ठीक है, फिर से कॉल करो अभी और कोई जगह तय करो। रेट के लिए मोल-भाव करना; पर जैसा वह कहे, मान लेना।"

इंदु ने नंबर फिर मिलाया। उसकी कॉल तुरंत उठा ली गई।

"हाँ, बोलो।" दूसरी ओर से आवाज आई।

"एक रात के 5,000 रुपए होंगे। आना-जाना अलग।" वह बोली।

मैं तुरंत समझ गया कि कॉल करनेवाला वह अपहरणकर्ता नहीं था, जिससे इंदु ने सुबह बात की थी।

"मैं तुमको 3,000 दूँगा। कल रात 11.30 बजे कटिहार रेलवे स्टेशन पर प्लेटफॉर्म नंबर 2 पर मिलना, अगर चाहो तो।" वह व्यक्ति बोला।

"ठीक है, रेट तो कम है, पर मैं आ जाऊँगी। हरी साड़ी पहनूँगी, जिससे तुम पहचान लो।" इंदु मेरी तरफ देखते हुए बोली।

मैंने सहमति में सिर हिलाया।

"ठीक है, कल मिलते हैं।" लाइन कट गई।

"उफ!" इंदु ने गहरी साँस ली।

"बहुत अच्छा, इंदु। जिससे तुम्हारी बात हुई, वह मुख्य अपहर्ता का कोई साथी है। उसने शायद उस मास्टरमाइंड की तुमसे जो बातचीत हुई थी, वो सुन ली होगी और तुम्हारे प्रस्ताव से उत्साहित हो गया होगा।" मैंने अपने अंदर के शरलॉक होम्स को जगाते हुए कहा।

मैंने इंदु को आराम करने का इशारा किया और दिन निकलने का इंतजार करने लगा।

11 बजे तक मेरे पास अपहर्ता के साथी की कॉल डिटेल आ गई थी। सिम किसी जाली नाम से लिया गया था। टावर की स्थिति पूर्णिया, कटिहार और भागलपुर के बीच बदल रही थी। मैंने जल्दी से आने-जानेवाली, सबसे खास कॉल्स की लिस्ट बनाई; जिन दो लोगों के साथ वह निरंतर संपर्क में था, उनका पता लगाया। मैंने अरविंद को साहू को मेरे घर तुरंत लाने के लिए कहा, जिससे उन दोनों नामों के बारे में पूछ सकूँ—श्याम किशोर और मफत लाल।

"सर, मफत लाल मेरा पड़ोसी है। मेरे उससे बड़े अच्छे संबंध हैं।" प्रताप साहू बोला।

"उसे पूछताछ के लिए बुला लूँ? तुमको पक्का विश्वास है कि तुम्हें उस पर संदेह नहीं है?" मैंने पूछा।

"बिल्कुल सर, मफत लाल सम्माननीय व्यक्ति है।"

मफत लाल मेरे आवासीय कार्यालय में आधा घंटे बाद खड़ा था। वह डर से काँप रहा था।

"डरते क्यों हो? अपराधी हो क्या?" मैंने जान-बूझकर मध्यम आवाज में कहा। इन परिस्थितियों में कम-से-कम किसी को तो पुलिस का डर है!

"हुजूर, मैंने कभी किसी सिपाही से भी बात नहीं की है और आप तो एस.पी. हैं, जिले के मालिक।" भयाक्रांत मफत लाल बोला।

मैंने मन-ही-मन सोचा, 'काश, मैं जिले का बॉस होता और लड़के को ढूँढ़ निकालता!'

"तुमको इस नंबर से कई बार कॉल्स आई हैं। यह किसका नंबर है?"

"ओह, ये···ये तो रोशन का नंबर है। हमारे पड़ोसी गौतम साहू का बेटा है। हालाँकि, मैंने उसे पिछले पंद्रह दिनों से नहीं देखा!" मफत लाल बोला।

"अरे, सर! रोशन तो अभी-अभी जमानत पर बाहर निकला है। छह महीने पहले गिरफ्तार हुआ था। एक किडनैपिंग केस में संदिग्ध था।" अरविंद बोला।

"तो तुमने मुझे पहले क्यों नहीं बताया था?" मैं थोड़ा परेशान होकर बोला।

"मैंने एक मुखबिर उसकी निगरानी के लिए रखा था; पर पिछले कुछ दिनों से वह दिखा ही नहीं। मुझे उसके पिता ने भी आश्वस्त किया था कि वह सुधर गया है और पश्चिम बंगाल में नौकरी कर रहा है। चूँकि कुछ भी संदेहास्पद नहीं दिखा, इसलिए मैंने आपको रोशन के बारे में नहीं बताया। माफ कीजिए, सर, हमसे गलती हो गई।" एस.एच.ओ. ने सिर झुकाते हुए कहा।

"रोशन ने तुमको कॉल क्यों किया था, मफत लाल?" मैंने पूछा।

"सर, बस, रोजाना की आम बातें। और हाँ, उसने प्रताप साहू की पुश्तैनी जमीन के बारे में भी पूछा था।" उसने जवाब दिया।

सबकुछ करीब-करीब साफ था। रोशन ने किसी अपराधी, जो उसे जेल में मिला होगा, से साहू की डील के बारे में बात की होगी। पड़ोसी होने के नाते उसने पप्पू को ललचाकर उसका अपहरण कर लिया होगा। मुझ अब रोशन को ढूँढ़ना था, फिर लड़का मिल जाएगा।

मैंने अजीत, परमात्मा, इंदु तथा दो और भरोसेमंद सिपाहियों को बुलाया। उन्हें अपहरण के बारे में सक्षेप में बताया।

"इंदु वेश्या का नाटक करेगी और तुम लोग उसके चारों तरफ कटिहार स्टेशन पर पोजीशन ले लेना। जैसे ही इंदु इशारा करे, उस आदमी को पकड़ लेना।" मैंने विस्तारपूर्वक निर्देश दिए और उन्हें रवाना कर दिया।

□

मैंने अपना सेलफोन देखा, 11.30 से ज्यादा बज गए थे। मैं थोड़ा चिंतित था, अजीत का फोन नहीं आया था।

"टेंशन मत लो। धीरज रखो।" तनु ने प्यार से कहा। उसे बिल्कुल सटीक पता था कि मेरे दिमाग में क्या चल रहा है!

मैं उठा और टी.वी. स्विच ऑफ किया। कुछ मिनट बाद अजीत की कॉल आई।

"सर, लगता है, गड़बड़ हो गई।" मुझे उसकी आवाज से निराशा साफ झलक रही थी।

"सर, उस आदमी ने इंदु को फोन करके उसे गालियाँ दे डालीं।" उसने आगे बताया।

"क्यों? इंदु को फोन दो।" मैंने कहा।

"सर, उस आदमी ने फोन किया, यह पूछने के लिए कि मैंने हरी साड़ी पहनी थी क्या? जब मैंने हाँ किया तो उसने कहा कि मैं अधेड़ उम्र की, मोटी और भद्दी औरत हूँ। उसने कहा कि मैंने उसका समय खराब कर दिया है।" इंदु अब आँसुओं से भरकर बोली।

मैंने अपने आप को कोसा। रोशन ने उसे दूर से देखा होगा और इंदु से मिलने का इरादा छोड़ दिया होगा।

"चिंता मत करो। उस आदमी को अभी कॉल करो और कहो कि तुम मालकिन हो, लड़कियों की सप्लाई करती हो। जब डील हो जाएगी, तब लड़कियाँ भेजोगी।"

इंदु ने तुरंत रोशन को फोन किया।

"हेलो, मेरे पास बहुत सारी, यंग, सुंदर लड़कियाँ हैं। तुम क्या सोचते हो, मैं सब जगह उनको साथ लिये घूमूँगी? चैन से कहाँ काम करने देती है पुलिस! आजकल हर जगह पुलिस का इतना दबाव है। जैसे ही डील पूरी होगी, मैं लड़की भेज दूँगी।" वह बोली।

दूसरी ओर कुछ विचाराधीन चुप्पी थी। "ठीक है, मेरे पास एक यंग लड़की लाना कल, जुबली पान शॉप के पास, के हाट मार्किट, पूर्णिया में शाम 4 बजे। उसे कहना, लाल साड़ी पहने। अच्छी दिखनेवाली लाना।"

"बिल्कुल हीरोइन होगी।" इंदू ने जवाब दिया।

इंदु और पूरी टीम सुबह पहुँची—एकदम थकी हुई; पर आँखों में उम्मीद थी।

मैंने अजीत और अन्य सब लोगों को उस जाल के बारे में बताया, जो हम अपहर्ता के साथी के लिए बिछा रहे थे।

"पुलिस लाइंस से एक युवा लेडी कांस्टेबल को बुलाओ जो दिखने में कुछ आकर्षक हो।" मैंने अजीत से कहा। उस आदमी को पकड़ने के लिए यह जरूरी था।

आधा घंटे बाद, एक युवा और चुस्त लड़की सामने खड़ी थी।

"कांस्टेबल रीना रिपोर्टिंग, सर! जय हिंद, सर!" वह बोली।

मैंने उसे ऑपरेशन के बारे में बताया। "प्लीज, बुरा मत मानना। थोड़ा मेकअप कर लो और ड्रेसअप कर लो। हमें अपहर्ता को ललचाना है। कोई शक?" मैं बोला।

"नो, सर।" रीना ने विश्वासपूर्ण उत्तर दिया।

"अजीत, तुम सब बाजार में अलग-अलग दुकानों पर पोजीशन ले लेना। जैसे ही रीना उस आदमी से संपर्क करे, उसे दबोच लेना।" मैंने निर्देश दिया।

प्लान सीधा सा लग रहा था, क्योंकि सीधा ही था। हमें बस, सही ढंग से लागू करना था और हमेशा की तरह हमें किस्मत का साथ चाहिए था।

3 बजे शाम को अजीत, इंदु, रीना और अन्य सिपाही मुझे सैल्यूट कर हाट मार्केट के लिए निकल गए। ठीक 4.30 बजे उल्लसित अजीत का फोन आ गया।

"सर, पकड़ा गया।"

20 मिनट के अंदर रोशन हाथ जोड़े मेरे सामने बैठा था। अजीत ने सफल अभियान का क्रमवार विवरण मुझे दिया।

"सर, हम जुबली पान शॉप के आसपास फैल गए थे। रीना और इंदु पास की बेंच पर बैठ गई थीं। मुझे अचानक तेज भूख लग आई। मैंने सड़क पार की चिप्स खरीदने के लिए। उसके लिए सॉरी, सर!" अजीत ने खिसियाते हुए कहा।

"जब मैं चिप्स खरीद रहा था तो मैंने एक गुंडा-मवाली-सा लड़का इधर-उधर घूमते देखा। और फिर, अचानक उसने फोन किया और बोला, 'वो जो

लड़की लाल साड़ी में है, वो तो सुंदर लग रही है।'

"यह सुनते ही मैं समझ गया कि ये ही रोशन है। मैंने अपना चिप्स का पैकेट फेंका और उसे दबोच लिया।"

मैं हँसा, अजीत को उस लड़के की गरदन पकड़ते हुए की कल्पना करके। पुलिस में कुछ भारी-भरकम लोगों का होना भी जरूरी होता है।

"जल्दी बता, बच्चा कहाँ है?" मैंने रोशन से सख्ती से पूछा।

मैं हमेशा अपराधियों से सीधे प्रश्न पूछने पर विश्वास करता हूँ, जिससे वह अपने आपको कठिनाई में पाए। अगर अपराधी से पूछा कि 'बता, तूने किडनैप किया है क्या?' तो वह कभी नहीं मानेगा। मेरी योजना हमेशा कारगर होती है।

"सर, बताता हूँ। मुझे कुछ खर्चे के लिए पैसे चाहिए थे। मुझे प्रताप साहू के पैसे के बारे में पता था, जो उसे जमीन बेचने से मिले थे। इसलिए मैंने उसके बेटे को किडनैप करने का विचार किया। मेरी कॉलोनी में ही रहता था। मैंने उसे ब्लू फिल्म दिखाने का लालच दिया। संतू और उसके गैंग के सदस्य उसे काबू करके भागलपुर दियारा क्षेत्र ले गए।" रोशन ने उगल दिया, "मैं जगह जानता हूँ। दो दिन पहले लड़के को देखा था। वह ठीक है। संतू उसका खयाल रखेगा। संतू जेल में मिला था, पूरा प्रोफेशनल है।"

"प्रोफेशनल माय फुट! अपराधी भी प्रोफेशनल हो गए हैं अब!" अजीत रोशन पर चिल्लाया।

मैंने अरविंद, अजीत और टाउन डी.एस.पी. सतीश को फौरन भागलपुर रवाना होने के लिए कहा, लड़के को बरामद करने को। हाँ, रोशन को भी गाड़ी में बिठा दिया।

"सतीश, जब संतू के ठिकाने पर पहुँचने वाले हो, तब रोशन से कहना कि उसे कॉल करे। हमें किसी भी कीमत पर संतू को पकड़ना है।"

तीन घंटे की तनावग्रस्त यात्रा के बाद सतीश एवं अन्य पुलिसकर्मी कार से उतर गए और पैदल चलने लगे, क्योंकि संतू का ठिकाना पास ही था। जब वे वहाँ पहुँचने वाले थे, सतीश ने रोशन से संतू को कॉल करने को कहा।

"संतू बॉस, मुझे तुमसे मिलना है। मुझे कुछ अर्जेंट बात करनी है।" रोशन ने कहा। हमें पता नहीं किसने उसे सतर्क कर दिया था, पर उसने कॉल काट दी।

पुलिस टीम तुरंत अंदर घुसी।

सतीश को पप्पू बेहोशी की हालत में मिला। लग रहा था, पानी की कमी के कारण ऐसा था। काफी मात्रा में उसे ड्रग्स दिए गए थे।

"सर, पप्पू तो मिल गया है, पर संतू नहीं मिला।" सतीश बोला।

कम-से-कम पप्पू सुरक्षित था। मुझे काफी राहत मिली। संतू को फिर कभी पकड़ ही लूँगा।

हमें पूरे तीन महीने लगे संतू और उसके गिरोह को पकड़ने में।

प्रताप और पप्पू साहू ने निर्भीकता के साथ उन खूँखार अपराधियों के खिलाफ गवाही दी और उनकी सजा सुनिश्चित करवाई।

यह एस.पी. के तौर पर मेरा आखिरी केस था। कुछ दिनों बाद मैंने सब समेटा और डी.आई.जी. के पद पर पदोन्नत कर दिया गया।

□

42

मेरे यहाँ भी बिजली नहीं आती

"सर, कल पावर ग्रिड के सामने हम शांतिपूर्ण धरना करने वाले हैं।" डॉ. श्रीपाल ने कहा, जो कुछ और डॉक्टरों के साथ मेरे सामने खड़े थे।

"क्यों, डॉक्टर साहब?" मैंने पूछा।

"एस.पी. साहब, पावर सप्लाई बहुत खराब है। हमें नहीं के बराबर बिजली मिलती है, जबकि पावर ग्रिड कॉरपोरेशन हमारे जिले नालंदा में ही है।" दूसरे डॉक्टर ने कहा।

"हमें अपना क्लीनिक चलाने में बहुत परेशानी होती है। और वैसे भी, हमें रोजाना इतनी अनियमित पावर से बहुत दिक्कतें आती हैं।" डॉ. राय बोले।

"पावर ग्रिड बिजली बनाता नहीं है, वह केवल संचारित करता है। इस धरने से नालंदा की बिजली की समस्याएँ नहीं सुलझेंगी।" मैंने उनके साथ तर्क करने की कोशिश की।

"सर, अब तो सोच लिया है।" सभी डॉक्टरों ने एक साथ कहा।'

जब डॉक्टर चले गए तो मैंने सोचा, 'चलो, करने दो, जो चाहें। एहतियात के तौर पर मैंने पावर ग्रिड प्रांगण के पास पुलिस बल तैनात करने के आदेश दे दिए। उम्मीद कर रहा था कि धरना बिना घटनाओं के हो जाएगा।

□

अगले दिन, मैं अवि को ऑफिस ले गया, जिससे उसके साथ कुछ समय बिता लूँ और तनु को भी कुछ आराम करने का समय मिल जाएगा। वह खुश था, मेरी टेबल पर पड़े पेन के साथ खेल रहा था, तभी डी.एस.पी., सदर का फोन आया।

"सर, जल्दी आइए, धरना उत्तेजित हो गया है। वे पावर ग्रिड कैंपस को आग लगाने पर उतारू हो रहे हैं।" डी.एस.पी. पासवान ने कहा। वह काफी चिंतित लग रहा था।

"अरे, यह कैसे हो सकता है? धरने पर तो कुछ डॉक्टर ही बैठने थे, शांतिपूर्ण होना था, पावर सप्लाई के विरोध में। वे पावर ग्रिड ऑफिस को जलाने की कोशिश कैसे कर सकते हैं?" मैंने पूछा।

"सर, सैकड़ों लोग जाने कहाँ से निकलकर आ गए हैं। और दूसरे क्षेत्रों से भी लोग उनको ज्वॉइन कर रहे हैं। प्लीज, पर्याप्त फोर्स के साथ जल्दी आ जाइए।" पासवान बोला।

"ठीक है, मैं आ रहा हूँ। तब तक अश्रु गैस से लोगों को दूर रखो।" मैंने कहा।

"सर, हमने अश्रु गैस के ग्रेनेड फेंके थे, पर लोगों ने वापस हम पर फेंक दिए। हवा भी हमारी ओर ही है, इसलिए अश्रु गैस हमारी ओर ही आ रही है।" डी.एस.पी. बोले।

मैं आश्चर्यचकित और चिंतित हो गया। मेरे पास स्थानीय पुलिस स्टेशन या स्पेशल ब्रांच से भीड़ की कोई सूचना नहीं थी। अगर भीड़ द्वारा पावर ग्रिड कैंपस को नुकसान पहुँचा तो यह बड़ा विपत्तिपूर्ण हो जाएगा और मेरे नेतृत्व की विफलता होगी।

"अजीत, अवि को घर ले जाओ तुरंत। मैं शुक्ला, रितेश और अन्य बॉडीगार्ड्स के साथ पावर ग्रिड जाता हूँ। मैंने पुलिस लाइंस से अतिरिक्त पुलिस बल भी बुला लिया है।" जल्दी से अपने ऑफिस से निकलते हुए मैं बोला।

□

जब मेरी जिप्सी पावर ग्रिड के प्रांगण में पहुँची तो मैं यह देखकर दंग रह गया कि सैकड़ों नहीं, हजारों लोगों का हुजूम वहाँ मौजूद था।

'ये भीड़ पुलिस के खिलाफ नहीं है। यह तो पावर ग्रिड के खिलाफ विरोध है। शायद मैं लोगों को समझा सकूँ।' मैंने सोचा, क्योंकि भीड़ में कुछ जाने-पहचाने चेहरे दिखाई दे रहे थे। मैंने जिप्सी से उतरने से पहले एहतियातन हैलमेट पहन लिया।